Burkhard Düssler

Hör auf, dich fertig zu machen

kailash

BURKHARD DÜSSLER

HÖR AUF, DICH FERTIGZUMACHEN!

*Wie wir zu einem
dauerhaft positiven
Selbstwert finden*

kailash

 Dieses Buch ist auch als E-Book erhältlich.

FSC
www.fsc.org

MIX
Papier aus verantwortungsvollen Quellen
FSC® C083411

Verlagsgruppe Random House FSC® N001967

1. Auflage

Originalausgabe
© 2018 Kailash Verlag, München
in der Verlagsgruppe Random House GmbH,
Neumarkter Straße 28, 81673 München
Lektorat: Judith Mark
Umschlaggestaltung und Layout: ki 36 Editorial Design,
Daniela Hofner München
Satz: Satzwerk Huber, Germering
Druck und Bindung: CPI books, Leck
Printed in the Czech Republic
ISBN 978-3-424-63158-6

www.kailash-verlag.de

Inhalt

Einleitung

»Ich geh mir nur noch auf die Nerven! Egal, ob es um mein Aussehen, meine Arbeit oder irgendetwas in meiner Beziehung geht:
Dauernd frage ich mich, was ich alles falsch gemacht habe und wer
mit mir unzufrieden sein könnte! Manchmal habe ich das Gefühl,
dass ich etwas in mir habe, was mich einfach nur fertigmachen
möchte.«

Wenn wir unsere selbstkritischen Gedanken betrachten, scheint es,
als hätten wir tatsächlich einen »inneren Kritiker« in uns, der sich
immer wieder darüber beschwert, dass wir zu dumm, zu schwach, zu
egoistisch, zu faul, kurz: nicht richtig sind. Der Druck, den er damit
ausübt, kann zu einem großen Engagement und angemessener
Selbstkritik führen, aber auch zu dauerndem Grübeln, quälenden
Selbstzweifeln und Reizbarkeit. Wer schon mal an den Rand einer
Depression oder eines Burnouts gekommen ist, weiß, wie gnadenlos
diese mächtige innere Instanz uns unter Druck setzen kann. Darum
wird sie auch als »innerer Richter« bezeichnet; in der analytischen
Psychologie spricht man vom »Über-Ich«.

All diese Begriffe beschreiben diese rätselhafte innere Instanz als
eher feindlich denn freundlich. Tatsache ist: Die meisten Menschen
fühlen sich von ihr übermäßig angetrieben oder aber ausgebremst.

Dementsprechend gehören ihre quälenden Gedanken zu den häufigsten Problemen, wegen denen meine Klienten meine psychothera-
peutische Hilfe suchen.

Vor einigen Jahren habe ich begonnen, eine ganz andere Vorstellung von dieser Instanz zu entwickeln. Damals fielen mir ein paar
Fragen ein, die der Beginn eines neuen und treffenderen Verständ-

nisses waren. Mir wurde immer klarer, wie diese Instanz in uns »tickt« und dass sie es tatsächlich gut mit uns meint. Dieser Ansatz führte mich zu weiteren Fragen und Antworten und schließlich zu einem Modell, mit dem sich unser oft so unlogisch erscheinendes Denken erstaunlich logisch erklären lässt. Und, viel wichtiger: Daraus entstanden genauso logische Möglichkeiten, wie wir diese aufgeregte Instanz in uns systematisch beruhigen können.

Was passiert, wenn unser sogenannter »innerer Kritiker« zur Ruhe kommt? Je ruhiger er wird, umso ruhiger und positiver wird auch unser Denken. Je weniger übermäßige Selbstkritik unsere Gedanken bestimmt, umso freundlicher oder sogar liebevoller können wir mit uns und anderen umgehen. Von der Beruhigung unseres »inneren Kritikers« können wir also sehr profitieren.

Eines der Lieblingsthemen des »inneren Kritikers« ist unser Selbstwertgefühl. Einerseits warnt er uns vor allem, was es vermindern könnte: Fehler, Kritik und Misserfolge. Andererseits treibt er uns an, durch Erfolge, Anerkennung oder Zuneigung unser Selbstwertgefühl zu verbessern.

Wie hoch ist Ihr Selbstwertgefühl? Bei den meisten Menschen schwankt es zwischen »ganz unten« und »ganz gut« oder »geht so« und »großartig«. Und bei allen Menschen hat es starke Auswirkungen auf ihre Lebensqualität. Darum lohnt es sich, darüber ein wenig nachzudenken. Wenn Sie dabei die richtigen Denkschritte machen, kommen Sie – vollkommen logisch – zu dem Ergebnis, dass Sie sehr (sehr!) wertvoll sind. Und zwar völlig unabhängig von dem, was irgendjemand (einschließlich Ihnen selbst) denkt, sagt oder tut. Leider wird Ihnen dieser absolut zutreffende Gedanke allein nicht viel helfen. Was Sie außerdem brauchen, ist eine Methode, mit der Sie einen zutreffenden Gedanken zu einer tiefen Überzeugung machen können, die Ihre Gefühlswelt erreicht und Ihre Lebensqualität anhaltend verbessert.

Möglichst schnell und möglichst effektiv! Bei den Anforderungen des ganz normalen Wahnsinns, an dem die meisten Menschen teilhaben, scheint uns oft die Zeit für eine intensive Beschäftigung mit was auch immer zu fehlen – möglicherweise auch mit diesem Buch. Für eilige Leser habe ich darum eine Abkürzung parat: Schauen Sie sich die Botschaften der Unterkapitel von Kapitel 3 an, wählen Sie diejenigen aus, die Ihnen am meisten gefallen, lesen Sie sie zweimal täglich und genießen Sie sie für eine Minute. Damit werden Sie sich von einigem seelischen Ballast befreien. Und Ihr Leben positiver, freier und selbstbestimmter leben.

Wenn Sie die positiven Effekte verstärken, sich selbst und andere besser verstehen und die Logik unseres scheinbar unlogischen Denkens durchschauen wollen, lesen Sie mehr.

Dabei wünsche ich Ihnen viel Erfolg und tiefe Freude.

Kapitel 1

Warum Sie Ihren »inneren Kritiker« nicht zum Schweigen bringen können – und auch nicht müssen

Wie wir uns selbst im Weg stehen – obwohl wir es nicht wollen

Jahrgangsbeste Schreinerin! Der Meister kommt mit einem breiten Lächeln auf Martina N.[1] zu: »Ich habe es dir immer prophezeit: Du wirst einmal besser sein als ich!« Unter dem Beifall des Innungsmeisters, der anderen frischgebackenen Gesellinnen und Gesellen und ihrer zu Tränen gerührten Eltern überreicht er ihr die Urkunde. Sie kann es nicht glauben. Das muss ein Irrtum sein – genauso wie der Arbeitsvertrag, den der Meister ihr schon vor der Abschlussprüfung angeboten hatte! Die Sektkorken fliegen, Gratulationen von allen Seiten – nur Martina N. bringt keinen Ton heraus.

Als ihre Mutter sie in die Arme nimmt, bricht es unter Tränen aus ihr heraus: »Ich halt das nicht mehr aus! Ich kann das nicht – gar nichts kann ich!« Martina N. braucht einige Minuten, um sich mithilfe ihrer Mutter, die schon lange von der Not ihrer Tochter weiß, wieder zu fangen.

---

1 In diesem und allen anderen Beispielen aus meiner Praxis habe ich die Namen der Klienten zur Wahrung ihrer Anonymität geändert.

Keine Frage: Wer seine Sache gut machen will, muss sich manchmal etwas antreiben, um sein Ziel zu erreichen. Doch viele Menschen setzen sich mit ihren Selbstanforderungen gnadenlos unter Druck. Es scheint so, als gäbe es in ihrem Kopf jemanden, der ihnen klarmachen will, dass sie nicht gut genug sind, egal, wie sehr sie sich anstrengen. Mit solchen Botschaften im Kopf verlieren sie langsam, aber sicher ihre Lebensfreude.

Man kann diese Instanz, die das Denken und Tun der betroffenen Menschen immer wieder kritisiert, auch als »inneren Antreiber« bezeichnen oder als »Über-Ich« oder »inneren Richter«. Viele depressive Menschen erleben sie als eine »graue Wolke«, in der sie feststecken. Eine weniger dramatische Variante macht sich durch dauernde Befürchtungen und Sorgen bemerkbar. Dabei entstehende Körperspannungen und Schmerzen können sich für die Betroffenen auf Dauer wie eine bedrückende Strafe anfühlen. Unabhängig davon, ob diese Instanz eher leise oder herrisch auftritt: Typisch sind ihre negativen Gedanken, die Dominanz, mit der sie das Geschehen bestimmt, und die übermäßige Anspannung, die durch ihre Aktivitäten entsteht.

Bis vor wenigen Jahren habe auch ich mich mit meinem »inneren Kritiker« herumgequält, der mir ungefragt vorhielt, was ich falsch machte und was nicht gut genug war. Vor meinem inneren Auge sah ich ihn als einen älteren Herrn, der etwa einen halben Meter über meinem Kopf schwebte. Die Kommentare dieses »Herrn« waren belastend, ich fühlte mich von ihnen genervt. Gleichzeitig war mir klar, dass er oft nicht wirklich Recht hatte. Sein dauerndes Genörgel war übertrieben, seine Ansprüche passten einfach nicht zu meinen eigentlichen Überzeugungen. Und trotzdem konnte ich mich lange Zeit seiner zermürbenden Kritik nicht entziehen. Er hielt mir immer wieder vor, wie schlau und erfolgreich andere waren und dass ich mich mehr anstrengen müsse, um genauso schlau und erfolgreich zu sein.

Ich erinnere mich noch gut daran, wie ich einmal mit dem Fahrrad durch die Stadt fuhr und folgenden Kommentar »hörte«: »Du bist doch ziemlich blöd, hier schwitzend durch die Gegend zu strampeln, anstatt schön bequem mit dem Auto zu fahren!« Gleichzeitig war mir klar: Wäre ich mit dem Auto gefahren, hätte ich von dem »älteren Herrn« in meinem Kopf zu hören bekommen, dass ich einer dieser rücksichtslosen Umweltverschmutzer sei, der gefälligst sein Fahrrad benutzen sollte. Ich war genervt, machtlos und traurig zugleich und spürte einen leicht schmerzenden Kloß in meinem Hals. Das Gefühl, mir auf eine so bescheuerte Weise mein Leben schwerzumachen, drückte auf mein Selbstbewusstsein. Doch irgendwie kam ich an diesen Quälgeist in mir nicht heran. Er ließ sich nicht verscheuchen, er hörte mir noch nicht einmal richtig zu. Wenn ich ihn aufforderte, still zu sein, schwieg er zwar für eine Weile. An ein Verschwinden war aber nicht zu denken, er blieb auf seiner Position und nörgelte immer wieder an mir herum. Es schien, als müsste ich mich für den Rest meines Lebens mit ihm abfinden – eine deprimierende Vorstellung!

Auswirkungen eines überaktiven »inneren Kritikers«

Wenn der »innere Kritiker« so richtig in Fahrt kommt, kann das mit heftigen Abwertungen oder Beschuldigungen verbunden sein: »Da siehst du es wieder: Du bist und bleibst ein Versager!« oder »Du warst schon immer schuldig und minderwertig!«. Wer solche Kommentare als Dauerbeschuss erlebt, kann in eine handfeste seelische Krise geraten. Die traurigen Folgen dieser inneren Attacken können ein Burnout-Syndrom, Depressionen, übermäßige Ängste oder Frust-Essen sein oder auch eine große emotionale Verletzlichkeit.

Auch Ihr »innerer Kritiker« wird seine ganz persönlichen Reizthemen haben. Vielleicht sagt er Ihnen: »Du musst alles schaffen, immer und sofort!«, oder: »Wenn jemand beleidigt ist, bist du garantiert schuld, denn du hast mal wieder was falsch gemacht!« Bei genauerem Hinsehen macht sich fast jeder von uns mit solchen oder ähnlichen Botschaften das Leben schwer.

Kurz gesagt: Diese hartnäckige innere Instanz nervt! Und als wäre das alles nicht schon kompliziert genug: Einerseits ist uns klar, dass ihre Botschaften und Urteile völlig übertrieben sind, und andererseits werden wir das Gefühl nicht los, dass sie doch auch irgendwie stimmen! Mit dieser eigenartigen und verwirrenden Mischung hat sie uns immer wieder fest im Griff. Kein Wunder, dass sich die so Gestressten eine Menge einfallen lassen, um sich aus diesem inneren Dilemma zu befreien. Besonders beliebt sind Ablenkungen: durch wahlloses Fernsehen, ununterbrochene, mehr oder weniger sinnvolle Beschäftigungen im Internet oder pausenloses Aufräumen und Saubermachen.

Die Haltung eines aufgebrachten »inneren Kritikers« wird dadurch allerdings nicht nachhaltig entspannter. Auch Verhandlungsangebote wie »Stimmt, es wäre gut, wenn ich heute schon alles erledige. Aber morgen ist auch noch ein Tag« funktionieren schlecht. Oder gar nicht. Logische Gegenargumente wie »Ja, Papa schmollt wieder, das geht auch diesmal vorbei« bewirken nicht viel mehr. Selbst der Versuch, den »inneren Kritiker« durch Ignorieren zu beseitigen, ist bestenfalls kurzfristig wirksam. Im schlimmsten Fall entwickelt sich ein innerer Kampf: »Sei doch nicht so verkrampft!«, oder: »Wie blöd muss man sein, um so einen Schwachsinn zu denken?!« Der »innere Kritiker« lässt sich allerdings auch damit nicht dauerhaft zum Schweigen bringen. Ob wir mit ihm einer Meinung sind oder nicht, interessiert ihn scheinbar kein bisschen.

Wenn all diese Maßnahmen erfolglos bleiben, läuft es meist darauf hinaus, dass wir versuchen, unseren »inneren Kritiker« zu beruhigen, indem wir genau das tun, was er uns vorschreibt. Allerdings haben Menschen, die versuchen, alles richtig zu machen, irgendwann das Gefühl, nur noch zu »funktionieren«. Wenn sie beharrlich den Vorschriften folgen, die ihnen ihre kritische innere Instanz macht, verlieren sie früher oder später das Gefühl, ihr eigenes Leben zu leben.

Der Preis, den viele Menschen zahlen, um ihren »inneren Kritiker« zur Ruhe zu bringen, ist hoch. Wie viel leichter wäre es, mit ihm in friedlicher Koexistenz zu leben und sogar von ihm zu profitieren, ohne sich herumkommandieren zu lassen. Zu schön, um wahr zu sein?

Eigentlich doch kein übler Kerl

»Der liebe Gott hat jedem ein Teufelchen mit auf den Weg gegeben, auf dass es uns die Hölle heißmache.« Mit der Behauptung, dass unsere kritische innere Instanz nur dazu da sei, uns das Leben schwerzumachen, würden wir ihr allerdings Unrecht tun. Wie würde sich die Stimmung in so manchem Büro entwickeln, wenn jeder seine schlechte Laune ungefiltert zum Besten gäbe? Worauf würde es hinauslaufen, wenn Sie Ihrem Chef bei jeder Gelegenheit seine Fehler unter die Nase reiben würden? Wo steht derjenige, der sich nach jedem zweiten Streit von seinem Partner trennt? Ich möchte es mir gar nicht vorstellen …

Gut, wenn es in solchen Momenten einen kritischen inneren Aufpasser gibt, der sagt: »Halt bloß den Mund, bevor alles in einem Desaster endet!« Damit hält er uns davon ab, uns gegenseitig an den Kragen zu gehen, und bringt uns stattdessen dazu, einigermaßen zivilisierte Umgangsformen an den Tag zu legen. Ganz bestimmt hat auch Ihr »innerer Kritiker« in Ihrem Leben die Eskalation einiger heftiger Konflikte verhindert. So gesehen bekommt man durch ihn Kontrolle und Souveränität in vielen stressigen Situationen.

Wenn wir ein Ziel erreichen wollen, zum Beispiel eine Ausbildung machen oder eine Sprache erlernen, fungiert dieser Aufpasser als Antreiber. Mit einem »Streng dich an, das ist jetzt wichtig!« kann er uns dazu bringen, uns aufzuraffen oder durchzuhalten, um etwas Lohnendes zu erreichen. Viele kleine und große Leistungen wären ohne sein Antreiben nicht zustande gekommen. Wer weiß: Vielleicht würde die Menschheit ohne ihn heute noch in Höhlen leben. Mit anderen Worten: Ohne ihn geht es nicht.

Schade nur, dass unser »innerer Kritiker« nicht immer so hilfreich ist. Wie entlastend wäre es, wenn wir ihn dazu bringen könnten, sich mit seinem übertriebenen Alarm zurückzuhalten und uns nur noch mit sinnvollen Warnungen zu unterstützen! Aber wie sollte das funktionieren? Um des Rätsels Lösung näherzukommen, müssen wir den »inneren Kritiker« zunächst besser kennenlernen.

In einer unserer psychotherapeutischen Sitzungen beschäftigten sich Martina N., die jahrgangsbeste Schreinerin, und ich uns mit ihrem gnadenlosen »inneren Kritiker«. Wie schon bei vielen anderen Klienten fragte ich mich, mit welcher inneren Instanz wir es hier zu tun hatten und wozu ihre übertriebenen Aktivitäten eigentlich gut sein sollten. An diesem Tag kamen mir glücklicherweise ein paar Fragen in den Sinn, die mir halfen, Martinas »inneren Kritiker« genauer zu beobachten und auf eine neue Weise zu verstehen.

Hinter der Fassade des Tyrannen

Schon seit Stunden sitzt die kleine Martina an ihrem Schreibtisch und kann nicht aufhören, ihr Bild mit dem Shetlandpony zu perfektionieren. Jedes Mal wenn sie es weglegen will, fällt ihr ein Detail auf, das in ihren Augen noch nicht gut genug ist. Der Grund für ihren Perfektionismus ist allerdings nicht eine besondere Liebe zu Pferden. Es ist die Angst, dass ihre Klassenlehrerin nicht zufrieden sein könnte. Martina bekommt viel Lob und Anerkennung von ihr, aber sobald sie ein Detail in ihrem Bild bemerkt, das ihren eigenen Ansprüchen nicht genügt, sieht sie die enttäuschte Lehrerin vor sich. Augenblicklich steht Martina unter Strom: »Das ist nicht gut genug!« Mit dieser Botschaft hat ihr »innerer Kritiker« die kleine Martina immer fester im Griff. Im Laufe der Jahre entwickelte sie sich zu einer allgegenwärtigen Selbstanklage, die Martinas Denken und Fühlen immer mehr bestimmte.

Während unserer Sitzungen hatten die inzwischen 24-Jährige und ich weitere Botschaften ihres Kritikers herausarbeiten können: »Wenn du nicht lieb bist, mag dich niemand!« und »Halte deine Gefühle immer im Zaum, sonst passiert eine Katastrophe!«. Martina war völlig klar, dass die Warnungen und Ansprüche ihres »inneren Kritikers« überzogen und geradezu unmenschlich waren. Es blieb aber unklar, weshalb er so hartnäckig daran festhielt.

Deshalb stellte ich mir immer wieder dieselben Fragen: Was macht er da eigentlich? Er macht Stress, er droht, er kommandiert. Und: Was soll das, warum macht er es?! Auf den ersten Blick schienen seine Kommentare einfach nur quälend, sinnlos und zerstörerisch zu sein.

Das hieße allerdings, dass die menschliche Psyche eine fundamentale Fehlkonstruktion enthielte. Das konnte ich nicht glauben. Die Natur vollbringt andauernd unglaubliche Wunder. Man stelle sich nur vor, welch unfassbare Genialität und Intelligenz es erfordert, einen menschlichen Körper auch nur für fünf Minuten lebendig zu halten – geschweige denn im Mutterleib entstehen zu lassen. Auch die menschliche Psyche zeigt sich immer wieder als eine geniale Konstruktion. Man denke nur an die Träume, in denen man mit ein bisschen Intuition und Sachkenntnis viele faszinierende Hinweise auf das Potenzial, aber auch die hinderlichen Gewohnheiten eines Menschen entdecken kann.

Ich dachte also: Die Seele spinnt nicht! Wo kann bloß der versteckte Sinn in den Aktionen dieser Instanz zu finden sein? Wenn Sie dem Getöse dieser inneren Instanz etwas Positives abgewinnen wollen, könnten Sie sagen: »Sie will mich warnen.« Tatsächlich ist sie ausgesprochen wachsam und schlägt Alarm, sobald sie der Meinung ist, dass wir etwas falsch machen könnten. Keine Frage: Sie übertreibt mit ihrem Alarm. Aber möglicherweise ist genau das ihr Job. Hat sie vielleicht die Aufgabe, dauernd aufzupassen und bei jeglicher Bedrohung kräftig Alarm zu schlagen?

Was würde das bedeuten? Damit wir nicht blindlings in irgendwelche gefährlichen Situationen hineinlaufen, könnten wir einen inneren Aufpasser gebrauchen. Er sollte uns auch vor Gefahren warnen, die von außen auf uns zukommen könnten. Seine Meldungen sollten dabei deutlich und ohne langes Zögern kommen. Denn je schneller und deutlicher wir eine Bedrohung wahrnehmen, desto schneller und effektiver können wir uns davor schützen.

Ich will nicht vom Evolutionsvorteil für Steinzeitmenschen reden, aber die Vorteile eines inneren Aufpassers sind unübersehbar: Er warnt uns vor Gefahren und hat einen entscheidenden Anteil daran, dass wir heute nicht mehr in Höhlen leben. Dementsprechend gibt es in jedem Menschen eine Instanz, die unwillkürlich auf scheinbar bedrohliche Situationen reagiert. Es stellt sich nicht die Frage, ob Sie einen Schreck bekommen sollten oder nicht – etwas in Ihnen löst automatisch Alarm aus. Das gilt für körperliche »Gefahren«, wenn beispielsweise jemand unerwartet direkt hinter Ihnen steht, ebenso wie für »zwischenmenschliche Gefahren«, wenn Sie sich zum Beispiel in einer Gruppe scheinbar danebenbenommen haben.

In der Erfüllung seiner durchaus sinnvollen Aufgabe, auf Bedrohungen hinzuweisen, scheint unser innerer Aufpasser sehr engagiert, besser: überengagiert zu sein.

Eine eigenartige Folge seines Überengagements ist, dass er in bestimmten Situationen nicht zu viel, sondern zu wenig Alarm macht: Wenn er dauernd anmahnt, dass maximale Leistung gebracht werden muss, heißt das auch, dass er es übersieht, wenn eine Überlastung droht. Wenn er übermäßig zur Hilfsbereitschaft auffordert, unterschätzt er zwangsläufig die Gefahr einer Selbstvernachlässigung.

Unser sogenannter »innerer Kritiker« zeigt sich also bei näherer Betrachtung als ein innerer Aufpasser mit der Aufgabe, Alarm zu schlagen, wenn er eine Gefahr sieht. Wenn er die Aufgabe hat, uns zu warnen, macht das nur Sinn, solange es tatsächlich Gefahren gibt, vor denen wir gewarnt werden sollten. Da heutzutage Säbelzahntiger ausgestorben und keulenschwingende Nachbarn sowie andere unmittelbare Gefahren für Leib und Leben dank unserer Zivilisation sehr selten geworden sind, könnte man denken, dass ein innerer Aufpasser überflüssig geworden sei. Trotzdem meldet er sich mit ungebrochenem Eifer. Vor welchen Gefahren warnt er uns?

Alarmstufe Rot! – Warum eigentlich?

Wer aufmerksam hinhört, kann die alarmierenden Botschaften des »inneren Aufpassers« und auch seine meist radikalen Handlungsanweisungen in Worte fassen: »Wenn du das nicht schaffst oder einen Fehler machst, denken die anderen, du bist ein Idiot! Also streng dich mehr an!« Oder: »Wer Schwäche zeigt, wird fertiggemacht – reiß dich zusammen!« Oder auch: »Wenn dich dein Partner verlässt, bist du verloren, also sei immer lieb zu ihm!« Bei all diesen Botschaften geht es um (vermeintliche) Bedrohungen aus unserer sozialen Umwelt.

Die Konsequenz, die der innere Aufpasser daraus zieht, ist individuell unterschiedlich. Die cholerische Variante lautet: »Wehre dich heftig, ein Wutausbruch wird den anderen einschüchtern und baut auch dein Ego wieder auf!« Eine depressive Variante, bei der der innere Aufpasser bereits aufgegeben hat: »Du bist eben minderwertig, also sei still und finde dich damit ab!« Eine Eigenart des inneren Aufpassers ist es demnach, eine Gefahr in der Ablehnung durch unsere Mitmenschen zu sehen. Im Umkehrschluss könnte man annehmen, dass ihre Anerkennung und Zuneigung für unser Seelenheil eine wesentliche Bedeutung haben. Und tatsächlich wirken sie auf uns – und auch auf den Aufpasser – beruhigend. »Ich habe dich lieb, so wie du bist!« Das mag kindlich klingen, aber wer hört so etwas nicht gerne? Diese Botschaft ist Nahrung für unsere Seele. Sie kann uns direkt durch Worte mitgeteilt werden oder indem wir liebevoll in den Arm genommen werden. Auch indirekt – durch ein Lächeln, Anerkennung, ein aufmerksames Nachfragen, Hilfsbereitschaft und vieles mehr – kann sie vermittelt werden.

Wir brauchen diese »Seelennahrung« unter anderem, um unser Selbstwertgefühl aufzubauen, das für jeden Menschen eine elementare Bedeutung hat. Der Mensch braucht daher schon sehr früh im Leben eine Instanz, die ihn davor warnt, die anderen dazu zu bringen, sich von ihm abzuwenden. Und die ihm klarmacht, was zu tun ist, um sich beliebt zu machen und so genug von dieser wunderbaren

»Seelennahrung« zu bekommen. Da haben wir ihn wieder: den inneren Aufpasser.

> Zu Hause angekommen öffnet Martina N. die quietschende Tür ihres alten Kleiderschrankes. Sie nimmt ihre dekorierte Urkunde und packt sie ganz hinten unter die Wintersachen. Dabei achtet sie darauf, die Urkunde keines Blickes zu würdigen – auf keinen Fall möchte sie noch einmal sehen, wer heute Jahrgangsbeste geworden ist; sie will nichts mehr damit zu tun haben, denn sie ist sich sicher, dass sie diese Urkunde nicht verdient hat.

Obwohl es eine wesentliche Funktion ihres inneren Aufpassers ist, sie zu anerkennenswertem Verhalten anzutreiben, hatte Martina in keiner Weise das Gefühl, dass er ihr Selbstwertgefühl steigerte. Im Gegenteil: Durch die stetig wiederkehrenden Warnungen ihres inneren Aufpassers vor ungenügenden Leistungen und davor, dass andere schlecht über sie denken könnten, baute Martina N. mehr und mehr die Überzeugung auf, unfähig und minderwertig zu sein. Diese Minderwertigkeitsgefühle wirkten wie ein Gift auf ihre Seele, das es ihr unmöglich machte, die »Nahrung« der Anerkennung anzunehmen.

»Alles machst du falsch!«, »Du siehst schrecklich aus!«, »Du bist nicht liebenswert!« Weil der kindliche Aufpasser seine Warnungen und Ängste mit unmissverständlicher Eindeutigkeit in den Raum stellt, können sie leicht als Tatsachen missverstanden werden. Die tragische Folge sind völlig unrealistische, aber hartnäckige Selbstzweifel, unter denen sehr viele Menschen leiden.

Kurz und bündig: Der innere Aufpasser sorgt dafür, dass unser Wunsch nach Anerkennung und Zugehörigkeit befriedigt werden kann. Im nächsten Moment inszeniert er mit seinen Botschaften ein enormes Chaos. Woher hat er eigentlich seine fragwürdigen Vorstellungen?

Woher der innere Aufpasser seine Botschaften hat

Als Markus T. in meine Behandlung kam, stand er kurz vor dem Zusammenbruch. Denn seit Jahren arbeitete er nach dem Motto: »Du musst immer 150 Prozent geben, sonst hast du keine Chance!«

Wertvolle Hinweise auf die Herkunft solcher übertriebenen oder sogar krank machenden Forderungen können Sie finden, wenn Sie sich daran erinnern, seit wann Sie sie in sich tragen. Sozusagen: Wann Ihr innerer Aufpasser sie »eingesammelt« hat. Einige dieser Botschaften scheinen wir schon seit einer Ewigkeit mit uns herumzutragen.

Grundlegende Botschaften »sammeln« wir in unserer Kindheit ein. Wer beispielsweise Eltern hatte, die es wichtig fanden, dass ihre Kinder besonders viel leisten, hat sich diese Anforderung vielleicht schon in seiner Grundschulzeit zu eigen gemacht. Eltern wiederum, die sich von ihrem eigenen Leben überfordert fühlen, sind manchmal kaum in der Lage, auf die Wünsche ihrer Kinder einzugehen. Sie fühlen sich bedrängt, wenn ihnen etwas abverlangt wird, und wünschen sich Unterstützung durch ihre Kinder. Daraufhin können in ihren Kindern Überzeugungen entstehen wie etwa: »Du musst immer lieb sein und helfen« oder: »Was die anderen wollen, ist immer wichtiger als das, was du willst«.

Mein Klient Wolfgang R. bekam von seinen Eltern mit auf den Lebensweg: »Wer Schwäche zeigt, hat schon verloren.« Mehr und mehr übernahm er diese Botschaft und entwickelte große Stärke und Durchhaltevermögen. Durch die Radikalität seiner Haltung zahlte er jedoch gleichzeitig einen hohen Preis: emotionale Verhärtung und Einsamkeit. Dabei wollten seine Eltern ihrem Sohn keinesfalls schaden. Im Gegenteil: Diese Botschaft war ihrer Überzeugung nach das Beste, was sie ihm mitgeben konnten. Eltern bemerken aber in der Regel nicht, dass einige der Botschaften, die sie ihren Kindern mitgeben, radikal und übertrieben sind. Oft geben sie auch einfach weiter, was ihnen ihre eigenen Eltern vermittelt haben. Manchmal werden solche überzogenen Botschaften über mehrere Generationen weitergegeben – ohne jemals ernsthaft hinterfragt zu werden.

Es können aber auch die Kinder sein, die die Botschaften ihrer Eltern »radikalisieren«, indem sie alles dafür tun, die Anerkennung der Eltern zu bekommen, oder einfach, um mit ihren geliebten und bewunderten oder aber gefürchteten Eltern voll und ganz einig zu sein.

So kann eine elterliche Botschaft durch Verallgemeinerung und unhinterfragtes Anwenden zu einem radikalen und damit (selbst-) schädigenden Lebensmotto werden.

Nicht alle Botschaften unseres inneren Aufpassers stammen von unseren Eltern. Manche entwickeln wir auch selbst. Viele Menschen können im Rückblick genau zuordnen, wann sie im Laufe ihres Lebens bestimmte Botschaften in ihr Denken eingebaut haben. Markus T. erinnert sich, dass er sich nicht schont, seit er vor acht Jahren beschloss, möglichst bald mit seiner eigenen Familie in einem eigenen Haus zu leben. Sein krank machender Gedanke »Du musst immer 150 Prozent geben, sonst hast du keine Chance auf ein gutes Leben!« ist die Folge seines großen Zukunftstraumes.

Oft entwickeln sich die Botschaften, die Kinder für sich selbst formulieren, aus etwas, das sie ganz besonders gut können: Die einen stellen fest, dass sie besonders gut erkennen können, was andere brauchen; die anderen merken, dass sie über eine besondere intellektuelle Leistungsfähigkeit verfügen. Danach werden sich insbesondere die Handlungsanweisungen ausrichten, die in vielen Botschaften stecken: »Du musst immer dafür sorgen, dass Mama entlastet wird, denn dann hat sie dich am meisten lieb« oder: »Du musst immer die Beste in der Klasse sein, dann bekommst du die meiste Anerkennung!«.

Auch aus Misserfolgen und besonders schmerzlichen Erfahrungen entstehen Lebensregeln wie »Wer Fehler macht, macht sich lächerlich« oder »Deine Trauer und Wut schiebst du am besten ganz weit weg!«. Ursprung einer Botschaft kann auch ein schmerzhaftes Schlüsselerlebnis sein, verbunden mit dem Gedanken: »So eine furchtbare Enttäuschung will ich nie wieder erleben!« Die entsprechende Schlussfolgerung wird dann mit der ganzen Wucht des Schmerzes verankert: »Darum werde ich mich nie wieder jemandem anvertrauen!«

Wenn wir jetzt noch einmal den Blick auf unseren häufig so unbeliebten inneren Aufpasser richten, können wir Folgendes feststellen: Die Botschaften, mit denen er uns bedrängt, können sehr wehtun und uns massiv einschränken. Kein Wunder, dass ihm von vielen Menschen Bösartigkeit nachgesagt wird. Aber ist er tatsächlich bösartig? Geht es ihm darum, dass wir leiden? Dann würde er keine Gelegenheit auslassen, uns mit den schlimmsten Botschaften zu bedrängen. Das ist aber nicht der Fall, denn wenn er sich sicher fühlt (beziehungsweise Sie sich sicher fühlen), beruhigt er sich. Und zwar zuverlässig. Zugegeben: Schon eine unangenehme Erinnerung kann einen engagierten Aufpasser sofort wieder in Alarmbereitschaft versetzen. Aber bösartig ist er nicht, sonst würde er nicht aufhören, Sie mit seinen ängstigenden Botschaften zu bedrängen. Tatsächlich trifft das Gegenteil zu: Er ist erleichtert und dankbar, wenn Sie es schaffen, ihm immer öfter das Gefühl von Sicherheit zu geben. Aber das ist vorerst eine Behauptung, die ich Ihnen noch beweisen muss.

Ein weiterer Vorwurf gegen unseren Aufpasser ist, dass er uns mit »seinen« Botschaften das Leben schwer macht. Bei genauerem Hinsehen können wir aber feststellen, dass er sie sich nicht ausgedacht hat. Vielmehr haben wir sie im Laufe unseres Lebens eingesammelt – meist durch schmerzliche Erfahrungen. So gesehen ist er gar nicht das Problem. Er macht einfach nur seinen Job, uns vor der Wiederholung solcher Erfahrungen zu warnen oder uns anzutreiben, das zu tun, was früher einmal erfolgreich war.

Ihr innerer Aufpasser ist also nicht das Problem, und Sie sind es auch nicht – ebenso wenig wie all die sinnvollen und realistischen Botschaften und Überzeugungen, die Sie sich angeeignet haben. Es sind die übertriebenen und die falschen Botschaften, die Sie in sich tragen und von denen sich Ihr Aufpasser unter Druck setzen lässt.

Warum aber durchschaut unser innerer Aufpasser nicht, dass viele seiner alten »Wahrheiten« unwahr sind?

Ich sehe was, was du nicht siehst – und das ist kindlich

Bei allem Respekt für die Fähigkeit unseres inneren Aufpassers, uns zu warnen oder anzutreiben: Manches von dem, was er uns sagt, ist durchaus fragwürdig. Etwa wenn er uns erbarmungslos dazu antreibt, unsere Wohnung für einen anstehenden Besuch makellos herzurichten. Eine Wohnung, die den Ansprüchen des inneren Aufpassers nicht genügt, kann seiner Meinung nach auch niemals den Ansprüchen eines Besuchers genügen, was unweigerlich dazu führen muss, dass man in dessen Achtung ins nahezu Bodenlose fällt. Eine furchtbare Vorstellung, der sich viele Menschen kaum entziehen können. Wer seinem Aufpasser in dieser Einschätzung recht gibt, wird erleben, dass sich die Angst vor der sozialen Ächtung zu einem inneren Spießrutenlauf auswächst: Was, wenn der Besuch wegen irgendeines dummen Zufalls in eine verstaubte Ecke hinter dem Sofa guckt? Um alle eventuellen Gefahren auszuräumen, putzt man stundenlang die Wohnung. Das kann so weit führen, dass alle Möbel von der Wand gerückt und abgestaubt und anschließend ein Dutzend Geschäfte nach der idealen Dekoration abgesucht werden müssen. Wenn der Gastgeber am Ende nicht in einer perfekt vorbereiteten Wohnung steht, wird er verzweifelt sein, weil er sich innerlich dauernd mit der Missbilligung seiner Gäste beschäftigen muss. Wird er einen schönen, entspannten Abend mit seinen Freunden verbringen? Eher nicht; viel wahrscheinlicher ist, dass er sich sagt: »Ich lade nie wieder jemanden ein!« Allerdings: Bei all der Aufregung und Arbeit haben die Warnungen des inneren Aufpassers wahrscheinlich wenig mit einer realistischen Einschätzung zu tun, wie viel Zuneigung und Toleranz der Besuch für den Gastgeber wirklich empfindet.

Sowohl dieses Beispiel als auch die anderen bisher genannten Botschaften zeigen deutlich: Realistisch zu denken ist nicht die Stärke des inneren Aufpassers. Im Gegenteil: Er ist übermäßig ängstlich, man könnte auch sagen: naiv. Ihm scheint keine ausreichende Lebenserfahrung zur Verfügung zu stehen, um Stresssituationen realistisch einschätzen zu können. Wenn ihn erst einmal eine Angstfantasie gepackt hat, macht er unerbittlich Druck und kann rationale Argumente kaum noch gelten lassen. Mit anderen Worten: Er hat einen Tunnelblick.

In welcher Welt lebt also der innere Aufpasser? Zu wem passt die Wahrnehmung der Innen- und Außenwelt mit einem eingeschränkten Blick und einem offensichtlichen Mangel an Lebenserfahrung? Sie passt zur Wahrnehmung eines Kindes! Tatsächlich spricht vieles dafür, dass der innere Aufpasser einen kindlichen Tunnelblick hat:

- Er ist in Vorstellungen gefangen, die viel besser zur Erlebniswelt der eigenen Kindheit passen als zur jetzigen erwachsenen Realität.
- Häufig vertritt er radikale Standpunkte und übertreibt heftig.
- Er ist nicht in der Lage zu beurteilen, ob seine Standpunkte realistisch oder unrealistisch sind.
- Wenn starke Gefühle im Spiel sind, verliert er schnell den Überblick.
- Unter Stress kann er viele wichtige Informationen nicht mehr wahrnehmen und verarbeiten. Dann guckt er kaum noch nach links und rechts und sieht nur einen kleinen, ihn ängstigenden Ausschnitt der Realität.
- Außerdem sind sein Überengagement und seine große emotionale Abhängigkeit von Anerkennung eher kindliche als erwachsene Eigenschaften.

Der innere Aufpasser hat kindliche Züge. Vielleicht wundern Sie sich gerade und denken: »So habe ich das noch nie gesehen.« Genauso ging es mir vor einigen Jahren. Tatsächlich ist dies eine Erkenntnis mit weitreichenden Folgen, denn üblich sind folgende Missverständnisse: Wir verkennen unseren inneren Aufpasser als Autorität, weil er seine ängstlichen Warnungen mitteilt, als seien es Tatsachen: »Du machst dich lächerlich, so kann dich keiner respektieren!« Auch mit seinen Kommandos »Du musst ...« oder »Du darfst nicht ...« scheint er genau zu wissen, wie der Hase läuft. Unsere Erfahrung, dass der innere Aufpasser oft nicht »kleinzukriegen« ist, lässt ihn ebenfalls wie eine Autorität wirken.

Wenn man den inneren Aufpasser dementsprechend als Autorität behandelt und inhaltlich zu ernst nimmt, kann das allerdings tragische Folgen haben. Man wird die alten übertriebenen und einengenden Botschaften nicht los, sodass man ihn unfreiwillig zu einer Art innerem Gefängniswärter macht.

Wenn wir jedoch seine kindliche Natur erkennen, wird klar, dass es ein Missverständnis ist, ihn als eine kompetente Autorität zu bezeichnen. Folgendes Argument spricht auch gegen die Bezeichnungen »innerer Kritiker« oder »unbarmherziger Richter«: Diese Instanz in uns schweigt zuverlässig, wenn sie sich sicher fühlt – warum sollte ein Aufpasser in solchen Situationen auch Alarm schlagen? Dass ein Kritiker oder Richter schweigt, wenn er sich sicher fühlt, ist dagegen unlogisch – warum sollte er sich gerade dann zurückhalten?

Im Zusammenhang mit dem inneren Aufpasser steht »kindlich« vor allem für »kindlich-naiv«, also einen Mangel an bestimmten Fähigkeiten. Kindlich zu sein kann natürlich auch eine wunderbare Quelle von Spontaneität, Kreativität und Lebensbejahung erschließen. Das merken wir beispielsweise dann, wenn wir mit guten Freunden herumalbern oder unbefangen, spontan und kreativ sein können. Oder wenn wir spüren, wie gut es tut, wenn unser kindliches Bedürfnis nach Trost erfüllt wird und wir mit all unseren Gefühlen angenommen werden. Außerdem können Kinder selbstverständlich sehr klug sein – manchmal klüger als die sogenannten Erwachsenen. Es ist aber genauso eindeutig, dass Kinder oft nicht in der Lage sind, sich selbstständig einen realistischen Überblick zu verschaffen.

In diesem Sinne ist unser innerer Aufpasser kindlich. Dagegen scheinen ihm eine kindliche Spielfreude oder das Bedürfnis, liebevoll getröstet zu werden, fremd zu sein. Das sind Eigenschaften, die auf das sogenannte innere Kind zutreffen, das ebenfalls in jedem Mann und natürlich in jeder Frau steckt. Auf diese innere Instanz werde ich später noch zu sprechen kommen.

Der innere Aufpasser meldet sich nur, wenn er meint, dass etwas schieflaufen könnte, und sich die Frage stellt, wie darauf zu reagieren ist, damit Sie wieder in Sicherheit sind – sonst nicht.

> Wenn in Ihnen ein übermäßiger Alarm losgeht, ist es Ihr innerer Aufpasser, der Sie warnen möchte. Ihr nützlicher Quälgeist scheint unberechenbar zu sein und schwer zu bändigen. Wenn er zur Hochform aufläuft, kommen Sie nicht an ihn heran. Der Grund: Er verhält sich wie ein ängstliches Kind!

Nachdem nun einige wesentliche Eigenschaften unseres Aufpassers klarer geworden sind, wird deutlich: Von einem »inneren Aufpasser« zu sprechen trifft den Sachverhalt nicht ganz. Eine treffendere und auch hilfreichere Bezeichnung ist »kindlicher Aufpasser«. Denn sowohl für das Verständnis dieser Instanz als auch für den Umgang mit ihr ist es wichtig, ihre Funktion und auch ihre kindliche Natur nicht aus dem Bewusstsein zu verlieren.

Wenn Ihr innerer Aufpasser kindlich ist und seine Botschaften oft übertrieben oder sogar falsch sind, stellt sich die Frage, wie Sie mit ihm und dem, was er »sagt«, umgehen sollen. Sollten Sie seine Botschaften ernst nehmen?

Kein Kampf – aber zwei Gewinner

Unser innerer Aufpasser hat offensichtlich einen kindlichen Blick auf die Welt. Wer also dem folgt, was ihm sein kindlicher Aufpasser vorgibt, berücksichtigt genau wie er nur einen kleinen Ausschnitt der Realität. Das klingt nicht sehr schmeichelhaft, deswegen möchte ich zu unser aller Entlastung betonen: Die Welt ist tatsächlich so kompliziert, dass kein Mensch sie vollständig erfassen kann – nobody is perfect! Darum passiert es jedem Erwachsenen von Zeit zu Zeit, dass er den kindlichen und unrealistischen Tunnelblick seines inneren Aufpassers übernimmt und dann bockig, stur oder gekränkt reagiert oder eine übermäßige Angst vor was auch immer hat.

Falls Sie nun denken sollten: »Dann bin ich ja niemals erwachsen!«, kann ich Sie beruhigen. Ihre erwachsene Kompetenz beweisen Sie immer dann, wenn Sie mehr verstehen oder sich schlauer verhalten, als es einem unerfahrenen Kind mit seinem Tunnelblick möglich ist – sicherlich mehr als hundert Mal am Tag!

Wenn ein Erwachsener allerdings in seinem Tunnelblick steckenbleibt und beispielsweise Kritik regelmäßig als Missachtung seiner Person versteht, spricht dies dafür, dass er den Tunnelblick seines Aufpassers übernimmt. Das kann im Laufe der Zeit ein ganz erhebliches Chaos und auch Leid verursachen. Zunächst natürlich beim Betroffenen selbst, der sein Umfeld als stetige Quelle von Verletzungen erlebt. Dann aber auch bei den Menschen seiner Umgebung, die sich immer wieder mit Gefühlsausbrüchen und heftigen Gegenangriffen konfrontiert sehen. Ein kollegiales »Du musst etwas deutlicher schreiben, damit ich es entziffern kann!« muss dann beispielsweise als missachtend und kränkend empfunden werden. Wenn der Betreffende seine inneren Gefühlsstürme ausagiert, wird wahrscheinlich auch seine Umwelt zu leiden haben, zum Beispiel unter Vorwürfen und »Gegenangriffen«: »Dauernd musst du auf mir rumhacken!«

Darum ist es wichtig, dass wir nicht zu lange im Tunnelblick unseres kindlichen Aufpassers stecken bleiben, sondern unsere Fähigkeit nutzen, einen erwachsenen und realistischen Überblick herzustellen. Oft ist das allerdings leichter gesagt als getan.

Bevor Ines M. mit ihren Freundinnen zum Tanzen geht, bekommt sie jedes Mal dasselbe Problem: Sie probiert etwa zehn verschiedene Kleider und Kombinationen an, die abwechselnd auffallend figurbetont oder ausgesprochen langweilig sind. Währenddessen diskutiert sie ununterbrochen mit sich selbst. Sie weiß, dass ihre Zurückhaltung gar nicht nötig ist und es viel besser wäre, wenn sie mehr aus sich herauskommen und sich mehr zeigen könnte. Bei jedem Versuch, diesen Gedanken praktisch umzusetzen, beschleicht sie jedoch ein extrem unangenehmes Gefühl. Ihr Stress gipfelt in einem kurzen, aber heftigen Fluchen, bevor sie sich letztlich – einigermaßen deprimiert – für ein unscheinbares Outfit entscheidet.

Woher hat Ines M. dieses wiederkehrende Stressmuster? In unserer gemeinsamen Arbeit wurde deutlich, dass ihre Eltern ängstliche Menschen waren und sehr darauf bedacht, nicht aufzufallen. Um sie nicht zu verunsichern, lernte die lebhafte Tochter schon als Kind, ihr Temperament zu zügeln und zu einem unauffälligen und braven Mädchen zu werden. Als Ines in die Pubertät kam, beunruhigte es ihre Eltern, wenn sie sich etwas Figurbetontes anzog, sodass sie auch das bald aufgab. Ihre Anpassungs- und Vermeidungsstrategie funktionierte gut: Ihre Eltern waren froh, dass ihre Tochter so wohlerzogen war, und sie selbst brauchte kein schlechtes Gewissen wegen irgendeines Fehlverhaltens zu haben.

Noch heute meldet sich ihr kindlicher Aufpasser mit der alten Botschaft, wenn Ines M. daran denkt, in irgendeiner Weise aufzufallen: »Nein! Damit blamierst du dich und machst deine Liebsten unglücklich!« Gleichzeitig ist klar, wie der Gefahr begegnet werden muss: »Sei lieb und denk nicht mehr an solche Sachen!« Diese Strategie verhindert allerdings, dass die inzwischen erwachsene Ines ihren eigenen Lebensstil und damit ihr Selbstbewusstsein entwickelt.

Der kindliche Aufpasser von Frau M. schlägt also Alarm, um zu verhindern, dass die Eltern wegen eines auffälligen Verhaltens ihrer Tochter wieder unglücklich sind. So gesehen ist seine Angst verständlich und in Bezug auf die Kindheitserfahrungen, von denen der kindliche Aufpasser von Frau M. immer noch geprägt ist, berechtigt. Darum will er auch heutige »Gefahren« mit den Strategien abwehren, die in der Kindheit funktionierten. Eine grundsätzlich sinnvolle Logik, zu der es aus der Sicht des kindlichen Aufpassers im Zweifelsfall keine Alternative gibt: So war es früher, und so muss es auch heute sein.

Das heutige Problem besteht jedoch darin, dass der kindliche Aufpasser nicht erkennen kann, ob die aktuelle Situation genauso bedrohlich ist wie die, an die er sich erinnert, und ob das damalige Reaktionsmuster immer noch sinnvoll ist.

Natürlich sorgt der kindliche Aufpasser auf diese Weise immer wieder für ein erhebliches Chaos im Leben von Ines M., die dann deutlich spürt, dass ihr innerlich etwas penetrant im Weg steht. So gesehen ist es absolut verständlich, dass sie in ihrem Stress versucht, gegen den inneren Anteil anzukämpfen, der ihr weismachen will, dass sie sich versündigt, wenn sie sich auffällig anzieht. Da sie diesen Anteil nicht als ihren inneren Aufpasser erkennt, beschimpft sie sich selbst: »Wie bescheuert und verklemmt du bist – so kriegst du nie einen interessanten Mann!«

Was passiert aber mit dem kindlichen Aufpasser, wenn Ines M. dessen Warnungen als »bescheuert« bezeichnet? Natürlich bekommt er noch mehr Angst. Denn er merkt, dass Ines M. immer entschlossener wird, genau das zu tun, was er seit Jahren mit seinem Alarm verhindern konnte: ihr beängstigendes Temperament auszuleben.

Warum wir mit Selbstbeschimpfungen unseren inneren Alarm nicht abstellen können, wird jetzt offensichtlich. Für den ohnehin ängstlichen Aufpasser bedeuten sie einen Angriff auf ihn selbst und die Gewissheit, dass sein Alarm nicht ernst genommen wird. Wenn er daraufhin umso verzweifelter versucht, sich durchzusetzen, kann ein wahrer innerer Machtkampf entstehen.

Natürlich ist ein Machtkampf nicht dazu geeignet, ein ängstliches und aufgeregtes Kind zu beruhigen. »Wenn du nicht aufhörst zu schreien, kriegst du gleich richtig Ärger!« Wer ein ängstliches Kind mit diesen Worten beruhigen will, ist auf dem Holzweg. Auch Nichtbeachtung oder Rechthaberei – »Ich habe dir schon hundert Mal gesagt, dass alles in Ordnung ist!« – werden wenig helfen.

Falls Sie an dieser Stelle ein schlechtes Gewissen bekommen sollten, weil Sie Ihren kindlichen Aufpasser immer wieder beschimpfen: Um ihn brauchen Sie sich keine Sorgen zu machen, denn er ist – im Gegensatz zu einem wirklichen Kind – ein Stehaufmännchen mit geradezu unbegrenzter Belastbarkeit. Egal wie sehr sich Ihr innerer Machtkampf ausweitet, Ihr kindlicher Aufpasser wird sich nicht unterkriegen lassen.

Manch einer denkt sogar:»Abschaffen sollte man den Mistkerl, ich will ihn endlich ein für alle Mal beseitigen!« Falls Sie sich angesprochen fühlen, habe ich eine schlechte Nachricht für Sie: Sämtliche Versuche, Ihren kindlichen Aufpasser zu beseitigen, werden unter Garantie scheitern. Er gehört einfach zur Serienausstattung jeder Menschenseele dazu und lässt sich nicht demontieren oder amputieren. Sie müssen ihn behalten.

Möglicherweise fragen Sie sich jetzt: Wenn ich meinen kindlichen Aufpasser nicht zum Schweigen bringen und ihm nicht aus dem Weg gehen kann, wie kann ich dann mit ihm umgehen, sodass er mir nicht dauernd im Weg steht? Ich kann ihn doch mit seinen völlig unrealistischen Vorstellungen nicht ernst nehmen?!

Meine Antwort auf diese Frage: Einerseits haben Sie recht. Sie sollten Ihren kindlichen Aufpasser nicht zu ernst nehmen, denn viele seiner Botschaften sind übertrieben oder vollkommen falsch. Andererseits sollten Sie ihn ernst nehmen, denn seine Botschaften sind berechtigt. Dieser scheinbare Widerspruch hat viel mit der Verwirrung zu tun, die durch die Aktivitäten des kindlichen Aufpassers entsteht.

Wer allerdings im Auge behält, dass unser Aufpasser einen kindlichen Blickwinkel hat, kann diesen Widerspruch auflösen. Die warnenden Botschaften des kindlichen Aufpassers beruhen auf ganz realen, persönlichen Erlebnissen und Wahrnehmungen; darum sind sie aus seiner Sicht alle berechtigt. Und aus diesem Grund sollten seine Ängste von uns ernst genommen werden. Auch seine Handlungsanweisungen haben ihre Berechtigung, denn sie beruhen auf Strategien, die nach unserer Erfahrung einmal die beste Möglichkeit darstellten, auf eine schwierige oder bedrohliche Situation zu reagieren. Unser Verständnis für den kindlichen Aufpasser sollte allerdings nicht dazu führen, dass wir seine übertriebenen Befürchtungen als Wahrheiten hinnehmen und seine Anweisungen unmittelbar in die Tat umsetzen.

Was Ihr überängstlicher Aufpasser letztlich braucht, entspricht den Bedürfnissen eines überängstlichen Kindes (»Ich will nie wieder in den Kindergarten!!«). Um es zu beruhigen, ist es hilfreich, wenn sich ein Erwachsener ihm zuwendet und zunächst ernst nimmt, dass es große Angst hat (»Du bist ganz aufgeregt – vielleicht können wir das zusammen verstehen«). Der Erwachsene könnte auch versuchen, mit dem Kind zu sprechen und herauszufinden, was es so sehr befürchtet (»Was ist passiert?« – »Die wollen mich da alle nur ärgern!« – »Wenn du das denkst, kann ich verstehen, dass du nie wieder in den Kindergarten gehen möchtest.«). Dabei sollte er sich von dem Kind nicht panisch machen lassen, sondern seinen gesunden Menschenverstand einsetzen, um zu überprüfen, inwieweit die Angst des Kindes realistisch ist (in Gedanken: Wahrscheinlich hat es einen ziemlich normalen Kindergartenärger gegeben). Selbst wenn das Problem des Kindes damit noch nicht gelöst ist, wird allein die wohlwollende Aufmerksamkeit des Erwachsenen eine beruhigende Wirkung auf das Kind haben, sodass es sich ein wenig sicherer fühlen kann. Wenn Sie es also schaffen, sowohl ein gewisses Verständnis für die Ängste Ihres kleinen Aufpassers aufzubringen, als auch das klare Bewusstsein, dass seine Botschaften wahrscheinlich übertrieben sind, hätten Sie schon mal einen guten Anfang gemacht. Wenn es Ihnen jetzt noch gelingt, mit Ihrem kindlichen Aufpasser in einen erfolgreichen Dialog zu gehen, sind Sie schon fast so weit, dass er Sie unterstützt, anstatt Ihnen das Leben schwer zu machen.

Mit wem Sie reden, wenn Sie mit sich reden – Drei innere Instanzen

»Wenn ich jetzt mit jemandem in mir rede, den ich gar nicht sehen oder richtig hören kann – bin ich dann nicht vollends verrückt?!«, fragen mich manche Klienten. Einen Dialog mit einer inneren Instanz zu führen kann einem zunächst etwas sonderbar vorkommen. Andererseits ist es völlig normal, Selbstgespräche zu führen – man denke nur an das Engelchen und das Teufelchen, die einem sprichwörtlich auf den Schultern sitzen und zuflüstern, was man tun oder lassen soll.

Auch in der Psychologie gibt es viele Modelle, die mit dem Dialog verschiedener innerer Instanzen arbeiten, wobei die Instanzen verschiedene natürlicherweise vorhandene Persönlichkeitsanteile abbilden. Solche Modelle haben sich nicht nur für das Verständnis der menschlichen Psyche, sondern auch im Lösen psychischer Spannungen sehr bewährt. Ein innerer Dialog – der ja ohne verschiedene miteinander diskutierende Instanzen gar nicht stattfinden könnte – ist also nicht nur normal, er kann sogar sehr hilfreich sein. Es fragt sich nur, mit wem Sie reden, wenn Sie mit sich reden.

Der kleine Aufpasser

Mit ihm haben Sie sicherlich schon ein paar Tausend Mal diskutiert, ohne es zu merken – oder so zu nennen. Um mit ihm in einen entspannten, bewussten und effektiven Dialog zu kommen, ist es zunächst hilfreich, ihn deutlich wahrzunehmen.

Wie er aussieht

Eine mächtige Königin, ein erhabener Richter oder sogar der grausame Darth Vader: Die Bilder, hinter denen sich der kindliche Aufpasser verbirgt, sind oft Respekt einflößend, scheinbar übermächtig. Wer das Gefühl hat, hin und wieder seine mahnenden Eltern mit sich herumzutragen, wird das vielleicht ähnlich erleben … Wenn bei Ihnen solch ein Respekt einflößendes inneres Bild entstanden ist, bleiben Sie offen dafür, dass es sich wandelt. Wahrscheinlich wird für Sie im Laufe der Zeit erkennbar, dass hinter der beeindruckenden Fassade sein wahres kindliches Wesen steckt. Ein kindliches Bild des inneren Aufpassers ist nicht nur realistisch, es kann auch wesentlich dazu beitragen, sich von seinen übermäßigen Ängsten nicht terrorisieren zu lassen.

Meist besteht allerdings kein klares inneres Bild des Aufpassers. Das ist durchaus von Vorteil, weil dann offen bleiben kann, wie sich sein tatsächliches inneres Wesen durch seine ganz speziellen Gedanken zeigt.

Viele Frauen nehmen eine »kindliche Aufpasserin« in sich wahr. Die meisten meiner Klienten können ihrem kindlichen Aufpasser allerdings zunächst keine klare weibliche oder männliche Identität zuordnen und übernehmen dann ihr eigenes Geschlecht für ihren kindlichen Aufpasser beziehungsweise ihre kindliche Aufpasserin. Sie können diese Instanz auch »kindliche Wächterin« oder neutraler »kindliche aufpassende Instanz« nennen – nehmen Sie einfach den Ausdruck, der für Sie am besten passt. Wichtig ist allerdings, dass Sie Klarheit darüber behalten, dass der Blickwinkel und die Kompetenz dieser Instanz tatsächlich viel stärker kindlich als erwachsen sind.

Sein Stresslevel

Obwohl die meisten Menschen kein klares inneres Bild ihres kindlichen Aufpassers haben, lässt er sich auf eine besondere Weise recht zuverlässig erkennen: nämlich daran, wie sehr er unter Stress steht. Seinen Stresslevel können Sie in der Regel auf einer Skala von 0 bis 10 ganz gut einschätzen. Nicht selten hat er zu Beginn eines inneren Dialogs einen Stresslevel von 8 bis 10, aber auch geringere Anspannungen mit Werten von 3 bis 4 kommen vor. Meist wird der Level bei größerem Stress höher wahrgenommen (wenn er »auf die Palme« oder »an die Decke geht«) als bei geringem Stress (wenn er »wieder runterkommt«). Der Stresslevel des kindlichen Aufpassers ist eine wichtige Orientierung im Dialog mit ihm, schließlich möchte er gerade bei großen Ängsten besonders ernst genommen werden. Außerdem lässt sich mithilfe des wechselnden Stresslevels erkennen, was ihn beruhigt und was nicht.

Wenn Sie in der Lage sind, den Stresslevel Ihres kindlichen Aufpassers wahrzunehmen, werden Sie wahrscheinlich auch sagen können, in welcher »Ecke« er sich meist aufhält: etwa »links vorn« oder hinter Ihnen in einer erhöhten Position. Auch das kann eine Hilfe für die Kommunikation mit ihm sein.

Das große »Regal der Wahrheiten« – und die quälenden Stacheln
Im Lauf unseres Lebens haben wir eine Menge Botschaften eingesammelt, die wir auch als unsere persönlichen »Wahrheiten« bezeichnen können. Es sind Aussagen wie: »Das musst du tun!«,
»Das ist gefährlich!« oder: »Das ist wichtig!«, »Das ist unwichtig!«.
Diese »Wahrheiten« steuern unsere Sicht auf unser Leben und sind
damit sehr machtvoll. Besonders machtvoll sind sie, wenn sie etwas
über uns als Person aussagen: »Du musst immer hilfsbereit sein,
sonst gibt es Ärger«; »Deine Misserfolge beweisen, dass du nie gut
genug warst!« Natürlich können sie auch positiv sein: »Die meisten Menschen mögen dich, so wie du bist.« Solche Botschaften sind
uns im wahrsten Sinn des Wortes selbstverständlich: Sie tragen ganz
wesentlich zu unserem Selbstbild bei – dem, der wir meinen zu
sein.

Unabhängig von ihrem Nutzen sind alle diese persönlichen Wahrheiten irgendwo in uns abgespeichert. Bildlich könnte man sie sich
wie Bücher in einem großen Regal vorstellen, unserem »Regal der
Wahrheiten«. Solange uns nichts an sie erinnert, tun uns die negativen und selbst die abwertenden Botschaften nicht sehr weh, dann
können wir mit ihnen leben. Wenn aber schmerzliche Dinge passieren oder auch nur Gedanken aufkommen, die uns an diese »Wahrheiten« erinnern, können sie uns immer wieder sehr wehtun: Eine
kleine Kritik oder eine unangenehme Erinnerung können schnell
quälende Selbstzweifel aktivieren, die uns nicht geplagt haben, solange wir nicht an sie dachten. Warum ist das so?

Auf unser »Regal der Wahrheiten« hat unser kindlicher Aufpasser
Zugriff. Seine Aufgabe ist es, zu verhindern, dass wir schmerzliche
Erfahrungen wiederholen. Wenn er also befürchtet, dass eine Situation für uns bedrohlich ist, zieht er diejenige Botschaft aus dem Regal, die besagt, dass wir in Gefahr sind, und macht uns lautstark darauf aufmerksam. Da er die Botschaften wegen seines kindlichen
Tunnelblicks nicht überprüfen kann, stellt er auch unrealistische Botschaften wie eine Wahrheit dar. Einer meiner Klienten beschrieb dies
folgendermaßen: »Immer wenn ich vor einer Gruppe sprechen muss,

kommt die Meldung, dass ich den Mund halten soll, weil da sowieso nur Blödsinn rauskommt.«

Mit seinem radikalen Alarm scheint der kindliche Aufpasser die bedrohlichen Botschaften zu bestätigen und drückt dabei auch unrealistische »Wahrheiten« wie Stacheln in unsere Seele: »Wenn du kritisiert wirst, zeigt das wieder mal, dass man dich nicht ernst nehmen kann!«; »Wenn du das nicht schaffst, bist du ein Versager!«; »Wenn es Ärger gibt, bist du schuld!« …

Obwohl niemand diese Stacheln sehen kann, können sie uns unerträgliche Schmerzen bereiten. Über viele Jahre. Bis sich entweder unsere Lebensumstände so weit verbessern, dass unser Aufpasser keine Bedrohung mehr befürchtet, oder bis wir einen Weg finden, die unrealistischen Botschaften, aus denen die Stacheln bestehen, Schritt für Schritt zu entkräften. Je weiter wir unseren Glauben an diese Botschaften abbauen können, desto weniger wird unser kindlicher Aufpasser sie betonen und umso geringer werden die Schmerzen sein, die sie hervorrufen. Wenn wir gar nicht mehr an sie glauben, kann uns eine Erinnerung an sie sogar erleichtern – »Wie gut, dass das vorbei ist!«

Bildlich gesprochen geht es also darum, unser »Regal der Wahrheiten« aufzuräumen und zu aktualisieren. Das heißt, die unrealistischen Botschaften durch Wahrheiten zu ersetzen, die uns wirklich überzeugen können.

Sie, das erwachsene Ich

Dem kindlichen Aufpasser haben wir uns ausführlich gewidmet. Jetzt kommen Sie! Mit *Sie* meine ich »die innere Erwachsene« beziehungsweise »den inneren Erwachsenen«. Man könnte auch sagen, Ihr Erwachsenen-Ich, zu dem Sie als Person mittlerweile herangereift sind und von dem Sie normalerweise (in einem emotional ausgeglichenen Zustand) sagen: »Das bin ich!«

Im Dialog der inneren Instanzen ist es erstrebenswert, dass Sie sich mit dem inneren Erwachsenen identifizieren. Wenn die oder der innere Erwachsene in Ihnen wach ist und den Überblick hat, stehen Sie sozusagen als Käpt'n auf der Brücke Ihres Schiffes. Jedes Mal wenn Sie in irgendeiner Weise erwachsen handeln, ist das der Fall. Also sehr oft: Sie müssen einen erwachsenen, realistischen Überblick haben oder in der Lage sein, einen solchen Überblick herzustellen, um zum Beispiel einen größeren Einkauf zu machen, einer regelmäßigen Arbeit nachzugehen oder um diesen Text zu verstehen. Ein Kind wäre mit alldem überfordert, weil es nun mal einen Tunnelblick hat.

Mit dem Erwachsenen-Ich ist allerdings nicht der Verstand gemeint, der an sich keine Gefühle hat und lediglich ein geniales Instrument ist, um Zusammenhänge zu verstehen und logische Schlussfolgerungen zu ziehen. Der »innere Erwachsene«, das »erwachsene Ich« kann durchaus intensive Gefühle haben. Gefühle der wohlwollenden Fürsorge, des Genießens, aber auch der angemessenen Angst können Sie als der innere Erwachsene ebenso erleben wie alle anderen Gefühle. Meist ist das erwachsene Ich jedoch gelassener als der kindliche Aufpasser. Es kann naturgemäß seinen Verstand besser einsetzen und verfügt über eine viel größere Lebenserfahrung als der kindliche Aufpasser.

Seine erwachsenen Überzeugungen kann der innere Erwachsene immer dann problemlos umsetzen, wenn er einen realistischen Überblick über die betreffende Situation hat. Mit dieser Sicherheit ist der Erwachsene die beste Beruhigung für den kindlichen Aufpasser: Solange Ihnen – während Sie beispielsweise auf der Autobahn unterwegs sind – bewusst ist, dass Ihre Lebenserwartung nach wie vor bei etwa 80 Jahren liegt, wird Ihr kindlicher Aufpasser ruhig bleiben. Vielleicht können Sie dann mit Ihrer Klarheit und Gelassenheit sogar den kindlichen Aufpasser eines überängstlichen Mitfahrers beruhigen. Wenn aber der kindliche Aufpasser trotz normaler Umstände eine akute Lebensgefahr meldet und wir als der Erwachsene keine sichere und realistische Position beziehen können, haben wir mit unserer unsicheren Auffassung nicht die Lautstärke und Durchsetzungskraft des kindlichen Aufpassers. Deswegen ist die Stimme des

Erwachsenen im Stress oft die leisere. Überlässt der innere Erwachsene dem ängstlichen Aufpasser die Führung, ist dieser mit seinen kindlichen Befürchtungen auf sich allein gestellt. Die Stimme des Erwachsenen ist dann kaum noch wahrnehmbar, und es ist vorübergehend nur noch der panische Alarm des kleinen Aufpassers zu hören. Genau das passiert, wenn wir uns selbst ernsthaft fertigmachen: »So blöd und unfähig kann auch nur ich sein!«

Anders ausgedrückt: Der kindliche Aufpasser muss immer dann Alarm schlagen, wenn wir uns unserer Sache selbst nicht sicher sind. Solange er eine Bedrohung nicht ausschließen kann und auch der innere Erwachsene ihm keine Sicherheit vermittelt, hat er gar keine andere Wahl. Mit seinem Alarm fordert er uns im Grunde dazu auf, die Situation genau zu betrachten und zu verstehen. So gesehen treibt uns unser innerer Aufpasser dazu an, zu lernen, zu verstehen und immer mehr Klarheit und Sicherheit zu gewinnen.

Die entscheidende Herausforderung besteht demnach darin, dass wir unser »erwachsenes Ich« mit seinen Fähigkeiten und Erfahrungen immer wieder ins Spiel bringen und eigene realistische Überzeugungen aufbauen. Denn dann können wir unseren überängstlichen kindlichen Aufpasser entweder beruhigen oder von seinen Hinweisen profitieren, wenn wir erkennen, dass er recht hat.

Das innere Kind

Um das Trio der inneren Instanzen zu vervollständigen, möchte ich Ihnen das innere Kind vorstellen, das ich weiter oben bereits erwähnt habe. Bekanntlich steckt es in jedem Mann, der gerade an seinem Modellflugzeug herumbastelt oder wie angestochen über den Fußballplatz rennt. Genauso steckt es in jeder Frau, die mit ihren Freundinnen eine Modenschau veranstaltet oder mit ihrem Hund herumtobt. Es gibt unendlich viele Möglichkeiten, es sich mit seinem inneren Kind gut gehen zu lassen. Und unendlich viele, die schmerzlichen Gefühle des inneren Kindes zu spüren: Es kann traurig, bockig, verletzt sein, sich einsam und minderwertig fühlen. Wenn wir aufmerksam sind, können wir es wahrnehmen, sobald es sich mit seinen Bedürfnissen oder Gefühlen meldet. Der Vollständigkeit halber sei hier schon einmal der innere Jugendliche erwähnt, der sozusagen eine 2.0-Version des inneren Kindes ist. Er hat etwas andere Interessen als das innere Kind, der Dialog mit ihm ist aber sehr ähnlich. Doch bevor wir uns in Kapitel 4 ausführlicher mit dem inneren Kind (und dem inneren Jugendlichen) beschäftigen, soll klarer werden, wie Sie Ihren kindlichen Aufpasser verstehen und beruhigen können.

Falls Ihr kindlicher Aufpasser diese Gedanken gerade als Steilvorlage für die Aufforderung versteht, Ihren inneren Dialog in kürzester Zeit zu perfektionieren, hätte ich eine realistische und hoffentlich beruhigende Botschaft für ihn: »Du hast recht, es wäre sicherlich gut, wenn ›ihr‹ das so schnell umsetzen könntet, denn die Welt eines realistisch denkenden Erwachsenen ist logischerweise viel angenehmer als die eines kindlichen Aufpassers, in der es meist viele übermäßige Befürchtungen, Bedrohungen und Zwänge gibt. Mit einem guten Dialog könnte ›euer‹ Leben also entspannter, sicherer und auch lebendiger werden. Zu solch einem guten Dialog gehört aber auch, dass du immer wieder sagst, was genau du befürchtest. Dann müsste dein Erwachsener gute und realistische Antworten für dich finden, und du müsstest überprüfen, ob das, was dein Erwachsener dir sagt, dich beruhigen kann oder nicht. Sosehr sich das lohnt – es braucht ein wenig Zeit. Mit diesem Buch versuche ich, euch dabei zu helfen.«

Und Ihnen, dem Erwachsenen, würde ich sagen: »Falls Sie sich Sorgen machen, dass das hier alles zu kompliziert wird: Oft wird es ganz leicht sein, Ihren aufgebrachten kindlichen Aufpasser zu beruhigen, und mit ein wenig Übung werden Sie Ihren inneren Dialog Schritt für Schritt verbessern und dann sehr von ihm profitieren können. Außerdem werde ich Ihnen ein paar ganz einfache Möglichkeiten beschreiben, Ihren Aufpasser zu beruhigen.«

Welche Instanz meldet sich gerade?

Für Ihren Überblick hier noch einmal die Merkmale, anhand derer Sie erkennen können, welche Instanz sich in Ihnen gerade bemerkbar macht:

- Wenn Sie einen inneren Alarm erleben oder sich selbst unter Druck setzen, indem Sie sich übermäßig drängen, bremsen oder Selbstvorwürfe machen, meldet sich gerade Ihr *kindlicher Aufpasser*. Außerdem können Sie ihn an seiner radikalen Sprache erkennen. Worte wie »nur, immer, dauernd, nie, jeder, niemand, gar nicht, alles …!« sind gute Hinweise darauf, dass er aktiv ist. Typische Botschaften von ihm lauten: »Du musst …, denn sonst …!« oder: »Du darfst nicht …, denn sonst …!«. Seine kindlichen Wenn-dann-Verknüpfungen zeigen, dass er eine Gefahr wittert. An seinem Stresslevel können Sie erkennen, wie stark er gerade unter Druck steht.

- Ihr *inneres Kind* meldet sich eher mit Bedürfnissen wie: »Ich möchte, dass du etwas Schönes tust, damit es mir richtig gut geht!« Dabei zeigt es sein kindliches Anlehnungsbedürfnis, Spielfreude oder Humor bis zur Albernheit. Wenn etwas »Blödes« passiert ist, spürt es intensive Trauer oder Einsamkeit und wünscht sich Schutz und Trost. Ihr inneres Kind kann sich für positive Situationen sehr begeistern, Ihr Aufpasser wird mit seinen positiven Gefühlen über eine Erleichterung oder Zufriedenheit nicht hinausgehen.

- Wenn der Gedanke, den Sie einer Instanz zuordnen möchten, Ihren realistischen Überzeugungen entspricht, also dem, was Sie einer Freundin raten würden, können Sie ihn dem *inneren Erwachsenen* zuordnen. Denn der »wache« innere Erwachsene ist an seinem realistischen Überblick zu erkennen beziehungsweise an seiner Fähigkeit, einen solchen Überblick herzustellen. In einer stressigen Situation hat er oft die leisere Stimme, die vom lauten Alarm des kindlichen Aufpassers übertönt zu werden droht – auch daran können Sie die beiden unterscheiden.

Um zu erkennen, was Ihnen die entsprechende Instanz mitzuteilen hat, können Sie ihnen folgende Leitfragen stellen:

1. Um zu erkennen, was Ihr kindlicher Aufpasser befürchtet: »Was könnte in deiner Fantasie schlimmstenfalls passieren?«
2. Um den Standpunkt Ihres inneren Kindes oder Jugendlichen zu erkennen: »Welche Gefühle hast du, was fandest du gut und was nicht, was wünschst du dir?«
3. Um herauszufinden, welchen Standpunkt Sie als der innere Erwachsene haben: »Was würde ich einer Freundin oder einem Freund in so einer Situation sagen oder empfehlen?«

Wenn Sie das Gefühl haben, dass sich mehrere Instanzen gleichzeitig in Ihnen zu Wort melden, kümmern Sie sich ruhig zuerst um diejenige, die am lautesten schreit. Das ist zwar pädagogisch nicht besonders wertvoll, aber in diesem Fall sinnvoll. Denn die lauteste Instanz wird auch diejenige sein, die Ihre Aufmerksamkeit am dringendsten braucht.

Ganz wichtig: Üben Sie den Dialog mit Ihren inneren Instanzen immer wieder, damit er Ihnen im Laufe der Zeit immer leichter fällt. Sie können sich daran beispielsweise mit einem kleinen Spielzeug erinnern, das Sie im Badezimmer aufs Waschbecken stellen oder in der Küche neben dem Spülbecken platzieren.

Kapitel 2

Was Ihnen der kleine Aufpasser eigentlich sagen will – und wie Sie ihn endlich beruhigen können

Wie Sie Ihren inneren Aufpasser richtig verstehen

Der Dialog mit inneren Instanzen hat sich in vielen psychotherapeutischen Methoden bewährt. Sowohl in der Behandlung leichter psychischer Erkrankungen als auch bei schweren Störungen ist er zu einem festen Bestandteil geworden (etwa in der Katathym-Imaginativen Psychotherapie, der Ego-State-Therapie, der Schematherapie und vielen anderen Therapieformen). Dabei hat der Kontakt mit dem inneren Kind einen besonders großen Stellenwert, weil mit ihm unsere kindlichen Impulse wie Bedürftigkeit, das Gefühl, schwach und klein zu sein, aber auch alles Kindlich-Angenehme wie Spontaneität und Lebensfreude besonders gut verstanden und integriert werden können. Der Dialog mit dem sogenannten »inneren Kritiker« läuft allerdings oft auf einen inneren Machtkampf hinaus, der dem psychotherapeutischen Prinzip der Integration der inneren Instanzen nicht gerecht werden kann. Umso mehr freut es mich, einen Weg gefunden zu haben, der einen besonders versöhnlichen und integrativen Dialog mit dieser Instanz ermöglicht.

Meine Patientin Franziska K. erlebte ihren ersten Dialog mit ihrer kindlichen Aufpasserin etwa so:

Franziska K.: »Ich habe dauernd das Gefühl, alles richtig machen zu müssen. Ich weiß, dass das völliger Unsinn ist, aber diesen Stress mache ich mir ständig!«

Burkhard D.: »So wie Sie Ihre Situation schildern, hört es sich an, als gäbe es in Ihnen einen spannungsgeladenen inneren Dialog: Ein Anteil setzt Sie dauernd unter Druck, während Sie als der gelassenere Anteil wissen, dass die ganze Aufregung gar nicht nötig ist.«

FK: »Ja, genauso fühlt es sich an: Als wenn etwas in mir mich unter Druck setzt und ich nicht dagegen ankomme.«

BD: »Dieser stressmachende Anteil spielt offensichtlich eine große Rolle in Ihrem Leben. Er entspricht genau der kindlichen Aufpasserin, über die wir bei unserem letzten Termin gesprochen haben. Ich würde vorschlagen, dass wir uns heute einmal mit ihr unterhalten.«

FK: »Da bin ich ja mal gespannt.«

BD: »Ja, ich auch! Am besten können Sie Ihre Aufpasserin wahrnehmen, wenn sie vor irgendetwas Angst hat, denn dann muss sie sich bei Ihnen melden. Gibt es ein Thema, das Sie gerade besonders unter Druck setzt?«

FK: »Im Moment fällt mir da nichts ein. Ich habe zwar genug Stress, aber ich wüsste nicht, wann sie sich bei mir meldet.«

BD: »Kein Problem, wir können sie auch ein wenig unter künstlichen Stress setzen: Die Aufpasser der meisten Menschen melden sich mit einem erhöhten Stresslevel bei der Vorstellung, sich vor einer Gruppe zu blamieren.«

FK: »Das ist wirklich ein unangenehmes Thema! Und ich muss gleich daran denken, dass ich neulich bei der Geburtstagsfeier unserer Nachbarn so still war, dass es mir peinlich war. Ich hatte das Gefühl, die langweiligste Person des Abends zu sein.«

BD: »Ja, genau solche Situationen meine ich. Wie hoch ist der Stresslevel Ihrer kindlichen Aufpasserin auf einer Skala von 0 bis 10, wenn Sie daran denken, wie wenig Sie auf dieser Feier gesagt haben?«

FK: »Ich würde sagen, dass er gerade bei 8 bis 9 liegt.«

BD: »Okay, dann sollten wir als Nächstes herausfinden, warum sie so heftig Alarm schlägt, mit anderen Worten, was sie befürchtet. Dafür gibt es eine Standardfrage, die Sie ihr immer wieder stellen können, um sie zu verstehen: ›Was könnte in deiner kindlichen Fantasie schlimmstenfalls passieren?‹ Also konkret: Was könnte schlimmstenfalls passieren, wenn Sie auf einer Feier so wenig sagen?«

FK: »Sie meint, dass ich einen total langweiligen Eindruck auf meine Nachbarn mache.«

BD: »Die häufigsten Ängste unserer kindlichen Aufpasser drehen sich um die Vorstellung, weniger wert zu sein als andere, was sich schnell in einem Absinken unseres Selbstwertgefühls bemerkbar macht. Spielt das dabei eine Rolle?«

FK: »Ja, definitiv, mein Selbstwertgefühl wäre ziemlich weit unten, vielleicht bei 2 von 10.«

BD: »Das hört sich wirklich unangenehm an. Kein Wunder, dass Ihre kleine Aufpasserin Alarm schlägt, wenn sie das befürchtet. Wie geht es ihr, wenn wir ihre Befürchtung so weit verstanden haben?«

FK: »Sie ist ein wenig heruntergekommen, aber sie hat immer noch Angst vor dem, was die Nachbarn denken.«

Ein so bewusster innerer Dialog mag etwas befremdlich klingen, wenn man ihn zum ersten Mal liest. Das liegt daran, dass wir es nicht gewohnt sind, unsere Selbstgespräche auf eine derart direkte und offene Weise zu führen. Allerdings können wir so einen sehr direkten Zugang zu den sonst oft verborgenen Botschaften und Spielregeln unseres kindlichen Aufpassers bekommen. Und mit diesem Wissen haben wir die besten Chancen, seine übermäßigen Ängste und damit unsere inneren Anspannungen abzubauen.

Im Folgenden möchte ich Ihnen eine Anleitung geben, wie Sie mit Ihrem kindlichen Aufpasser in Kontakt treten können. Einen Leitfaden dazu finden Sie auch noch einmal im Anhang dieses Buches.

Wenn unser kindlicher Aufpasser sich nicht gerade mit einem aktuellen Thema meldet, können wir ihn aktivieren, indem wir ihn mit einer bedrohlichen Fantasie aus der Komfortzone holen. Dann werden wir ihn sehr wahrscheinlich deutlicher wahrnehmen. Die Aufpasser der meisten Menschen geraten bei der Vorstellung unter Druck, dass sie vor 200 erwartungsvollen Zuhörern einen Vortrag halten müssen und dass es sehr still im Saal wird, bevor Sie dran sind. Eine Alternative wäre die Fantasie, sich vor einer Gruppe Bekannter zu blamieren: indem man sich immer wieder verspricht, völlig unsinnige Dinge sagt, einem eine beleidigende Bemerkung herausrutscht oder man einen Spruch bringt, den niemand witzig findet.

Wer sich dann konkret vorstellt, dass das befürchtete Ereignis eintritt, wird feststellen, dass der Stresslevel seines kindlichen Aufpassers nach oben geht. Auf einer Skala von 0 bis 10 könnte er bei einer solchen Fantasie zwischen 5 und 9 liegen; damit wäre der Aufpasser gut wahrzunehmen.

Im nächsten Schritt geht es darum, herauszufinden, was er befürchtet und wovor er warnen will. Dazu kann man dem kindlichen Aufpasser die *Standardfrage* stellen:

»Was könnte in deiner kindlichen Fantasie schlimmstenfalls passieren?«

Die Antwort des kindlichen Aufpassers könnte lauten: »Dein Auftritt kann nur schiefgehen, du wirst so viel Unsinn reden, dass dich die Leute für einen Schwachkopf halten!«, oder: »Wenn du dich so peinlich benimmst, wird dich keiner mehr ernst nehmen!«, oder: »Mehr als Mitleid werden die Leute für dich nicht mehr empfinden!«

Die zugrunde liegende Angst des kindlichen Aufpassers ist oft, dass unser Selbstwertgefühl absinken könnte, weil wir irgendwelche Erwartungen nicht erfüllen. Da unser Selbstwertgefühl unsere Lebensqualität bestimmt wie kaum ein anderes Gefühl, warnt uns unser kleiner Aufpasser vor allem, was es vermindern könnte: Kritik, Misserfolg, Trennungen und so weiter. Eine Ergänzung zur Standardfrage kann darum eine klare Frage nach dem Selbstwertgefühl sein: »Wie hoch wäre mein Selbstwertgefühl auf einer Skala von 0 bis 10, wenn die Leute mich für langweilig (unfähig/einen Trottel) halten würden?« Eine mögliche Antwort: »Es würde von 7 auf 3 absinken.«

Weitere tiefe Ängste sind, einen schlimmen Verlust zu erleiden, bald sterben zu müssen, eingeengt zu werden oder die Kontrolle zu verlieren und infolgedessen von schmerzhaften Emotionen wie Trauer oder Wut überflutet zu werden.

Falls Sie gerade Ihren kindlichen Aufpasser versuchsweise mit einer unangenehmen Fantasie aktiviert und eine entsprechende Warnung von ihm bekommen haben, gratuliere ich Ihnen. Denn das war der Beginn Ihres ersten Dialoges mit Ihrem kindlichen Aufpasser!

Ein ängstliches Kind braucht Verständnis – ein ängstlicher Aufpasser auch

Wenn die kindliche Befürchtung des Aufpassers klar geworden und als seine aktuelle Botschaft formuliert ist, können wir den nächsten kleinen, aber wirkungsvollen Schritt machen, indem wir unserem kindlichen Aufpasser unser Verständnis signalisieren, etwa so: »Wenn dir das Angst macht, kann ich verstehen, dass du Alarm schlägst!« Vielleicht fragen Sie sich, wozu das gut sein soll. Die Antwort lautet: Durch unser ausdrückliches Verständnis wächst die Klärung und Versöhnung im inneren Dialog. Denn erstens machen wir uns damit noch einmal bewusst, dass unser kindlicher Stressmelder uns nicht angreifen, sondern seine Befürchtung mitteilen, uns also warnen möchte – er denkt sich nichts aus, nur um Angst zu haben oder uns unter Druck zu setzen. Zweitens wird er sich verstanden und mit seinem großen Engagement und Sicherheitsbedürfnis ernst genommen fühlen.

Außerdem halten wir uns damit eine wichtige Hintertür offen. Denn unser Verständnis für seine Angst bedeutet keinesfalls, dass wir mit ihm inhaltlich einer Meinung sind. Wir können durchaus

Verständnis dafür haben, dass er uns beispielsweise davor warnt, dass uns die ganze Nachbarschaft peinlich findet, während uns gleichzeitig völlig klar ist, dass das nicht stimmt. Das ermöglicht uns, die Angst unseres kindlichen Aufpassers zu akzeptieren und uns gleichzeitig als Erwachsener von seiner Angstfantasie zu distanzieren.

Die vermeintliche Gefahr – und wie Sie sie richtig einschätzen

»Mein Chef hat mich gebeten, bei der nächsten Sitzung mit dem Außendienst einen kurzen Vortrag zu halten. Seitdem habe ich schlaflose Nächte«, erzählt mir Bettina W. »Während ich mich schlaflos im Bett wälze, stelle ich mir vor, wie ich knallrot werde und kein Wort herausbekomme. Dann beschließe ich, meinem Chef am nächsten Tag zu sagen, dass ich den Vortrag auf keinen Fall halten kann.«

Unser kindlicher Aufpasser warnt uns vor einer Gefahr, die in seinen Augen ganz real ist.

Sind wir tatsächlich bedroht? So einfach lässt sich das nicht beantworten. Denn manchmal übertreibt er, manchmal aber auch nicht. Wie bekommen wir heraus, ob seine Befürchtung realistisch ist? Bei der sogenannten *Realitätsüberprüfung* der Botschaften unseres Aufpassers ist unser gesunder Menschenverstand gefragt. Unsere Fähigkeit, als der innere Erwachsene einen realistischen Überblick zu bekommen. Dabei geht es nicht um unsere gewohnte Denkweise oder um eine spontane, gefühlsmäßige Einschätzung, denn die sind besonders von der »lauten« Stimme des überängstlichen Aufpassers beeinflusst. Jetzt ist es wichtig, zu unterscheiden, was wir einerseits spontan fühlen – den lauten Alarm unseres kindlichen Aufpassers – und was wir andererseits für tatsächlich realistisch halten – unsere Überzeugung als der gelassenere Erwachsene. Vereinfacht gesagt: Jetzt soll der leise Verstand dem lauten Gefühl zu Hilfe kommen. Aber wie kann das funktionieren?

Stellen Sie sich ein Kind vor, das zu seinen Eltern gelaufen kommt und eine Gefahr meldet: »Das Haus brennt, wir müssen sofort die Feuerwehr rufen!« Typisch für dieses Kind ist, dass es täglich mit dieser Gefahrenmeldung kommt. Seine Eltern könnten natürlich tun, was das Kind sagt, und die Feuerwehr rufen. Sie könnten auch sagen: »Unsinn, es brennt nicht! Wir lenken dich jetzt mal mit einem lustigen Spiel ab, damit du auf andere Gedanken kommst.« Solche Manöver können bei kleinen Ängsten durchaus funktionieren. Wenn das Kind aber eine große Angst hat, wird es sich dadurch nicht beruhigen können. Eine nachhaltige Beruhigung ihres Kindes werden die Eltern am besten erreichen, indem sie mit ihm gemeinsam untersuchen, ob es tatsächlich brennt oder nicht. Indem sie also eine Realitätsüberprüfung machen. Dazu lassen sie sich von ihrem Kind erst einmal genau erklären, warum es glaubt, dass es brennt: Es hat gesehen, dass Rauch aus dem Haus aufsteigt. Dann gehen sie gemeinsam dorthin, wo es den Rauch gesehen hat, um zu überprüfen, was realistisch ist. Und sie alle sehen, dass tatsächlich Rauch aufsteigt – aus dem Schornstein. Daraufhin können die Eltern ihrem Kind sagen, dass sie jetzt verstehen können, dass es Angst hat und sich meldet. Dann schauen sie sich gemeinsam nach anderen Häusern um, um dem Kind zu zeigen, dass dort ebenfalls Rauch aufsteigt. Anschließend erklären sie ihm, woher der Rauch kommt, und gehen mit ihm in den Keller des eigenen Hauses, um sich gemeinsam die Heizung anzusehen. Das Kind kann jetzt die Flamme im Brenner hören und ihre Wärme spüren und all die Rohre sehen, die die Wärme in das Haus leiten. Sehr wahrscheinlich wird sich das Kind daraufhin beruhigen. Wenn es am nächsten Tag doch noch einmal Angst hat, können die Eltern mit ihm die Realitätsüberprüfung vom Vortag wiederholen – und es damit noch mehr beruhigen. Nach wenigen Wiederholungen wird es seine unrealistische Angst wahrscheinlich vollständig abgebaut haben.

Ihren kindlichen Aufpasser können Sie nach demselben Prinzip beruhigen. Wenn er Alarm schlägt, geht es darum, zu überprüfen, ob seine Angst berechtigt ist oder nicht. Überprüfen Sie dabei auch die

Wahrscheinlichkeit, das Ausmaß und die Folgen dessen, was Ihr innerer Aufpasser befürchtet.

Aber wie aktiviert man den gesunden Menschenverstand des inneren Erwachsenen, der bei der Realitätsüberprüfung vor allem gefragt ist? Sie tun es täglich, wenn Sie eine Einkaufsliste machen, einem Freund einen Rat geben oder Ihre alltäglichen Aufgaben erledigen – all das könnten Sie ohne Ihren gesunden Menschenverstand nicht bewältigen.

Herauszubekommen, was realistisch ist, kann zu Beginn Ihres inneren Dialoges zwar etwas ungewohnt sein. Wenn Sie die Nuss aber erst einmal geknackt haben, müssen Sie sie nicht immer wieder knacken. Das heißt, sobald Sie die wichtigsten Ängste Ihres inneren Aufpassers einmal weitgehend geklärt haben, wird der Aufwand immer geringer, und der Dialog mit ihm wird immer einfacher und flüssiger.

Was kennzeichnet eine gelungene Realitätsüberprüfung?

Eine *gelungene Realitätsüberprüfung* hat drei mögliche Ergebnisse:

1. Manchmal hat Ihr kindlicher Aufpasser vollkommen Recht mit seiner radikalen Einschätzung einer Situation. Bei folgenden Botschaften wäre das denkbar: »Wenn du mit 100 Stundenkilometern durch die Stadt fährst, ist das gefährlich«; »Wenn du dem Chef sagst, was du über ihn denkst, kriegst du große Probleme.« Dass Ihr kindlicher Aufpasser vollkommen Recht hat, ist allerdings die Ausnahme, weil wir sehr selten in großer Gefahr sind.

2. Häufiger ist die Variante, dass seine Einschätzung völlig falsch ist. Das passiert vor allem, wenn er eine seiner berüchtigten Wenn-dann-Verknüpfungen vornimmt oder es um Ihren Wert als Mensch geht. Folgende Botschaften deuten auf solch eine komplette Fehleinschätzung hin: »Wer eine Aufgabe nicht

schafft, ist dumm und generell unfähig!«; »Wer kritisiert wird, ist weniger wert als andere.«

3. Die häufigste Variante: Der kindliche Aufpasser übertreibt. Das heißt, dass seine Botschaft aus einem realistischen und einem unrealistischen Teil besteht. Ein Beispiel: »Du hast schon wieder einen Fehler gemacht, du machst hier ein totales Chaos.« Realistisch ist: Fehler können Probleme verursachen. Unrealistisch und übertrieben ist die Angst vor dem Chaos: Kaum ein Fehler führt zu einem totalen Chaos. Oder: »Die Kollegin ist mit dem neuen Programm viel schneller als du, also bist du ein Versager!« Realistisch ist: »Ich bin langsamer als sie, es wäre gut, wenn ich lernen würde, schneller zu sein.« Übertrieben ist der Rückschluss auf völlige Unfähigkeit. Schließlich verändern sich alle Ihre anderen Eigenschaften nicht dadurch ins Negative, dass Sie mit dem neuen Programm langsamer sind als die Kollegin.

Darum möchte ich Ihnen zunächst diesen Freund vorstellen. Anschließend zeige ich Ihnen weitere Werkzeuge. Für Ihre Realitätsüberprüfungen steht Ihnen ein kleiner *Werkzeugkasten* zu Verfügung, aus dem Sie das jeweils passende Werkzeug aussuchen können. Und glücklicherweise sind Sie auch bei komplizierten Realitätsüberprüfungen nie allein. Denn Sie können immer mit einem Freund Kontakt aufnehmen, der Ihnen jederzeit zur Seite steht und der der wichtigste Schlüssel für Ihre Realitätsüberprüfungen ist.

Was würden Sie Ihrem virtuellen Freund sagen?

Der Freund, der Ihnen bei Ihren Realitätsüberprüfungen hilfreich zur Seite steht, hat genau das Gleiche erlebt wie Sie; er hat die gleiche Lebensgeschichte, die gleichen Stärken und Schwächen, er hat die gleichen Erfolge und Misserfolge gehabt wie Sie.

> Ihr *virtueller Freund* ist sozusagen Ihr Fantasie-Double.
> Jetzt steckt er in genau derselben Situation wie Sie, denn
> sein Aufpasser plagt ihn mit denselben Botschaften, die
> Ihnen Ihr kindlicher Aufpasser vor die Nase hält. Darum
> möchte er Ihren Rat haben und wissen, wie Sie über die
> Situation denken, was Sie für realistisch halten. Weil er ein
> vertrauensvoller Freund ist, können Sie ihm wohlwollend
> und offen sagen, was Sie meinen.

Wozu dieses Gedankenexperiment? Ihr kindlicher Aufpasser ist vor allem dafür zuständig, Gefahren zu melden, durch die *Sie* Schaden nehmen könnten. Für andere, also auch für Ihren virtuellen Freund, ist er nicht zuständig. Das zeigt sich zum Beispiel bei meiner Klientin Lena G., deren kindliche Aufpasserin es für viel zu gefährlich hält, einen Fahrstuhl zu benutzen. Wenn ein guter Freund mit einem Fahrstuhl fährt, bleibt ihre Aufpasserin dagegen ganz entspannt.

Weil Ihr kindlicher Aufpasser für die Probleme Ihres virtuellen Freundes nicht zuständig ist, können Sie als der innere Erwachsene ungestört über die Situation dieses virtuellen Freundes nachdenken und herausfinden, was Sie für gefährlich oder ungefährlich halten. Ganz nach dem Motto: »Na klar, anderen kann ich die besten Tipps geben!«

Besonders hilfreich ist dieses Werkzeug bei Selbstzweifeln und überkritischen »Nicht gut genug«-Bewertungen Ihres kindlichen Aufpassers wie etwa: »Du bist nicht schlau genug, nett genug, liebenswert genug, erfolgreich genug, wertvoll genug, schön genug ...!« Denn die Maßstäbe, mit denen Sie einen Freund betrachten, sind garantiert wohlwollender und auch realistischer als die Ansprüche, die Ihr kindlicher Aufpasser an Sie stellt.

> Mein Klient Thomas G. formuliert es so: »Ich habe immer gedacht,
> dass ich ein schlechter Vater bin. Wenn ich mir meinen virtuellen
> Freund vorstelle, denke ich auch, dass er lernen sollte, in Konflikten
> ruhiger zu bleiben. Wenn ich aber sehe, wie sehr er seine Kinder

mag und wie viel Gutes er für sie tut, würde ich ihm sagen, dass er kein schlechter, sondern ein guter Vater ist. Das fühlt sich gut an, und ich fühle mich meinen Kindern irgendwie näher.«

Besonders bei moralischen Fragen hilft der realistische Blick auf Ihre virtuelle Freundin oder Ihren virtuellen Freund: War ihr (eigentlich Ihr) Verhalten fair oder unfair? War es okay, als sie neulich zickig war, oder war es unfair, und sie sollte sich besser entschuldigen? Wenn Sie sich vorstellen, dass sich Ihre virtuelle Freundin so verhalten hätte wie Sie in einer bestimmten Situation, können Sie dieses Verhalten plötzlich realistischer und wohlwollender beurteilen. Was würden Sie Ihrer virtuellen Freundin empfehlen, in dieser Situation zu tun?

Wann und wo ist es »erlaubt« oder sogar gut, albern, verspielt oder traurig und bedürftig – sprich kindlich – zu sein? Auch die Frage »Bin ich gut genug?« können Sie mit Hilfe Ihrer virtuellen Freundin beantworten: Mit wem würden Sie die Fähigkeiten Ihrer virtuellen Freundin vergleichen, um zu beurteilen, ob sie gut genug ist? Mit der Besten oder dem Erfahrensten? Nein, sicherlich eher mit jemandem, der durchschnittlich gut ist und ähnlich viel Erfahrung hat wie Ihre virtuelle Freundin. Ähnlich können Sie vorgehen, um Ihre Beziehungsfähigkeit einzuschätzen: Wie geduldig/ungeduldig, aufmerksam/desinteressiert, liebevoll/abweisend, freizügig/intolerant … ist Ihre virtuelle Freundin? Oder auch Ihre beruflichen Fähigkeiten: Wie zuverlässig/unzuverlässig, kollegial/unfair … ist Ihre virtuelle Freundin, und wie viele Fehler macht sie im Vergleich zu vergleichbaren Kollegen? Die realistische Einschätzung ist wahrscheinlich die, die Sie nach einiger Überlegung Ihrer virtuellen Freundin geben würden.

Auch Bettina W. nutzte ihre virtuelle Freundin, um zu überprüfen, wie realistisch die Angst ihrer kindlichen Aufpasserin vor dem Vortrag und der von ihr erwarteten Abwertung durch ihren Chef ist: BD: »Was würden Sie Ihrer virtuellen Freundin raten, wenn sie Sie fragt, ob sie den Vortrag halten soll?«

BW: »Ich würde ihr raten, ihn zu halten, weil sie fachlich ganz bestimmt fit genug ist. Und was die Abwertung durch den Chef
betrifft, würde ich sie erstens daran erinnern, dass er ein sehr
entspannter Chef ist, und ihr zweitens sagen, dass sie daran
denken soll, dass ich sie durch und durch wertvoll finde, egal wie
rot sie wird. – Okay, das werde ich mal aufschreiben und an meinen Badezimmerspiegel hängen!«

Die Frage, was Sie Ihrem virtuellen Freund sagen würden, ist im Dialog mit Ihrem kindlichen Aufpasser das wichtigste Werkzeug, um
herauszufinden, was Sie als der innere Erwachsene realistisch und
überzeugend finden.

Mit Ihrem virtuellen Freund können Sie aber noch mehr erreichen: Und zwar, indem Sie aufschreiben, wofür Sie ihm Ihre ehrliche
Anerkennung geben. So eine Liste seiner *Stärken und Erfolge* kann
Ihr Selbstbewusstsein stärken und Ihrem kindlichen Aufpasser Sicherheit geben. Denn was Ihr virtueller Freund kann, können Sie
schon lange, und wenn Ihr Aufpasser die Erfolge und positiven Eigenschaften »Ihres Erwachsenen« erkennt, kann er sich mit Ihnen
sicherer fühlen, als wenn er sich in seiner Angst nur Ihre Misserfolge
und Schwächen vor Augen führt.

Nachdem Sie Ihren virtuellen Freund kennengelernt haben,
möchte ich Ihnen noch einige weitere Werkzeuge vorstellen, mit denen Sie die Ängste Ihres kindlichen Aufpassers richtig einschätzen
können.

Was sagt Ihr wahrer Freund?

Zunächst einmal können Sie *von der Lebenserfahrung anderer profitieren*: Sprechen Sie mit Freunden und anderen Vertrauten, die Ihr
Problem verstehen können und denen Sie in der betreffenden Frage
einen realistischen Überblick zutrauen. Aber Vorsicht: Solange Ihr
Gegenüber zu Impulsivität und Verurteilungen neigt, spricht das da-

für, dass sein kindlicher Aufpasser gerade den Ton angibt und sein innerer Erwachsener gerade einen größeren blinden Fleck hat als Sie. Wenn Sie aber das Glück haben, eine kluge Freundin, einen besonnenen Freund zu haben, können Sie gemeinsam zu einer realistischen Einschätzung der Angst Ihres kindlichen Aufpassers finden. Lassen Sie Ihre Freunde und andere Vertraute von Ihren kindlichen Befürchtungen wissen und fragen Sie sie:

- **»Was ist deiner Meinung nach in dieser Situation realistisch?«**
- **»Wer hat wofür die Verantwortung?«**
- **»Was ist in dieser Situation fair?«**

Wenn es Ihnen gelingt, über diese Themen miteinander ins Gespräch zu kommen, werden Sie wahrscheinlich nicht nur Ihre momentane Situation realistischer einschätzen können, sondern auch ein paar spannende, vielleicht auch interessante Gespräche haben, und Ihre Freundschaften werden sich vertiefen.

Anstatt zu fragen, können Sie andere auch beobachten, um etwas über Situationen zu lernen, vor denen sich Ihr kindlicher Aufpasser fürchtet. Wie geht Ihre Schwester mit Ihrer kränkbaren Mutter um? Was hat Ihr Kollege verändert, um nach seinem Burnout wieder Fuß zu fassen? Dürfen Sie das tun, was andere sich erlauben? Vielleicht möchten Sie sich von ihnen eine Scheibe abschneiden und die einen oder anderen Bedenken Ihres kindlichen Aufpassers hinter sich lassen.

Von 0 bis 10 oder Die harmlose Katastrophe

»Ich Trottel hab im Büro den Anrufbeantworter nicht angeschaltet!« Manuel E. hatte nur eine Kleinigkeit vergessen, trotzdem schoss ihm der Gedanke durch den Kopf: »Jeder Fehler, den du machst, kann dein Ansehen in der Firma ruinieren!«

Der kindliche Aufpasser stuft kleine Fehler oft als Katastrophe ein. Sicher: Mitunter können kleine Fehler schwerwiegende Folgen nach sich ziehen. *Dann* macht eine radikale Warnung Sinn. Aber wie sieht es im jeweiligen Einzelfall aus?

Übertriebene Bewertungen des kindlichen Aufpassers lassen sich klarer einschätzen, wenn Sie ihn zunächst einmal fragen:

> **»Für wie schlimm hältst du das Unglück,**
> **das du befürchtest?«**

Auf einer Skala von 0 bis 10 liegt die spontane Einschätzung des kindlichen Aufpassers oft bei 8 bis 10. Im nächsten Schritt ist die realistische Einschätzung des erwachsenen Ich gefragt. Wenn Sie sich einen Überblick verschaffen, sinnvolle Vergleiche ziehen und Ihre Erfahrungen berücksichtigen, werden Sie wahrscheinlich eine andere, gelassenere Einschätzung finden.

> Auf diese Weise fand Manuel E. folgende realistische und für seinen kindlichen Aufpasser beruhigende Botschaft: »Meine Fehler hatten in den letzten zwei Jahren eine Schwere von 1 bis 4. Ungefähr so wie bei meinen Kollegen. So gesehen war ich, was meine Fehler angeht, durchgehend in Sicherheit. Und wenn ich so sorgfältig bin wie bisher, wird das auch in Zukunft so bleiben.«

Eine Formulierung, die so viele Fakten berücksichtigt, mag etwas umständlich klingen. Sie kann dem kindlichen Aufpasser aber ein Gefühl von umfassender Sicherheit geben, wenn er dadurch einen realistischen Überblick in Bezug auf seine Befürchtungen bekommt. Der Aufpasser von Manuel E. konnte sich schließlich beruhigen, nachdem er diese Fakten mehrfach betrachtet und überprüft hatte.

Die Einschätzung von 0 bis 10 lässt sich als Werkzeug gut mit dem virtuellen Freund kombinieren: Meine Klientin Ines Z. war nie zufrieden mit ihrem Äußeren, sie gab sich selbst dafür eine 3 (die beste Wertung war die 10). Zu ihrem eigenen Erstaunen bewertete sie aber das Aussehen ihrer virtuellen Freundin, die natürlich exakt so aussah wie sie selbst, mit einer 8. Welche Note würden Sie sich selbst auf einer Skala von 0 bis 10 für Ihr Aussehen geben und welche Ihrer virtuellen Freundin beziehungsweise Ihrem virtuellen Freund?

Sie können auch detaillierter vorgehen, indem Sie die allgemeine Bewertung Ihres Aussehens in einzelne Bereiche aufteilen: Wie schön ist die Nase der virtuellen Freundin (die natürlich genauso aussieht wie Ihre) auf dieser Skala? Wie steht es mit ihren Haaren, ihrer Figur, ihrer persönlichen Ausstrahlung? Manchmal fordert es etwas Disziplin, konsequent bei der Bewertung der virtuellen Freundin zu bleiben, anstatt sich selbst zu betrachten (und zu beurteilen). Bleiben Sie aber dran – es lohnt sich! Denn am Ende können Sie einen Durchschnittswert bilden, mit dem Sie Ihr eigenes Aussehen wahrscheinlich nicht nur realistischer, sondern auch positiver bewerten, als es Ihnen die ängstliche Selbstbewertung Ihrer kleinen Aufpasserin suggeriert.

Mit Hilfe der Skala von 0 bis 10 können Sie zunächst eine Einschätzung dazu finden, wie bedrohlich ein befürchtetes Ereignis Ihrem kleinen Aufpasser erscheint, und anschließend einschätzen, wie bedrohlich es wirklich ist. Um herauszufinden, wie wahrscheinlich das Eintreten dieses Ereignisses ist, können Sie zusätzlich eine Einschätzung in Prozent vornehmen.

Franziska I.: »Jedes Mal, wenn ich durch einen Tunnel fahre, bekomme ich Schweißausbrüche bei der Vorstellung, dass gleich ein schrecklicher Unfall passiert und ich da nicht mehr lebend herauskomme!«

Burkhard D.: »Eine furchtbare Vorstellung! Um die Angst Ihrer kindlichen Aufpasserin besser zu verstehen, können Sie ihr folgende Frage stellen: ›Für wie wahrscheinlich hältst du es, dass so ein schreckliches Unglück passiert, wenn wir in einen Tunnel fahren?‹«

FI: »Wenn ich in den Tunnel reinfahre, fühlt es sich so an, als ob ein Unfall zu 80 Prozent passieren wird.«

BD: »Okay, das ist eine konkrete Zahl. Was sagen Sie als die Erwachsene dazu: Wie wahrscheinlich ist es, dass Sie solch einen Unfall erleben, wenn Sie in einen Tunnel fahren?«

FI: »Ich würde sagen: 50 Prozent.«

BD: »Sind Sie sicher?«

FI: »Na ja, vielleicht doch eher 30 Prozent.«

BD: »Das hieße, dass Sie, wenn Sie zehnmal durch einen Tunnel fahren, dreimal einen schrecklichen Unfall erleben würden.«

FI: »Na gut, ganz so gefährlich ist es dann wohl doch nicht, durch einen Tunnel zu fahren.«

Häufig befürchtet unser kindlicher Aufpasser ein Unglück, das tatsächlich eintreten kann: Es ist zwar möglich, in einem Tunnel einen schweren Unfall zu haben. Es ist allerdings extrem unwahrscheinlich. Das heißt: Der entscheidende Unterschied zwischen der eingeschränkten Perspektive des kindlichen Aufpassers und einem realistischen Überblick liegt hier in der *Wahrscheinlichkeit, mit der das Unglück passieren wird.* Eine Möglichkeit, die Wahrscheinlichkeit für ein Unglück einzuschätzen, liegt in der Einschätzung in Prozent: Versuchen Sie im ersten Schritt herauszufinden, für wie wahrscheinlich Ihr Aufpasser das Unglück hält. In seiner kindlichen Angst gibt er meist eine Wahrscheinlichkeit zwischen 80 und 100 Prozent an. Um herauszubekommen, wie realistisch diese Erwartung ist, ist anschließend wieder der gesunde Menschenverstand gefragt: Wie wahrscheinlich ist das befürchtete Ereignis wirklich? Wenn Sie den Gedanken Ihres kindlichen Aufpassers weiterdenken, können Sie oft erkennen, wie absurd er ist: Wenn mit einer Wahrscheinlichkeit von einem Prozent in einem Tunnel ein Unfall passiert, um bei dem Beispiel zu bleiben, müsste durchschnittlich jeder hundertste Autofahrer in dem Tunnel einen Unfall haben. Ist das realistisch? Wenn Sie mit einer Wahrscheinlichkeit von 50 Prozent nie wieder einen Partner oder eine Partnerin finden werden, müssten etwa 50 Prozent der suchenden Singles genau dieses Schicksal ereilen. Erscheint Ihnen das glaubhaft?

Manchmal können wir die Wahrscheinlichkeit, mit der etwas eintreten wird, selbst einschätzen. Manchmal brauchen wir korrekte Informationen und Zahlen. Statistisch gesehen passiert im Hamburger Elbtunnel, vor dem die kindliche Aufpasserin von Franziska I. so große Angst hatte, alle fünf Jahre ein schwerer Unfall, bei dem jemand ums Leben kommt. Pro Jahr fahren 206 Millionen Autos durch den Tunnel, in fünf Jahren also rund eine Milliarde. Davon hat ein Auto einen Unfall, bei dem jemand stirbt. Es ist also extrem unwahrscheinlich, dass Franziska I. im Elbtunnel tödlich verunglücken wird. Wie kann jetzt aber die realistische Botschaft für Franziskas kindliche Aufpasserin formuliert werden? »Wenn du durch den Tunnel fährst, wirst du zu 99,9999 Prozent keinen schweren Unfall haben.« Diese Botschaft ist sicherlich schon ganz beruhigend. Sie können den Beruhigungsfaktor aber noch einmal steigern, indem Sie das Ergebnis Ihrer Überprüfung sozusagen umdrehen und *positiv formulieren*. Damit beschreiben Sie die positive Seite und kommen ohne die Verneinungen – nicht, kein … – aus, und damit ohne einen Hinweis auf das befürchtete Unglück. Statt »zu 99,9999 Prozent keinen Unfall« können Sie auch sagen: »Mit Sicherheit werde ich am anderen Ende des Tunnels so heil und gesund ankommen, wie ich reingefahren bin. So wie alle anderen auch.«

Hier noch eine Standardfrage bei Ängsten vor einem schweren Unglück:

»Werde ich meine Lebenserwartung behalten?«

Die Antwort: »Ja, inklusive all der normalen Lebensrisiken beträgt meine Lebenserwartung 83 Jahre.«

Experimente

Nehmen wir an, Ihr kindlicher Aufpasser schlägt immer dann Alarm, wenn er merkt, dass Sie drauf und dran sind, anderen einfach mal zu sagen, was Sie denken oder fühlen. Sie möchten nun überprüfen, ob es für Sie tatsächlich gefährlich ist, wenn Sie sagen, was Sie möchten und was nicht.

Um eine Botschaft Ihres kindlichen Aufpassers zu überprüfen, können Sie auch den einen oder anderen Versuchsballon steigen lassen: Wenn Sie mit alten Gewohnheiten brechen und beispielsweise selbstbewusster Ihre eigene Meinung vertreten wollen, sind zunächst kleine Schritte sinnvoll, um Ihren kindlichen Aufpasser nicht zu überfordern. Schließlich muss er trotz seiner alten Angst überprüfen können, ob das Experiment gut geht. Darum sollte sein Stresslevel eine Höhe von 7 nicht überschreiten, denn sonst wird sein Alarm so laut sein, dass Sie kaum noch klar denken und überprüfen können, ob Sie gerade in Sicherheit sind oder nicht. Machen Sie zum Beispiel Ihre Experimente im »Meinung-Sagen« zunächst mit Menschen, die voraussichtlich mit Offenheit darauf reagieren werden. Wenn Sie üben wollen, Ihre Gefühle mitzuteilen, sprechen Sie vor allem mit Menschen, die offen und respektvoll mit anderen umgehen.

Zurück für die Zukunft

Der Blick in die jüngere Vergangenheit hat für Ihren kindlichen Aufpasser den Vorteil, dass mögliche Gefahren wie Konflikte, Niederlagen oder Enttäuschungen bereits hinter Ihnen liegen. Er muss also nicht mehr dafür sorgen, dass Ihnen nichts passiert. So können Sie ohne großen Stress analysieren, ob eine vergangene Situation gefährlich war oder nicht. Das ist besonders hilfreich für den Fall, dass Sie mehr Mut brauchen, um etwas Gutes zu tun: Wenn Sie beispielsweise öfter als bisher sagen wollen, was Sie denken, können Sie aus der Vergangenheit ablesen, wie gefährlich es war, wenn Sie es ausnahmsweise einmal taten. Für Ihre Realitätsüberprüfung können Sie sich dabei die für Sie passenden Fragen stellen:

- **»Würde ich meinen virtuellen Freund dafür anerkennen, dass er damals etwas gesagt hat?«**

- **»Falls ich dafür kritisiert wurde: War die Kritik fair oder entsprach sie einem Tunnelblick?«**
- **»War ich tatsächlich in Gefahr oder war ich in Sicherheit?«**
- **»Hat sich mein Wert damals verändert?«**

Die Ergebnisse könnten Ihnen Mut machen, öfter als bisher in passenden Situationen zu sagen, was Sie denken. Auf die gleiche Weise können Sie sich eigene Fehler in der Vergangenheit anschauen und sich fragen:

- **»Für wie schwer würde ich diesen Fehler halten, wenn ein guter Freund ihn gemacht hätte?«**
- **»Wenn mein virtueller Freund diesen Fehler gemacht hätte – würde ich ihn dann für unfähig oder unsympathisch halten?«**

Das könnte Ihre Angst vor ähnlichen Fehlern in der Zukunft vermindern. Natürlich sollten Sie bei der Beantwortung der zweiten Frage auch die Erfolge und Stärken Ihres virtuellen Freundes berücksichtigen.

Falls Sie grundsätzlich Angst haben, sich jemandem anzuvertrauen, können Sie möglicherweise in der Vergangenheit Situationen finden, in denen Sie das ausnahmsweise einmal getan haben. Hilfreiche Fragen dazu:

- **»Hatte mein Gegenüber die Kompetenz, einen traurigen Menschen auf eine gute Weise zu trösten?«**
- **»Wenn ja: Hat seine Achtung für mich durch unser Gespräch ab- oder zugenommen?«**
- **»Hat sich unsere Beziehung durch dieses Gespräch verschlechtert oder sogar verbessert?«**

Die Ergebnisse Ihrer Überprüfungen könnten dazu führen, dass Sie genauer hinschauen, wer auf eine gute Weise trösten kann, und sich dann diesem Menschen anvertrauen und erleben, dass Ihre gegenseitige Wertschätzung dadurch zunimmt. Und Ihre Einsamkeit abnimmt.

Allgemein ausgedrückt: Realitätsüberprüfungen vergangener Situationen können Ihnen helfen, zukünftig in ähnlichen Situationen realistischer zu denken und sich sicherer zu fühlen.

Die Frage nach der Sicherheit

Zwei sehr einfache Wege, den inneren Erwachsenen zu aktivieren, sind folgende Fragen:

- »Bin ich in Sicherheit?«
- »Nützt es mir, wenn ich mich jetzt aufrege?«

Die erste Frage fragt nicht nach der Angst, sondern nach dem, was sich der ängstliche Aufpasser am meisten wünscht: Sicherheit. Sie löst eine kurze Realitätsüberprüfung aus, in die all die Gedanken einfließen können, die wir uns zu diesem Thema gemacht haben. Meist läuft die Antwort auf ein beruhigendes Ja hinaus. Denn wir befinden uns viel öfter in Sicherheit, als unser engagierter kleiner Aufpasser meint.

Die zweite Frage habe ich von dem Neurowissenschaftler und Gesundheitsforscher Tobias Esch übernommen. Auch sie kann unseren kleinen Aufpasser beruhigen und sowohl helfen, Unvermeidbares zu akzeptieren, als auch dazu anregen, sich Gedanken darüber zu machen, was uns wirklich helfen kann.

Sie haben nun die wichtigsten Werkzeuge kennengelernt, die Sie brauchen, um die Ängste Ihres inneren Aufpassers einer Realitätsüberprüfung zu unterziehen. Weitere Beispiele für die Anwendung dieser Werkzeuge lesen Sie wenig später in Kapitel 3. Im Anhang am Schluss dieses Buches finden Sie eine kompakte Kurzfassung der Werkzeuge und ihrer Anwendung. Darüber hinaus finden Sie dort einen Leitfaden und viele praktische Tipps für den Dialog mit Ihrem kindlichen Aufpasser.

Zugegeben: Am Anfang des Dialogs mit Ihrem kindlichen Aufpasser können Realitätsüberprüfungen eine echte Herausforderung sein. Trotzdem wird es immer wieder Fälle geben, in denen sie leicht gelingen. Versuchen Sie es zunächst mit Ihrer virtuellen Freundin, denn anderen können wir meist ohne große Anstrengungen viel besser einen klugen Rat geben als uns selbst. Im Laufe der Zeit werden Ihre Überprüfungen auch mit den anderen Werkzeugen immer schneller ablaufen, weil sich die störenden Botschaften des kindlichen Aufpassers wiederholen. Sie werden sie dann viel schneller erkennen – und Sie werden im Laufe der Zeit bestimmte Wege der Realitätsüberprüfung immer besser einüben. Die Realitätsüberprüfung läuft dann viel schneller ab. Irgendwann reicht dann die einfache Frage »Was ist realistisch und was nicht?«, um den gesunden Menschenverstand des inneren Erwachsenen zu aktivieren und eine realistische Antwort auf die aktuelle Angst Ihres kindlichen Aufpassers zu finden.

Ein unschätzbarer Vorteil dieser Überprüfungen: Sie sorgen nicht nur für einen realistischen Überblick. Sie sind auch die einzige Möglichkeit, unsere eigenen Werte und Überzeugungen zu finden und damit unseren eigenen Lebensweg zu gehen. Denn die Alternative besteht darin, der Gewohnheit oder der lauten Stimme des kindlichen Aufpassers zu folgen. Meist läuft das darauf hinaus, zu glauben und zu tun, was uns andere als Wahrheit mitgegeben haben – ob es stimmt oder nicht. Im Folgenden möchte ich zwei typische Arten von Botschaften unseres Aufpassers ansehen. Ich habe sie ausgewählt, weil sie in unserem Denken und Sprechen sehr häufig vorkommen und unbemerkt Verwirrung und großes Leid erzeugen können. Darum ist es besonders hilfreich, gerade diese beiden Kommunikationsmuster unseres kindlichen Aufpassers zu erkennen und durch passende Realitätsüberprüfungen zu entkräften.

Unser Aufpasser liebt Extreme

»Das ist das Beste, was ich je gegessen habe!« Ein solches Extrem kann ein großes Gefühl ausdrücken oder einfach ein witziger Spruch sein. Extreme Wörter sind in unserer Sprache wie das Salz in der Suppe; sie können Glücksgefühle beschreiben und Spaß machen. Extreme entstehen aber auch unwillkürlich, wenn man einen Tunnelblick hat – so wie unser kindlicher Aufpasser. Mit Glücksgefühlen oder Spaß haben seine extremen Botschaften natürlich wenig zu tun, denn sie drehen sich um seine kindlichen Ängste. Darum sind *Wörter, die Extreme beschreiben*, ein wertvoller Hinweis darauf, dass Ihr kindlicher Aufpasser gerade in Ihnen aktiv ist. Typische Wörter dieser Art sind:

»nur«, »immer«, »dauernd«, »jeder«, »keiner«, »nie«, »total«, »immer schlimmer«

Die Liste erhebt keinen Anspruch auf Vollständigkeit … wenn Sie Ihren kindlichen Aufpasser besser kennenlernen, werden Ihnen bestimmt noch andere Ausdrücke auffallen, die er gern verwendet.

Schwierig für uns wird es dann, wenn negative Extreme erstens unzutreffend sind und wir sie zweitens unbemerkt als Tatsache übernehmen. Dann glauben wir, dass in unserem Leben wirklich »alles schiefgegangen ist« und wir tatsächlich »nichts auf die Reihe gekriegt« haben. Oder dass wir »einfach nur unfähig« oder schlimmstenfalls sogar »nichts wert« sind.

Den realistischen Blick auf unsere Welt haben wir dann verloren und zahlen einen hohen Preis dafür: Der extreme Gedanke »Egal was ich versucht habe – es hat nie etwas gebracht« ist ein typischer Erfolgs- und Hoffnungskiller. Er lässt all unsere bisherigen (Teil-)Erfolge verblassen und weckt die Vorstellung, dass alle Bemühungen und Fortschritte, alles, was man bisher versucht und erreicht hat, völlig umsonst war. »Alles ist schiefgegangen!« bedeutet letztlich: »All die Jahre habe ich mich so angestrengt, damit mein Leben besser wird, und trotzdem hat nichts funktioniert.« Wer soll da nicht hoffnungslos werden?

Durch folgende extreme Botschaften kann man das Gefühl bekommen, in einer unmenschlichen Welt zu leben: »Jeder denkt nur an sich«; »Menschlichkeit gibt es doch gar nicht mehr!«. Was für schreckliche und mit Sicherheit falsche Vorstellungen!

Was für eine Quälerei, könnte man denken. In negativen Extremen zu denken hat aber auch Vorteile, denn sie wirken wie eine Bestätigung, die man sich selbst gibt. Aussprüche wie »Ich Vollidiot!« oder »Immer sind alle gegen mich!« wirken wie Ventile für starke Gefühle. Außerdem scheinen sie komplizierte Dinge zu vereinfachen. Anstatt sich beide Seiten der Medaille anzugucken, tut man so, als hätte sie nur eine. Die angenehmen Folgen der Extreme wirken allerdings nur kurz, denn bald sind wieder die typischen Gefühle des Aufpassers zu spüren: Misstrauen und Angst. Und zwar vor der Zukunft, vor Abwertungen, vor der eigenen Ohnmacht …

Auch Aggressionen können durch radikales Denken entstehen, denn sie sind ein kurzfristig wirksames Mittel gegen Ohnmacht und das Gefühl, gekränkt worden zu sein. Dass unsere soziale Umwelt von solchen Spannungen nicht verschont bleibt, liegt auf der Hand. Als wenn das alles nicht schon schlimm genug wäre, verabschieden wir uns außerdem von der Realität – ganz einfach, weil negative Extreme so selten realistisch sind.

Für unseren kindlichen Aufpasser ist das allerdings unwichtig, denn er hat nur die Aufgabe zu melden, was ihm Angst macht. Und gerade weil er diesen kindlichen Tunnelblick hat, sind alle seine Gefühle verständlich und »erlaubt« – er kann schließlich nicht anders. Um dem gerecht zu werden, können wir ihm im Dialog rückmelden:

»Ja, so schlimm fühlt es sich im Moment an.«

Dabei wissen wir als der innere Erwachsene: So extrem *fühlt es sich an* – das liegt aber an der extremen Botschaft des Aufpassers und nicht an der Realität.

Zu wissen, dass extreme Gefühle die Folge extremer Botschaften sind, ist viel wert. Denn wenn wir als innere Erwachsene die Übertreibung erkennen, die darin steckt, können wir sie korrigieren, und dafür werden wir reichlich belohnt: Unser Denken und unsere Gefühle werden ruhiger und positiver, wir verhalten uns anderen gegenüber fairer, und wir kommen mit unseren realistischeren Gedanken in der Wirklichkeit besser zurecht.

Um von einem unrealistischen Extrem auf den Boden der Realität zu kommen, kann wieder die Einschätzung in Prozent helfen:

- **»Ich kriege gar nichts mehr auf die Reihe!« – »Wirklich? Null Prozent?«**
- **»Ich mache nur noch Fehler!« – »Tatsächlich? Eine Fehlerquote von 100 Prozent?«**

Realistisch wäre dagegen vielleicht folgende Einschätzung: »Manchmal fühlt es sich so an, als ob ich (oder jemand anderer) nichts auf die Reihe kriege. Wenn ich genau hinschaue, kann ich aber erkennen, dass meine Anstrengungen (oder die eines anderen) zu 60 Prozent erfolgreich waren. Das ist nicht genug, um zufrieden zu sein, aber viel besser als nichts.«

Hierin verbirgt sich ein wichtiger Schlüssel, um der Verwirrung und dem Leid des extremen Denkens zu entkommen: *Die Fähigkeit, die negativen neben die positiven Dinge zu stellen.* Damit sollen Probleme keinesfalls kleiner dargestellt werden, als sie sind. Aber eben auch nicht größer. Je mehr Extreme Sie in Ihrem Denken finden, umso mehr können Sie davon profitieren, das realistisch Negative neben das realistisch Positive zu stellen.

Ihren »Generalschlüssel« *virtuelle Freundin/virtueller Freund* können Sie auch hier einsetzen: Welche Erfolge (und positive Ausnahmen) würden Sie Ihrem virtuellen Freund/Ihrer virtuellen Freundin bescheinigen, für welche Bemühungen würden Sie ihm/ihr Anerkennung geben? In einem schwierigen Konflikt würden Sie vielleicht sagen: »Du hast es zumindest geschafft, auf eine faire Weise zu sagen, was du dazu denkst.« Realistischer als die verzweifelte Botschaft »Du bist vollkommen hilflos und unfähig!« ist oft folgende: »Von deinem Ziel bist du zwar noch ein Stück entfernt, aber du bist weiter als am Anfang.«

Tatsächlich hat das Anerkennen auch kleiner Lichtblicke und Erfolge schon so manchen vor tiefer Verzweiflung bewahrt – man könnte auch sagen: Je tiefer sich ein Mensch in einer psychischen Krise befindet, umso mehr ist er in extrem negative Botschaften verstrickt. Umso mehr hilft es ihm also, wenn er neben seinem Leid die positiven Ausnahmen und kleinen Lichtblicke in seiner Welt entdecken kann. Und sei es nur ein »Es läuft gerade wirklich besch…! Aber irgendwie ist es doch immer weitergegangen«. Dieser Ansatz ist außerdem hilfreich, um die Geduld aufzubringen, in vielen kleinen Schritten zu einem Erfolg zu kommen. Thomas Alva Edison betrachtete jeden gescheiterten Versuch, ein Material zum Glühen zu bringen, sogar als Erfolg, weil er daraus schließen konnte, dass dieses Material als Glühfaden ungeeignet war. Bis er schließlich herausfand, dass Wolfram das ideale Material für die Wendel einer Glühbirne ist. Er hat jedes negative Teilergebnis zu einem positiven gemacht.

Mit einer relativ einfachen Realitätsüberprüfung können Sie vielen extremen Botschaften ihre Kraft nehmen. Wenn Sie es mit einer besonders hartnäckigen Botschaft zu tun haben, muss allerdings auch ihr Ursprung berücksichtigt werden – dazu später mehr (vgl. Kapitel 4).

Zunächst ein weiteres Beispiel für die typische Denkart unseres Aufpassers und wie Sie ihre negative Kraft abbauen können.

Wenn, dann – oder doch nicht?

Aufgrund seines Mangels an Überblick ist der kindliche Aufpasser in der Lage, absolut unlogische Schlussfolgerungen als Wahrheit zu verkaufen: »*Wenn* Mama und Papa dir nicht zeigen, dass du liebenswert bist, *dann* bist du ein schlechter Mensch!«; »*Wenn* der Kollege dich heute nicht gegrüßt hat, *dann* heißt das, dass er dich total blöd findet!«; »*Wenn* du zugibst, dass du nicht weißt, wie die Kaffeemaschine funktioniert, *dann* halten dich alle für einen Trottel!«.

Ihr Aufpasser koppelt also an manche Ereignisse eine ängstliche Schlussfolgerung. Wenn Sie in seinen Botschaften solche *Wenn-dann-Schlussfolgerungen* finden, können Sie bei genauerem Hinschauen oft feststellen, dass das eine (etwa die beobachtete Tatsache, dass Ihre Eltern sich zurückgezogen haben) mit dem anderen (Ihrem Wert als Mensch) überhaupt nichts zu tun hat.

Bei anderen Schlussfolgerungen geht es dagegen wieder um Wahrscheinlichkeiten: Für einen aufgebrachten kindlichen Aufpasser liegt die Wahrscheinlichkeit für das von ihm befürchtete Unglück meist bei 80 bis 100 Prozent. Natürlich kann es sein, dass Ihr Kollege Sie nicht grüßt, weil er Sie nicht mehr mag. Aber wie wahrscheinlich ist das? Vielleicht hat der Kollege nicht gegrüßt, weil er dauernd daran denken musste, dass er zu Hause Ärger hatte oder sich vom Chef ungerecht behandelt fühlte.

Eine Realitätsüberprüfung zeigt: Die Wahrscheinlichkeit, dass Ihr Kollege Sie plötzlich total blöd findet, wird eher 0 bis 10 Prozent als 100 Prozent betragen. Wenn es um schlechte Stimmungen geht, lohnt sich außerdem die Frage, wie lange sie anhalten würden. Denn Menschen mit Stimmungsschwankungen schwanken auch immer wieder nach oben. Besonders, wenn sie freundlich behandelt werden.

Nach der Überprüfung der Wahrscheinlichkeit eines Unglücks können Sie regelmäßig die positive Seite in den Vordergrund rücken: »Die Wahrscheinlichkeit, dass mich alle Kollegen für einen Trottel halten, weil ich nicht weiß, wie die Kaffeemaschine funktioniert, beträgt wahrscheinlich null Prozent – auch weil alle solche Denkfehler machen. Positiv formuliert: Die Wahrscheinlichkeit, dass sie mich unabhängig davon akzeptieren oder mögen, so wie ich bin, beträgt nahezu 100 Prozent.«

Vielleicht halten aber Einzelne Sie tatsächlich für einen Trottel. Dazu folgende Realitätsüberprüfung: Wer Sie für einen Trottel hält, hält wahrscheinlich diverse Leute immer wieder für Trottel – ein-

schließlich sich selbst. Mit Ihnen persönlich hat das dann nicht viel
zu tun.

Verwandlung – Wie Sie die unrealistische Botschaft Ihres Aufpassers durch eine realistische ersetzen

Ent-Sorgung: Den unbrauchbaren Teil der Botschaft loswerden

»Du musst deine Probleme einfach loslassen!« – Schön wär's, wenn
das so einfach wäre! Um etwas loszulassen, muss man es erst einmal
begreifen. Mit einer quälenden Botschaft Ihres kindlichen Aufpassers ist das nicht anders. Erst wenn Sie sie passend formuliert und als
unrealistisch erkannt haben, haben Sie eine Botschaft so weit »be-
griffen«, dass Sie sie loslassen können. Aber wohin dann mit ihr? Am
besten dahin, wo sie herkam: in die Vergangenheit, dorthin, wo Sie
sie eingesammelt haben.

In der Vergangenheit haben wir aus bestimmten, meist schmerzlichen Ereignissen unwillkürlich Schlussfolgerungen gezogen, die
seitdem in unserem inneren »Regal der Wahrheiten« liegen. Zum
Beispiel betrauern die meisten Menschen das Ende einer Partner-
schaft, weil eine (auch) schöne Zeit zu Ende gegangen ist. Wer aus
dem Scheitern einer Beziehung zusätzlich schlussfolgert, dass er allein schuldig, offensichtlich beziehungsunfähig und als Partner auf
Dauer nicht auszuhalten ist, wird zwangsläufig Angst vor einer neuen
Beziehung haben. Wer es stattdessen schafft, die eigenen Fehler und
die des Ex-Partners halbwegs realistisch einzuschätzen, bleibt sich
der eigenen Stärken bewusst und kann aus der vergangenen Beziehung für die nächste etwas lernen. Eine neue Beziehung wird für diesen Menschen kein riskantes Himmelfahrtskommando, sondern
eine bereichernde Chance sein.

Es kommt also weniger darauf an, was passiert ist, als auf die
Schlussfolgerungen, die wir daraus ziehen. Mit anderen Worten: auf

die Botschaften, die wir damals in unserem »Regal der Wahrheiten« abgelegt haben und seitdem in uns tragen.

Natürlich können wir nicht verändern, was in der Vergangenheit passierte. Aber wir können die negativen Bedeutungen verändern, die wir diesen Ereignissen gegeben haben, indem wir unrealistische Botschaften hinter uns lassen. So »verarbeiten« wir unsere Vergangenheit.

Und das kann unsere Lebensqualität entscheidend verbessern. Sogar schmerzliche Erinnerungen können verblassen, wenn die mit ihnen verbundenen Botschaften verschwinden, weil letztlich sie den größten Teil des Schmerzes verursacht haben.

Natürlich gibt es auch bedrohliche Botschaften, die in der Vergangenheit ganz realistisch waren. Wer tatsächlich von Gewalt bedroht war, hatte zu Recht Angst davor. Dann stellt sich die Frage, ob derjenige heute tatsächlich noch in Gefahr ist oder vielleicht schon seit vielen Jahren in Sicherheit.

Um eine unrealistische Botschaft zu entsorgen, haben Sie mehrere Möglichkeiten:

1. Der rustikale Weg
Stellen Sie sich vor Ihrem inneren Auge einen großen Müllcontainer vor, der in passender Entfernung von Ihrem »Regal der Wahrheiten« steht. Werfen Sie all die unrealistischen Botschaften und veralteten Handlungsanweisungen hinein, die Sie nicht mehr brauchen und nach Ihrer Realitätsüberprüfung loswerden wollen. Wahrscheinlich wird Ihr Aufpasser sie noch einige Male herausholen, weil er noch ein wenig an sie glaubt. Sie können sie sich dann immer wieder anschauen, und wenn sie Sie nicht mehr überzeugen, in den Container werfen. Mit jeder Wiederholung verliert die alte Botschaft an Kraft und kann schließlich ganz aus Ihren Denkgewohnheiten verschwinden.

2. Der sorgfältige Weg

Das Loslassen fällt leichter, wenn wir wissen, woher die Botschaft unseres kindlichen Aufpassers stammt. Tief eingravierte und mächtige Botschaften kommen aus einer prägenden Zeit, die meist lange zurückliegt. Dorthin können Sie sie auch zurückgeben: Die Adressaten sind meist unsere Eltern oder andere »Autoritäten«, die mit dem Wunsch, uns »auf den rechten Pfad zu führen«, die Botschaften weitergaben, an die sie glaubten. Diejenigen, von denen wir unsere unrealistischen Botschaften übernommen haben, haben sie sich allerdings meist von ihrem aufgebrachten kindlichen Aufpasser einreden lassen. Auf tragische Weise werden die Botschaften, die Sie gerade entsorgen möchten, trotzdem zu der damaligen Situation passen: Nicht weil sie richtig waren, sondern weil die Beteiligten an sie geglaubt haben. Wenn Sie solche Botschaften heute in Gedanken in diese Situationen und an diese Menschen zurückgeben, ist der Weg frei für realistischere und positive Botschaften.

ÜBUNG

Um eine oder mehrere Botschaften jemandem Bestimmten zurückzugeben, können Sie an die betreffende Person einen Brief schreiben. Schicken Sie diesen Brief jedoch nicht ab, denn so können Sie viel freier formulieren, was Ihnen auf der Seele liegt. Erklären Sie in Ihrem Brief, wie die alten Botschaften in Ihr »Regal der Wahrheiten« kamen, wie Sie von ihnen profitiert und wie Sie unter ihnen gelitten haben. Schreiben Sie, dass Sie erkannt haben, dass die Botschaften unrealistisch, übertrieben oder völlig falsch waren und sind. Sie können auch beschreiben, welche Vor- und Nachteile Ihr briefliches Gegenüber durch diese Botschaften hatte. Übermäßiger Stress, emotionale Verarmung, Angst vor Minderwertigkeit und die Unfähigkeit zu trösten sind besonders häufige Folgen radikaler Botschaften. Wenn Sie erkennen, wie sehr derjenige unter seinen radikalen Botschaften gelitten und sich damit eingeschränkt hat, wird es Ihnen noch leichter fallen, sie aufzugeben. Auch die Tatsache, dass Sie Ihr Gegenüber damit nicht als kompetente Autorität, sondern als irrenden Menschen betrachten, kann Ihnen helfen, seine Botschaften hinter sich zu lassen.

Erklären Sie schließlich, dass Sie die Botschaften jetzt nicht mehr brauchen und innerlich zurückgeben. Zum Beispiel so: »Eure Botschaften waren aus eurer Sicht das Beste, was ihr weitergeben konntet. Tatsächlich haben sie mir manchmal geholfen. Mittlerweile schaden sie mir aber mehr, als sie mir nützen: Sie haben mich einsam und deprimiert gemacht. Heute sind sie mir zu radikal und überzeugen mich nicht mehr. Darum gebe ich sie euch zurück.«

Natürlich gibt es auch Härtefälle, in denen emotional schwache Eltern (oder Lehrer) versuchen, sich zu stabilisieren, indem sie ihre Kinder (oder Schüler) abwertend behandeln. Indem Sie die Schwäche dieser »Autoritäten« erkennen, können Sie realisieren, dass der Grund ihres Handelns mit Ihnen nichts zu tun hatte. Sondern in der Unwissenheit und den Selbstzweifeln der damals scheinbar so starken »Autoritäten« lag.

Wenn der Adressat Ihres Briefes bereit sein sollte, darüber zu sprechen (und Sie dies auch möchten), können sehr heilsame Gespräche entstehen, durch die Sie Ihre Beziehungen zum Beispiel zu Ihren Eltern vertiefen können. Außerdem hätten Ihre Eltern eine Chance, die damaligen Unwahrheiten und ihre Folgen zu erkennen und von Ihrer Auseinandersetzung mit diesen Botschaften zu profitieren – auch sie könnten einiges zur Entsorgung bringen. Die Einsicht desjenigen, von dem Sie die Botschaft bekamen, erleichtert es Ihnen, sie loszuwerden. Wenn solch eine Auseinandersetzung nicht mehr möglich ist oder Sie sie nicht möchten, weil Anzeichen bestehen, dass Sie sich oder Ihr Gegenüber damit überfordern, können Sie den Brief auch aufbewahren, verbrennen oder was auch immer für Sie Passendes damit anstellen, um Ihr inneres »Regal der Wahrheiten« aufzuräumen.

Eine angenehme und wirkungsvolle Vorstellung ist, die alten, unrealistischen Botschaften mit den neuen, realistischen aus Ihrem Körper herauszuwaschen. Jede Zelle in Ihrem Körper kann auf diese Weise befreit werden von der alten Last der Unwahrheit. Überall können sich Leichtigkeit, Freiheit und eine stille Lebendigkeit ausbreiten.

Falls Sie Karteikarten zur Hand haben, können Sie die alten Botschaften dort notieren. So eine Sammlung ist hilfreich, um sich gelegentlich mit ihnen zu beschäftigen und sich immer wieder und immer weiter von ihnen zu verabschieden.

Kaum ein Aufpasser kann seine alten Befürchtungen von heute auf morgen aufgeben. Wer jahrelang glaubte, sich in Gefahr zu befinden, kann nicht von heute auf morgen einsehen, dass er sich frei und gefahrlos bewegen kann. Was Ihr kindlicher Aufpasser also braucht, sind wiederholte Realitätsüberprüfungen, sodass er Schritt für Schritt erkennen kann, dass seine alten Botschaften tatsächlich unrealistisch sind. Eine alte Botschaft können Sie immer wieder in Ihre imaginäre Mülltonne werfen, sodass sie immer mehr an Gewicht abnimmt. Noch leichter fällt das Loslassen, wenn Sie wissen, was Sie stattdessen in die Hand nehmen können: die neue, realistische Botschaft.

Die neue Überzeugung formulieren

Eine realistische Botschaft, die eine unrealistische, belastende ablöst, ist Gold wert. Sie kann Ihnen Unmengen verlorener Kraft zurückgeben und Sie für den Rest Ihres Lebens freier durch die Welt gehen lassen. Wie können Sie sie finden?

Eine Botschaft, die Ihren kindlichen Aufpasser beruhigen kann, ist wie eine Antwort auf seine Angst. Sie muss sich deshalb direkt auf seine Angst beziehen, sonst reden Sie an ihm vorbei. Wenn er Angst davor hat, dass Ihre Mutter enttäuscht ist, und Sie ihn damit beruhigen wollen, dass Ihr Vater wahrscheinlich nichts dazu sagen wird, werden Sie ihm damit nicht wesentlich weiterhelfen. Wenn Sie aber erkennen, dass Sie Ihre Mutter in der betreffenden Situation fair behandelt haben und darum keine Schuldgefühle haben müssen, kann er sich diesbezüglich beruhigen.

Die gesuchte positive Botschaft ist wie eine Richtigstellung, eine realistische Einschätzung der Situation, vor der uns der kindliche Aufpasser warnt. Denn auch mit unrealistischen Wunschvorstellungen (»Mama wird von jetzt an immer einsichtig sein«) werden Sie ihn nicht beruhigen können. Besonders wirksam ist eine Botschaft, wenn sie positiv formuliert ist: »Wir sind *in Sicherheit*« wirkt beruhigender als »Es kann *nichts Schlimmes* passieren«. Darum ist es gut, ohne Verneinungen wie »nicht, keiner, nie …« auszukommen.

Hier einige Beispiele für positive und realistische Botschaften:

- »Ich darf alles fühlen und denken! Und ich darf alles tun, was meine virtuelle Freundin tun darf: alles, was fair für mich und die anderen ist.«
- »Ich bin in Sicherheit, so wie alle anderen auch – wie schön!«
- »Ich bin wertvoll, so wie alle anderen auch.«
- »Ich habe das über die Jahre schon zigtausend Mal getan und bin immer heil und gesund nach Hause gekommen.«
- »Wenn ich zurückschaue, kann ich sehen, dass ich schon seit vielen Jahren in Sicherheit bin, gute Helfer habe und viel besser für mich sorgen kann.«
- »Ich darf sagen, was ich möchte, und ich darf sagen, was ich nicht möchte. So wie jede/-r andere auch.«
- »Ich *muss* es nicht tun, aber ich *kann* es tun, *wenn ich will.*«

Weitere hilfreiche Botschaften finden Sie in den Kapiteln 3 und 4.

Eine Einsicht fängt immer im Kopf an – deswegen ist das realistische Denken so wichtig. Jetzt brauchen Sie noch etwas, das Ihrer Einsicht so viel Kraft gibt, dass sie Ihr Leben verändern kann.

Von der guten Idee zur starken Überzeugung – mit dem Wohlfühlpaket

»Was nützt mir die schönste Wahrheit, solange sie nichts an meinen Gefühlen ändert?«, fragte sich meine Klientin Franziska I., nachdem sie herausgefunden hatte, dass sie tatsächlich in Sicherheit ist, wenn sie durch einen Tunnel fährt – aber immer noch Angst hatte.

Eine Erkenntnis, die in Ihrem Gefühl nicht ankommt und am Stresslevel Ihres kindlichen Aufpassers nichts ändert, nützt Ihnen tatsächlich wenig. Es gibt allerdings einen Weg, auf dem Sie mit einer realistischen Erkenntnis bis zu Ihren Gefühlen »durchdringen« und ihr damit Leben einhauchen können.

Um sich eine neue, positive Botschaft, die die alte Angstbotschaft Ihres kindlichen Aufpassers ersetzen soll, wirklich zu eigen zu machen, können Sie überprüfen, ob sie realistisch ist. Vielleicht brauchen Sie dazu mehrere Anläufe, glaubwürdige Informationen oder einen guten Ratgeber. Aber eines kann ich Ihnen versprechen: Auch diese Realitätsüberprüfung lohnt sich, denn auf dem Boden der Realität lebt es sich auf die Dauer am besten.

Möglicherweise bekommen Sie auch heraus, dass Ihre neue Erkenntnis unrealistisch ist. Dann sollten Sie sie korrigieren. Wenn sie aber realistisch ist, können Sie sie bestätigen. Damit ist sie schon ein wenig mehr zu Ihrer Überzeugung geworden. Indem Sie Ihre Überprüfung noch ein- oder zweimal wiederholen (»Ist das wirklich zutreffend?« – »Ja, tatsächlich!«), überprüfen Sie den Sachverhalt immer gründlicher. Das zweite und dritte Ja werden darum noch mehr Gewissheit haben als das erste.

Wenn Ihr kindlicher Aufpasser einen positiven, realistischen Gedanken nicht zulassen kann und dauernd mit irgendwelchen Bedenken dazwischenfunkt, können Sie seine ängstlichen Gedanken auflisten und ihm versichern, dass Sie sich nach und nach um alle wichtigen Botschaften und Fragen kümmern werden. Kehren Sie, sobald es möglich ist, zu Ihrem positiven und realistischen Gedanken zurück und bestätigen Sie sich noch einmal, dass er zutrifft.

Jetzt spielen Ihre Gefühle eine entscheidende Rolle, denn ohne sie ist jeder Gedanke und auch jede noch so realistische und positive Botschaft völlig kraftlos. Die angenehmen Gefühle, die durch die Botschaft in Ihnen ausgelöst werden, geben ihr die entscheidende Kraft, die sie zu Ihrer Wirklichkeit werden lässt.

Die Wahrnehmung Ihrer Emotionen im Körper kann Ihnen helfen, sich auf sie zu konzentrieren. Spüren Sie sie in Ihrer Brust, im Herzen oder im Bauch? Oder an einer anderen Stelle im Körper?

Wenn Sie eine Hand auf Ihr Herz und eine auf Ihren Bauch legen, können Sie Ihre Emotionen wahrscheinlich besser spüren, weil sich Ihre Empfindungen intensivieren. Dabei ist es zweitrangig, wo Sie Ihre Gefühle wahrnehmen. Wichtig ist, dass sie sich in Ihnen entfalten können. Die spontane Antwort auf die Frage »Wie geht es Ihnen mit dieser Botschaft?« lautet meist: »Gut!« Um etwas tiefer in Ihre Gefühlswelt einzusteigen, können Sie sich dann fragen:

»Woraus besteht ›gut‹?«

Besonders häufig zu spüren sind Erleichterung, Beruhigung, Freude, Sicherheit, Zuversicht, Kraft, Motivation, Befreiung und ein verbessertes Selbstwertgefühl. Auch körperliche Wahrnehmungen wie Entspannung, Wärme oder eine freiere Atmung können Ihnen helfen, Ihre positive Überzeugung zu stärken.

Spüren Sie, wie die kraftvolle Verbindung der Botschaft mit Ihren angenehmen Gefühlen durch Ihren ganzen Körper strömt.

Dieses Wohlfühlpaket aus der realistischen, positiven Botschaft und Ihren angenehmen Gefühlen hat tatsächlich die entscheidende Kraft: *Jedes Mal wenn Sie Ihre angenehmen Gefühle in Verbindung mit der realistischen Botschaft genießen, bauen Sie Ihre neue, positive Überzeugung auf.* Und die alte unrealistische Botschaft wird stillschweigend abgebaut. Schritt für Schritt. Dabei kommt es vor allem

auf die Häufigkeit und erst an zweiter Stelle auf die Stärke oder Dauer
dieser angenehmen Erfahrungen an.

> Burkhard D.: »Was, meinen Sie, ist realistisch, wenn Sie alle Fakten
> berücksichtigen: Sind Sie in Gefahr oder in Sicherheit, wenn Sie
> durch einen Tunnel fahren?«
>
> Franziska I.: »Eigentlich bin ich in Sicherheit.«
>
> BD: »Stimmt das wirklich?«
>
> FI: »Ja.«
>
> BD: »Eindeutig? Auch wenn Sie das noch einmal überprüfen?«
>
> FI: »Eindeutig, ich bin wirklich in Sicherheit!«
>
> BD: »Wie fühlt sich das an?«
>
> FI: »Gut.«
>
> BD: »Woraus besteht ›gut‹, und wo können Sie es in Ihrem Körper
> spüren?«
>
> FI: »Ich kann in meiner Brust Erleichterung spüren, und ich kann
> freier atmen.«
>
> BD: »Sehr gut. Je öfter Sie den neuen Gedanken überprüfen und
> bestätigen und Ihre angenehmen Gefühle für einige Sekunden
> genießen, umso mehr wird er zu Ihrer realistischen Überzeu-
> gung werden.«

Noch ein Tipp: Warten Sie mit Ihren Realitätsüberprüfungen nicht,
bis Ihr Aufpasser seine negativen Botschaften mit lautem Alarm zum
Thema macht, denn dann ist es besonders anspruchsvoll, sich zu
konzentrieren. Viel leichter wird Ihnen die Beschäftigung mit Ihren
positiven neuen Erkenntnissen fallen, wenn Sie sich im Normalzustand befinden, also keinen besonderen Stress haben.

Wenn Sie nur zweimal am Tag für zwei Minuten in Ihre Wohlfühlpakete einer Botschaft mit den dazugehörigen Gefühlen im Körper
investieren, werden Sie bereits eine deutliche Wirkung erleben. Nicht
zuletzt, weil Sie sich daraufhin auch zwischendurch an Ihre angenehmen realistischen Botschaften erinnern werden … Wenn Sie öfter
und länger üben, werden Sie noch schneller vorankommen. Erin-

nern Sie sich darum mit Klebezetteln am Kühlschrank oder Spiegel an Ihre Wohlfühlpakete oder lassen Sie sich mit einer freundlichen Nachricht Ihres Smartphones morgens und abends daran erinnern.

Sie können auch die Formulierungen Ihrer positiven und realistischen Botschaften und Ihre angenehmen Gefühle auf Karteikarten notieren, von denen Sie sie immer wieder ablesen können, um anschließend jedes einzelne dieser Wohlfühlpakete zu genießen. Ohne weiteren Aufwand oder Willenskraft werden sich daraufhin Ihre Wirklichkeit und damit Ihr Leben zum Positiven verändern.

Ihr Wohlfühlpaket – kurz und knackig:

1. Ihre positiven realistischen Gedanken überprüfen und bestätigen.
2. Die angenehmen Gefühle in Ihrem Körper spüren und genießen.
3. Im Normalzustand üben: Genießen Sie regelmäßig Ihre Wohlfühlpakete!

Kapitel 3

Mit den häufigsten Stressbotschaften aufräumen – acht Erfahrungsberichte

Im Folgenden möchte ich Ihnen anhand von konkreten Beispielen aus meiner therapeutischen Praxis diejenigen Botschaften des kindlichen Aufpassers vorstellen, die am weitesten verbreitet sind und die uns am meisten Angst machen. Vielleicht werden Sie die eine oder andere Botschaft ja bereits kennen. Wie gesagt: Je besser es uns gelingt, diese Angstbotschaften durch realistische und positive Überzeugungen zu ersetzen, desto mehr Stress ersparen wir uns (und unserem inneren Aufpasser). Die positive Erkenntnis allein nützt uns allerdings noch nicht viel. Wir müssen sie erst in uns verankern, damit sie wirksam werden kann. Bitte erwarten Sie nicht, dass dies von heute auf morgen funktioniert. Das kann in glücklichen Ausnahmefällen klappen; normalerweise müssen wir aber eine neue Botschaft öfter gemeinsam mit unserem kindlichen Aufpasser anschauen, bevor er sie ganz annehmen und seine alte, bedrohliche Botschaft vollständig aufgeben kann. Dies wird umso besser gelingen, wenn Sie sich immer wieder Wohlfühlpakete gönnen, also Ihre neuen, positiven Erkenntnisse mit einem Gefühl der Freude und Begeisterung verbinden. Der Effekt, dass unser Gehirn besonders schnell und effektiv lernt, wenn wir Freude oder sogar Begeisterung empfinden, lässt sich übrigens wissenschaftlich beweisen, wie der Neurobiologe und Hirnforscher Professor Gerald Hüther in seinem Buch *Mit Freu-*

de lernen zeigt.[2] Je wohler Sie sich also mit Ihren neuen positiven und realistischen Botschaften fühlen, desto schneller werden Sie sie sich zu eigen machen.

Erfahrungsgemäß gibt es kaum etwas, das unser kindlicher Aufpasser mehr fürchtet als eine Abwertung unserer Person. Negative Botschaften, die mit dieser Angst unseres inneren Aufpassers verbunden sind, empfinden wir darum als besonders schmerzhaft.

Das Wichtigste zuerst: Sie sind unermesslich wertvoll

Torsten H.: »Ich habe dauernd Angst, dass sich meine Freundin von mir trennt. Sie sagt mir bei jeder Gelegenheit, dass sie enttäuscht von mir ist.«

Burkhard D.: »Wie geht es Ihrem kindlichen Aufpasser, wenn Sie das Thema ansprechen?«

TH: »Sein Stresslevel liegt dann bei 8 bis 10.«

BD: »Dann wird er etwas Schlimmes befürchten. Was könnte in seiner Fantasie schlimmstenfalls passieren, wenn sich Ihre Freundin von Ihnen trennt? Was würde das seiner Meinung nach bedeuten?«

TH: »Er meint ganz klar, dass ich dann ein Versager wäre.«

BD: »Wie hoch wäre dann Ihr Selbstwertgefühl auf einer Skala von 0 bis 10?«

TH: »Nicht höher als 2.«

BD: »Man könnte also sagen, dass Ihr kindlicher Aufpasser der Meinung ist, dass Sie fast wertlos wären, wenn Ihre Freundin sich von Ihnen trennen würde.«

TH: »Genauso fühlt es sich jedenfalls an.«

---

2   Gerald Hüther: Mit Freude lernen – ein Leben lang, Göttingen 2016.

Das Selbstwertgefühl spielt in der Psychotherapie schon seit ihren Anfängen eine wichtige Rolle. Der Psychiater und Psychotherapeut Aaron T. Beck, der als Begründer der Kognitiven Verhaltenstherapie gilt, betrachtet einen beschädigten Selbstwert als Grundlage vieler psychischer Störungen wie etwa Depressionen. Virginia Satir, die »Mutter der Familientherapie«, sah im Selbstwert einer Person sogar »den Schlüssel aller Phänomene unseres geistigen und sozialen Lebens«.[3]

»Bin ich wertvoll?« Diese Frage scheinen wir uns tatsächlich immer wieder neu zu stellen. Unser Selbstwertgefühl ist jedenfalls dauernd in Bewegung. Es steigt, wenn wir Anerkennung und Wertschätzung erleben, und es sinkt durch das Gegenteil: Kritik und Zurückweisungen. Selbst Menschen, die normalerweise ein gutes Selbstwertgefühl haben, kennen vorübergehende Minderwertigkeitsgefühle, wenn sie heftig kritisiert oder abgewertet werden oder sich als schwach erleben. Nah verwandt mit dem Gefühl der Abwertung ist die Vorstellung, dass die eigene Ehre oder das Ansehen beschädigt wurde.

Daraus folgt, dass wir sowohl die Überzeugung haben, wertvoll zu sein, als auch den Glauben, unter bestimmten Umständen weniger wert zu sein. Wir pendeln zwischen zwei Wahrheiten: »Ich bin wertvoll« und »Ich bin weniger wert«.

Häufige Botschaften unserer kindlichen Aufpasser zu unserem Wert lauten: »Anerkennung gibt dir deinen Wert – Kritik und Missachtung nehmen ihn dir« oder: »Du bist ein schlechter Mensch, wenn du die anderen enttäuschst«. Auch der Wert unseres Handelns scheint über unseren Wert als Menschen zu entscheiden: »Wenn du nicht genug schaffst, bist du nutzlos und minderwertig!«; »Wenn du zu viele Fehler machst, bist du ein Versager!«. Ähnlich ist es mit unserem Aussehen oder Besitz: »Wer sagt, dass du nicht gut aussiehst oder nicht genug hast, wertet dich ab.«

---

3 Virginia Satir: Selbstwert und Kommunikation. Familientherapie für Berater und zur Selbsthilfe, Stuttgart, 18. Aufl. 2007.

Was passiert, wenn wir ein schlechtes Selbstwertgefühl haben? Je geringer es ist, desto trister wird unser Leben. Irgendwann können uns dann Dinge, die wir in guten Zeiten genossen haben, kaum noch berühren und erfüllen: ein Lächeln, schöne Musik, die Wunder der Natur … all das scheint nicht mehr zu uns zu passen. Kränkungen und Abwertungen wiegen dagegen doppelt so schwer, solange unser Erleben durch den tiefen Schmerz des Selbstzweifels geprägt ist. Das Positive, Wertvolle scheint zu unserem Selbstbild eines minderwertigen Menschen nicht zu passen – womit sollen wir etwas Wertvolles verdient haben, wenn wir selbst minderwertig sind?

Die Botschaft, minderwertig zu sein, ist somit einer der schmerzvollsten Stacheln, die sich in unsere Seele bohren können. Niemand kann diesen Stachel von außen sehen, er muss dem Betroffenen noch nicht einmal bewusst sein. Trotzdem kann er unerträgliche Qualen bereiten.

Warum ist der Schmerz des Minderwertigkeitsgefühls so tief? Unser Selbstwertgefühl ist so wichtig, weil es unseren Kern, unser Innerstes, unser Wesen betrifft. Fehler, die unser Selbstwertgefühl nicht vermindern, lassen sich gut aushalten. Wir können aus ihnen lernen und versuchen, es beim nächsten Mal besser zu machen. Wenn aber Zweifel am Selbstwert aufkommen, geht es an unsere Substanz: »Wenn ich selbst minderwertig bin – was kann ich daran ändern? Muss ich jetzt mein ganzes Leben umkrempeln, ein ganz anderer Mensch werden, um endlich wertvoll zu sein? Das kann ich nicht!«

Wenn wir das Gefühl haben, dass unser Selbst, unser Wesen minderwertig ist, sind wir scheinbar machtlos. Das Einzige, was uns dann noch helfen kann, scheint die Zuneigung anderer zu sein, die hoffentlich glauben, dass wir wertvoll sind. Jedenfalls tun wir viel dafür, dass andere unser Selbstwertgefühl durch Anerkennung und Wertschätzung stärken: Die einen sind besonders freundlich und hilfsbereit, sie versuchen, immer lieb zu sein und andere niemals zu stören oder zu enttäuschen. Die anderen wollen zeigen, dass sie besonders klug sind, oder versuchen, immer der Starke zu sein. Manche machen sich sogar den Stress, immer der Beste sein zu müssen, um das Gefühl zu haben, wertvoll zu sein. Viele schaffen sich wertvolle Dinge wie teure Kleidung, Autos oder Häuser an, um ihr Selbstwertgefühl zu verbessern, oder sie investieren viel Zeit und Energie, um für ihr gutes Aussehen oder ihren Fleiß Anerkennung und Wertschätzung zu bekommen.

Wir tun eine Menge, um unser Selbstwertgefühl durch Anerkennung aufzubessern. Ein genauso starker Motor ist aber die Angst vor dem Gefühl der Minderwertigkeit, davor, erneut abgewertet zu werden oder sogar als ein sogenannter Versager dazustehen. Kein Wunder also, dass uns unser kindlicher Aufpasser mit großem Eifer vor allem warnt, was uns minderwertig erscheinen lassen könnte. Manchmal sieht er das Gespenst der Abwertung in den alltäglichsten Situationen. Weil er die befürchteten Abwertungen in unserem Kopfkino wie eine Tatsache darstellt, erleben wir eine permanente Selbstkritik: »Achtung, die denken schlecht über dich!«; »Mit diesem Fehler hast du es dir endgültig versaut!«; »Noch nicht einmal das kriegst du hin, wie peinlich!«. Noch dramatischer kann es werden, wenn wir tatsächlich kritisiert oder sogar attackiert werden. Dann kann unser kindlicher Aufpasser zu radikalen Handlungsanweisungen greifen: »Mach, was die anderen wollen, denn wenn du noch mehr Kritik und Ablehnungen erlebst, sinkt dein Wert noch weiter ab!« Aggressive Varianten dieser Botschaft können lauten: »Drohende Niederlagen musst du mit einem harten Gegenangriff abwehren – denn sonst bist du ein erbärmlicher Schwächling!« oder: »Solange du andere abwerten kannst, bist du mächtiger und mehr wert als sie«. Eine Mobbingvariante: »Wer beliebter ist als du, sollte mit allen Mitteln kleingemacht werden – denn sonst wirst du bald spüren, wie klein und wertlos du im Vergleich zu ihm bist!« Eine depressive Variante, bei der der innere Aufpasser bereits aufgegeben hat: »Du bist eben minderwertig, also sei still und finde dich damit ab!«

Je radikaler der kindliche Aufpasser Botschaften der Minderwertigkeit vertritt, desto geringere Anlässe lassen ihn Alarm schlagen: Wenn ich etwas nicht verstehe oder nicht schaffe – weil das ein Beweis dafür ist, dass ich zu blöd bin. Wenn ich allein bin – weil das ein

Beweis dafür ist, dass niemand mich mag. Wenn ich einen äußerlichen Makel habe – weil es zeigt, dass ich abstoßend bin. Wenn andere unerwartet lachen – weil das beweist, dass ich selbst lächerlich bin. Kurz: Wenn ich die hohen Erwartungen meines Aufpassers nicht erfülle, bin ich weniger wert.

Wenn er uns antreibt, seine Erwartungen zu erfüllen, erscheint das zunächst sinnvoll, denn Anerkennung und Zuneigung können uns helfen, unser Selbstwertgefühl wieder aufzubauen und Minderwertigkeitsgefühle zurückzudrängen. Dass das allerdings nicht zuverlässig funktioniert, zeigen uns viele »Promis«, die trotz ihres Erfolges und großer Anerkennung an sich selbst zweifeln und unglücklich sind. Auch depressive Menschen leiden unter einem Problem, vor dem sie eine freundliche Außenwelt kaum schützen kann, weil sie es dauernd mit sich herumtragen: dem unerbittlichen Alarm ihres kindlichen Aufpassers, der sie immer wieder an die schreckliche Botschaft erinnert, dass sie minderwertig seien.

Depression

Niedergeschlagenheit oder Traurigkeit werden meist durch Enttäuschungen, Kränkungen oder schmerzliche Verluste ausgelöst. Wenn sie vorübergehend auftreten, sind es keine krankhaften Zustände. Bei einer *Depression* jedoch senken sie sich über längere Zeit wie eine schwere, dunkle Wolke über das Lebensgefühl des Betroffenen. Dabei ist regelmäßig auch das Selbstwertgefühl betroffen von der unwillkürlichen Vorstellung, minderwertig oder sogar wertlos zu sein. Die Botschaften, die der innere Aufpasser bei einer schweren Depression hervorholt, sind besonders radikal: »Dich kann kein Mensch mögen«; »Mit deinen Problemen und Ansprüchen bist du nur eine große Last!«; »Du hast noch nie einen Wert gehabt!«

Solche schrecklichen Botschaften rufen natürlich den kindlichen Aufpasser auf den Plan, der den Betroffenen zunächst antreiben wird, um seinen Selbstwert zu steigern: »Streng dich mehr an, sonst sehen alle, dass du wertlos bist, und dann rutscht dein Wert noch weiter ab.« Wenn es aber nicht gelingt, die überzogenen Ansprüche des ängstlichen Aufpassers zu erfüllen, sind die nächsten Niederlagen unausweichlich. Und irgendwann macht sich Resignation breit: »Du kannst aufhören zu kämpfen – du bist ein hoffnungsloser Fall!« Wer versteht, mit welch schrecklichen Botschaften sich schwer depressive Menschen herumquälen, wundert sich nicht mehr darüber, dass sie keinen Antrieb verspüren, irgendetwas zu tun. Wozu sollten sie sich anstrengen, wenn der Schmerz ihrer Selbstzweifel nicht aufhört? Wozu sollten sie sich unter Menschen begeben, wenn sie doch nur bestätigt bekommen werden, dass alle anderen erfolgreich, zufrieden und wertvoll sind – nur sie selbst nicht? Trost zu suchen und sich anderen anzuvertrauen wäre viel zu gefährlich, weil man furchtbar verletzt werden könnte. Die Bestätigung der eigenen Minderwertigkeit wäre nicht zu ertragen, und alles andere kann nur ein Irrtum sein.

Aber auch ihr Rückzug hilft depressiven Menschen nicht weiter, denn kein Ort kann sie vor den Botschaften ihres Aufpassers schützen. Im Gegenteil: Wenn ihnen kein vertrauter Mensch mehr beistehen, sie ablenken oder trösten kann, sind sie den quälenden Angstfantasien ihres Aufpassers völlig ausgeliefert. Wenn er mit seinen Botschaften der Minderwertigkeit immer wieder den Stachel der Selbstzweifel in die Seele drückt, wird aus dem schützenden Rückzugsort ein einsames Gefängnis, in dem man mit seinem eigenen Folterknecht eingesperrt ist – eine Situation, aus der für viele permanente Ablenkungen oder eine Sucht der einzige Ausweg zu sein scheint. In extremen Fällen können die Handlungsanweisungen des kindlichen Aufpassers einen bedrohlichen Charakter bekommen: »Es gibt nichts, was dir diesen Schmerz nehmen kann. Selbst Zuneigung und Anerkennung helfen nicht mehr. Zieh dich endgültig zurück, du bist doch nur eine Zumutung für alle anderen!« und schlimmstenfalls: »Um diese ewige Quälerei zu beenden, in der es nichts Wertvolles mehr geben kann, musst du irgendwann dein Leben beenden!«

Die Botschaften, die wir zu unserem Selbstwertgefühl abgespeichert haben, haben einen machtvollen Einfluss auf unser Gefühlsleben und unser Verhalten. Auch die Menschen in unserer Umgebung bekommen mit, wie wir uns mit uns selbst fühlen. Denn auf das Gefühl der Abwertung reagiert manch ein innerer Aufpasser mit derart lautem Alarm, dass wir nicht mehr in der Lage sind, logisch zu denken und auf die Stimme unseres inneren Erwachsenen zu hören.

> Meine Klientin Lena N. musste erleben, dass ihr Vater ihre Erfolge konsequent ignorierte und sie bei jeder Gelegenheit kritisierte. Irgendwann wurde ihr klar, dass er dies tat, weil er unter Minderwertigkeitsgefühlen litt. Seine Kritik war eine Abwehrstrategie gegen das Gefühl, weniger klug zu sein als seine Tochter. Nachdem sie aufgehört hatte, sich selbst die Schuld für seine permanente Kritik zu geben, erkannte Lena N. die Logik hinter dem Verhalten ihres Vaters: »Obwohl ich für meinen Vater so wichtig bin, muss er alles abwerten, was ich sage und tue, sonst fühlt er sich mir gegenüber unterlegen und minderwertig. Dabei hatte ich nie das Gefühl, dass er weniger wert ist.«

Häufiger als solche extremen Beispiele von Konkurrenz ist die übertriebene Abwehr von Kritik, weil sie als schmerzliche Abwertung empfunden werden würde. Weit verbreitete Abwehrmanöver sind Themenwechsel, aber auch das aggressive Abwerten des Gegenübers, übermäßiges Vermeidungsverhalten, das unangemessene Ignorieren eines Problems, ein vorwurfsvoller Rückzug …

So befremdlich solche Muster zur Abwehr von Minderwertigkeitsgefühlen auf den ersten Blick wirken mögen – auf den zweiten Blick sind sie sinnvoll, weil sie funktionieren. Das »Spiel der Abwertung« wird darum schon im Kindergartenalter gespielt: Ein trotziges »Du bist doof!« bringt es auf den Punkt. Eine Reaktion, die wir alle kennen, wenn wir selbst bockig werden und in einen Tunnelblick geraten. Und siehe da, der Konflikt ist zwar nicht gelöst, aber unser ramponiertes Ego kann kurz aufatmen. Im Kindergarten kann eine kompetente Erzieherin helfen, bessere Konfliktstrategien zu entwickeln. Wenn sich aber Partner, Eltern oder Vorgesetzte abwertend verhalten, fehlt oft die Möglichkeit einer Korrektur. Und je machtvoller und radikaler eine Person das »Spiel der Abwertung« spielt, umso schwerere Schäden kann sie damit anrichten.

Die größte Zerstörungskraft haben Gruppen, deren Mitglieder andere als minderwertig darstellen, um sich selbst als wertvoller empfinden zu können. Gerade solche Gruppen entwickeln eine große Anziehungskraft auf Menschen mit ausgeprägten Gefühlen von Minderwertigkeit und Ohnmacht. Schlimmstenfalls wird dem Feind in menschenverachtender Weise jeglicher menschliche Wert abgesprochen, sodass er radikal bekämpft werden kann. Das funktioniert in extremen politischen oder religiösen Gruppierungen genauso wie in autoritären Regimes. Von den Folgen dieses Wahnsinns bekommen wir täglich in den Nachrichten zu hören.

Zurück zu meinem Klienten Torsten H.:

Burkhard D.: »Wenn Ihr kindlicher Aufpasser Angst hat, dass Sie durch eine Trennung drastisch an Wert verlieren würden, muss er natürlich Alarm schlagen. Der nächste Schritt wäre jetzt die Realitätsüberprüfung seiner Angst. Da es um eine Bewertung von Ihnen selbst geht, ist es wahrscheinlich hilfreich, Ihren virtuellen Freund einzusetzen. Was würden Sie ihm sagen, wenn er in genau Ihrer Situation wäre? Wäre er durch eine Trennung weniger wert?«

Torsten H.: »Das ist ziemlich eindeutig: Durch eine Trennung würde er bestimmt nicht an Wert verlieren!«

BD: »Sind Sie sicher? Würde er vielleicht zumindest ein bisschen weniger wert sein?«

TH: »Nein, das ist völlig klar. Die Vorstellung, dass er dadurch an Wert verlieren würde, ist einfach Blödsinn.«

BD: »Wie geht es Ihnen, wenn Sie das so eindeutig sagen?«

TH: »Ich staune.«

BD: »Warum?«

TH: »Weil ich so noch nie über meinen Wert nachgedacht habe. Es ist einfach total eindeutig. Warum habe ich mich das nie so gefragt?«

BD: »Weil es erstaunlicherweise ganz unüblich ist, das zu tun. Aber was macht das mit Ihrem Selbstwertgefühl?«

TH: »Das ist gerade gestiegen. Aber so ganz kann ich es noch nicht glauben.«

Die Frage ist also, wie viel Sie tatsächlich wert sind. Auf den ersten Blick scheint das nicht klar zu beantworten zu sein. Auf den zweiten aber schon. Lassen Sie uns zunächst versuchen, die Sache mit dem Verstand anzugehen: Sehr wahrscheinlich haben auch Sie zwei völlig verschiedene Konzepte von Ihrem Selbstwert. Denn normalerweise haben wir in manchen Situationen ein gutes Selbstwertgefühl und in anderen ein schlechteres. Was ist realistisch? Eine Voraussetzung, um herauszufinden, wie wertvoll Sie sind, ist die klare Unterscheidung der lauten Stimme Ihres kindlichen Aufpassers und der leiseren Stimme von Ihnen als dem inneren Erwachsenen. Denn bei der Frage nach Ihrem Selbstwert wird sich Ihr kindlicher Aufpasser möglicherweise sehr deutlich mit seinen alten Botschaften melden. Je lauter er dabei ist, desto mehr bestimmt er Ihr Selbstwertgefühl. Hier soll es aber nicht um die Frage gehen, wie stark Ihr Selbstwert-*Gefühl* ist, sondern wie wertvoll Sie *tatsächlich* sind. Und dabei sind Sie als der innere Erwachsene gefragt, denn nur Sie können überprüfen, was realistisch ist. Ihr kindlicher Aufpasser wäre damit überfordert.

In unserem Denken setzen wir oft unser Selbstwertgefühl mit unserem Selbstwert gleich. Das hieße aber, dass jemand, der denkt, minderwertig zu sein, auch minderwertig wäre. Die meisten unsicheren oder depressiven Menschen wären dann minderwertig – bis sie irgendwann ein gutes Selbstwertgefühl haben. Es liegt auf der Hand, dass dies nicht zutrifft. Der Unterschied zwischen dem Selbstwertgefühl und dem tatsächlichen Wert eines Menschen ist also sehr bedeutsam.

Mit Hilfe folgender Fragen können wir der Antwort auf logische Weise näherkommen:

1. *Das Selbstwertgefühl ist meist abhängig von der Anerkennung anderer Menschen.*

Sind Sie wertvoller, wenn Sie viel Anerkennung bekommen? Das hieße, dass das Denken anderer Menschen Ihren Wert bestimmt. Da verschiedene Menschen unterschiedlich viel Wertschätzung aufbringen, stellt sich die Frage, wer von ihnen recht hat. Denn Sie können ja nicht gleichzeitig zwei verschiedene Werte haben. Kommt die korrekte Einschätzung Ihres Wertes von jemandem, der Sie besonders kritisch oder aber positiv sieht oder der Sie gut kennt? Was wäre dann, wenn dieser Mensch in seiner Einschätzung schwankt oder sich irrt? Sie merken: Den eigenen Wert von der Anerkennung anderer abhängig zu machen ist ebenso normal wie unlogisch.

2. *Genauso wie das Selbstwertgefühl von Anerkennung abhängig gemacht wird, wird der Wert eines Menschen oft vom Wert seiner Handlungen abhängig gemacht.*

Ist ein Mensch weniger wert, wenn er Fehler macht? Wenn wir durch unsere Fehler immer mehr an Wert verlieren würden, wie viel Wert hätte dann noch ein alter Mensch, der im Laufe seines Lebens viel mehr Fehler gemacht hat als ein junger Mensch, der all das noch vor sich hat? Ist jemand, der »minderwertig« handelt, auch tatsächlich minderwertig? Ist er wieder wertvoll, wenn er beispielsweise gelernt hat, mit anderen fair umzugehen? Wie wertvoll sind wir, wenn wir Menschen verurteilen?

Wenn der Wert eines Menschen von seinen Handlungen abhängig wäre, könnte ein Mensch besonders wertvoll sein, wenn er besonders lieb ist und anderen viel Gutes tut. Dann wäre eine liebevolle Mutter von vier Kindern viel wertvoller als eine liebevolle Mutter von einem Kind. Ist ein Mensch wertvoller, wenn er viel Gutes für die Gesellschaft tut? Dann wäre jemand, der krankgeschrieben ist oder in Rente geht, plötzlich viel weniger wert. Selbstverständlich ist es wichtig, dass wir versuchen, wertvolle Dinge zu tun, etwa uns fair zu verhalten. Unangemessenes und unfaires Verhalten ist nicht in Ordnung. Je nach Größe unseres Fehlers sollten wir dann etwas wiedergutmachen, manchmal sind sogar Strafen angemessen. Den Wert eines Menschen von seinen Erfolgen und Misserfolgen abzulesen oder davon, ob er etwas Wertvolles oder »Minderwertiges« tut, funktioniert allerdings nicht. Zumal dann wieder die Frage aufkommt, wer entscheidet, was Misserfolge sind und was wertvolles und was »minderwertiges« Handeln ist.

Richtlinien für wertvolles Handeln könnten zum Beispiel Fairness sein und die Motivation, das Leben zu fördern. Handlungen, die das Leben unnötig einschränken und Leid verursachen, wären demnach minderwertig. Entscheidend und zugleich ungewohnt ist es allerdings, bei allen Bewertungen den Wert des Seins und des Handelns auseinanderzuhalten. In der manchmal etwas derben Sprache unseres Aufpassers: »Du kannst Scheiße bauen, aber nicht scheiße sein!«

Nachdem wir zur Realitätsprüfung unseren Verstand bemüht haben, können Sie im nächsten Schritt Ihr spontanes menschliches Empfinden abfragen:

Wie hoch ist der Wert Ihrer virtuellen Freundin oder Ihres virtuellen Freundes?

Schauen Sie sich an, was sie oder er alles gedacht und erlebt hat, was sie/er getan hat (es ist natürlich genau das, was Sie selbst alles gedacht, erlebt und getan haben). Was könnte sie/ihn minderwertig gemacht haben? Ist sie/er weniger wert, seitdem sie/er kritisiert, verlassen oder schlecht behandelt wurde oder sich unfair verhalten hat? Nein, ganz bestimmt nicht.

Befragen Sie noch einmal Ihr spontanes menschliches Empfinden: Warum sollte der Wert eines Menschen so hoch sein? Das können Sie leicht erkennen, wenn Sie ein Kind ansehen: Jedes Kind ist eine Quelle des Lebens. Was eine Quelle des Lebens ist, können wir kaum beschreiben, aber wir können es erleben, wenn wir uns auf ein Kind einlassen, auf all seine menschlichen Impulse, seine Eigenheiten. Wie hoch ist der Wert einer Quelle des Lebens? Das lässt sich nicht messen – er ist mit einem Wort: unermesslich.

Der Gedanke, dass der Wert jedes Menschen sehr groß und von seinen Taten unabhängig ist, erscheint ungewohnt. Andererseits ist er eine Selbstverständlichkeit: Im deutschen Grundgesetz steht »Die Würde des Menschen ist unantastbar«, woraus ich dasselbe für seinen Wert ableiten würde. Die Formulierung findet sich ganz ähnlich in den Grundgesetzen anderer Länder. Und auch das ist nichts Besonderes, weil es den Menschenrechtskonventionen entspricht, denen sich fast alle Staaten der Erde verpflichtet haben: Jeder Mensch soll die gleichen Rechte haben und fair behandelt werden. Im Christentum findet sich die gleiche Grundaussage: »Wir heißen Kinder Gottes und wir sind es« (1. Joh 3,1). Der Gedanke, dass der Wert eines Menschen sehr hoch und nicht veränderbar ist, ist also nichts Besonderes: Er ist ein zentraler Bestandteil humanen Denkens. Die Tatsache, dass sich viele Menschen nicht daran halten, erzeugt zwar viel Leid, kann aber nichts am Wert jedes Einzelnen ändern. Und auch nichts an Ihrem Wert.

Vielleicht wenden Sie jetzt ein: »Aber es gibt doch Menschen, die so schwere Verbrechen begangen haben, dass sie unmöglich wertvoll sein können!« Die Argumente der Realitätsüberprüfung sind auch in diesen Fällen die gleichen. Mit dem gleichen Ergebnis, denn sonst würde der Wert eines Menschen ja doch vom Denken anderer Menschen abhängen. Nein, es bleibt dabei, auch wenn es in einigen Fällen kaum nachvollziehbar scheint: Jeder Mensch ist unermesslich wertvoll, jeder Mensch ist eine Quelle des Lebens. Und dieses Denken lässt sich durchaus in die Tat umsetzen: In einem humanen Staat gilt, dass auch ein Mensch, der sehr minderwertig gehandelt hat, seinen Wert behält. Das ist genauso wichtig wie die faire und konsequente Aufklärung und gegebenenfalls Bestrafung seines minderwertigen Handelns. Wenn alles gut geht, sieht ein Täter seinen Fehler ein und kann zuverlässig der Versuchung widerstehen, rückfällig zu werden, zerstörerisch zu handeln oder sich doch wieder etwas zu nehmen, was ihm nicht zusteht. Die Wahrscheinlichkeit, dass es ihm gelingt, wird größer, wenn er sich seines eigenen Wertes bewusst wird. Denn dann wird er es weniger nötig haben, sich destruktiv zu verhalten (vgl. dazu auch den Abschnitt »Übermäßige Aggression – die Not hinter der Aggression erkennen«, S. 158 ff.). Wenn unsere Vorstellungskraft nicht ausreicht, den Wert auch des schlimmsten Verbrechers zu sehen, ist es klüger, sich über diese Extreme nicht den Kopf zu zerbrechen. Denn das Wichtigste ist und bleibt die humanistische Wahrheit: Unser Wert ist genauso groß wie der jedes anderen Menschen. Er ist unveränderbar und unermesslich hoch.

> Burkhard D.: »Wie geht es Ihnen mit diesen Gedanken?«
> Torsten H.: »Es ist sehr ungewohnt zu sehen, dass mein Wert unabhängig davon ist, ob meine Freundin mit mir zusammen sein will oder nicht. Dass sich nichts an meinem Wert geändert hat, obwohl sie manchmal total enttäuscht von mir ist.«
> BD: »Wie fühlt sich das an?«
> TH: »Gut und eigenartig.«
> BD: »Woraus besteht ›gut‹, und wo in Ihrem Körper können Sie das spüren?«
> TH: »In meiner Brust kann ich ein bisschen Freiheit spüren und Freude. Außerdem steigt gerade mein Selbstwertgefühl.«
> BD: »Und was ist das Eigenartige?«
> TH: »Ich denke immer noch, dass ich minderwertig bin.«
> BD: »Ich denke, dass Sie diesen Gedanken Ihrem ängstlichen Aufpasser zuordnen können. Auf der anderen Seite stehen Sie als der innere Erwachsene, der letztlich weiß, dass Sie genauso wertvoll sind wie zum Beispiel Ihr virtueller Freund.«

Drei Wochen später sprechen Torsten H. und ich wieder miteinander:

> Torsten H.: »Mein Aufpasser kann immer noch nicht zu 100 Prozent glauben, dass ich so wertvoll bin. Er lässt sich allerdings

immer leichter beruhigen, wenn ich zum Vergleich an meinen virtuellen Freund denke und sehe, dass sein Wert völlig unabhängig ist von dem, was irgendjemand denkt oder sagt.«

Burkhard D.: »Wie geht es Ihnen als dem inneren Erwachsenen damit?«

TH: »Ich merke, dass ich ruhiger geworden bin. Manchmal fühlt es sich richtig friedlich an.«

BD: »Und wie geht es Ihnen mit Ihrer Freundin?«

TH: »Ich fühle mich ihr gegenüber nicht mehr so klein wie früher. Wenn ich finde, dass sie unrecht hat, passe ich mich ihr auch nicht mehr so sehr an wie früher. Offensichtlich findet sie das gut.«

Was wäre, wenn Sie sich Ihres Wertes mehr und mehr bewusst wären? Die Vorteile eines realistischen und damit sehr positiven Selbstwertgefühls sind immens – hier seien nur einige wenige genannt:

- Sie können aufhören, Dinge zu tun, um Ihren Wert zu verbessern. Sie können diese Dinge immer noch tun, wenn Sie es möchten – aus Freude daran, stark, schön, gesellig oder erfolgreich zu sein. Dabei brauchen Sie aber keine Angst mehr zu haben, dass Ihr Wert absinkt, wenn Sie diese Dinge eines Tages nicht mehr tun möchten, und das Bild, das andere von Ihnen haben, sich verändert. Sie brauchen auch dann keine Angst vor einem Wertverlust zu haben, wenn andere enttäuscht sind, dass Sie sich anders verhalten als bisher.
- Sie können sich sicherer fühlen und mit anderen entspannter und fairer umgehen, weil Sie Kritik weniger persönlich nehmen (und darum Ihrerseits Ihre Kritik an anderen weniger abwertend äußern, falls Sie das vorher getan haben sollten).
- Weil Sie mit einem stabilen positiven Selbstwertgefühl unabhängiger von Anerkennung und Erfolgserlebnissen sind, können Sie nicht mehr mit der Drohung unter Druck gesetzt oder manipuliert werden, dass Sie weniger wert seien, wenn Sie bestimmte Erwartungen nicht erfüllen.

- Je klarer Sie Ihren tatsächlichen Wert erkennen, umso unwahrscheinlicher ist es, dass Sie in eine depressive Stimmung mit Minderwertigkeitsgefühlen fallen.
- Sogar das unvermeidliche Erleben von Verlusten (von Beziehungen, Materiellem, Möglichkeiten …) verändert sich: Verluste sind noch schmerzlich, ziehen Ihnen aber nicht mehr so leicht den Boden unter den Füßen weg, wenn Sie sich dessen bewusst bleiben, dass Sie und all die anderen Dinge in Ihrem Leben damit nicht an Wert verlieren. Damit nimmt auch Ihre Angst ab, von anderen Menschen abhängig zu werden oder sie zu verlieren.
- Last, but not least: Mit einem guten Selbstwertgefühl können Sie ein stilles, tiefes und großes Ja zu sich selbst empfinden und das Gefühl, bei sich selbst angekommen zu sein.

Falls Sie nun mit der unnötigen Quälerei durch Ihre Minderwertigkeitsgefühle ein für alle Mal und endgültig aufräumen und abschließen wollen, könnte ich Sie verstehen. Ihr Ziel ist nahezu paradiesisch. Aber leider eher unrealistisch. Ich kenne jedenfalls niemanden (mich selbst eingeschlossen), dessen Selbstwertgefühl niemals absinkt. Realistisch ist aber, dass es Ihnen immer wieder gelingen wird, die beruhigende Gewissheit aufzubauen und sich daran zu freuen, dass Sie jederzeit sehr wertvoll sind.

Wie in jeder spannenden Geschichte kann dem Happy End allerdings einiges im Weg stehen. Weil unser Selbstwertgefühl einen wesentlichen Teil unseres Selbstbildes darstellt, kann eine Umstellung zunächst einmal Verunsicherung auslösen:

- Möglicherweise befürchten Sie, sich für besondere Leistungen nicht mehr motivieren zu können, wenn Ihr Aufpasser Sie nicht mehr mit der Angst vor einer Abwertung (»Wenn du das nicht schaffst, bist du eine Enttäuschung!«) antreiben kann. Beobachten Sie in diesem Fall einmal das Engagement von Menschen, die eben nicht aus der negativen Angst vor Abwertung handeln,

sondern aus einer positiven Haltung der Zufriedenheit mit sich
selbst und der Freude oder sogar Begeisterung für eine Sache
heraus. Es spricht einiges dafür, dass diese Menschen ausdau-
ernder sind und ihr Potenzial besser ausschöpfen können.

- Vielleicht befürchten Sie auch, sich unbeliebt zu machen, wenn
Sie ein »zu gutes« Selbstwertgefühl hätten. Dann empfehle ich
Ihnen, die Beliebtheit von Leuten mit einem guten Selbstwertgefühl zu beobachten. Damit meine ich solche, die einen großen Wert in sich *und* in anderen sehen und darum andere nicht
abwertend behandeln. Normalerweise schallt es aus dem Wald
so heraus, wie man hineinruft …

- Gelegentlich kommt die Angst auf, dass durch ein »zu gutes
Selbstwertgefühl« die Moral leidet. Meine Erfahrung ist vielmehr, dass Menschen, die das Prinzip des absoluten Selbstwertes verstanden haben, sich besonders fair verhalten. Das liegt
daran, dass sie ihren Selbstwert nicht mehr verteidigen müssen
und erkennen, dass jeder andere Mensch genauso wichtig und
wertvoll ist wie sie selbst. Mein Vorschlag: Gehen Sie mit gutem
Beispiel voran!

- Wenn Sie es als grundsätzlich unpassend empfinden, sich selbst
als wertvoll zu bezeichnen, halten Sie wahrscheinlich noch unwillkürlich an einem alten Selbstbild fest. Einige schmerzliche
Erinnerungen werden dann »beweisen«, dass Sie nicht wertvoll
seien. Durch die Arbeit mit Ihrem inneren Kind können Sie
dann einen wesentlichen Schritt hin zu einem positiven und
realistischen Selbstwertgefühl tun (vgl. dazu Kapitel 4).

Vielleicht steht Ihnen aber noch etwas anderes im Weg. Denn viele
Menschen denken: »Wer sich für wertvoll hält, ist arrogant, ein
selbstverliebter Narzisst.« Diese Überzeugung kann so tief sitzen,
dass ein positives Selbstwertgefühl geradezu verboten erscheint. Vor
der Realitätsüberprüfung dieser Botschaft möchte ich zunächst beschreiben, was ich unter Arroganz verstehe. Arroganz ist für mich
nicht, auf seine Erfolge stolz zu sein, recht zu haben oder sich über-

legen zu fühlen. Daran ist nichts Schlechtes oder Falsches, wenn es zutrifft. Und wenn es nicht zutrifft, ist es eine Selbstüberschätzung, ein Irrtum – mehr nicht. Arrogant scheint mir die Behauptung zu sein, selbst wertvoller zu sein als andere, beispielsweise weil man meint, erfolgreicher zu sein oder besser auszusehen. Mit anderen Worten: Auch Arroganz ist ein Irrtum. Sie ist ein kindliches Spiel, bei dem die eigene (gefühlte) Überlegenheit dafür benutzt wird, andere »minderwertig zu machen« und so das im Grunde labile und stetig gefährdete eigene Selbstwertgefühl zu verbessern. Dieses Spiel ist nicht nur sehr verbreitet (zum Beispiel wenn wir einen anderen Autofahrer beschimpfen), sondern auch naiv, denn natürlich ändert es rein gar nichts an dem Wert anderer Menschen. Und auch nichts an dem Wert desjenigen, der eine arrogante Haltung hat, denn er ist genauso wertvoll, wenn er unterlegen ist. Arrogant zu sein ist also keine Todsünde, und wer seine Arroganz niemand anderen spüren lässt, ist noch nicht einmal unfair. Wie jedes »Abwerten« anderer hat sie allerdings den Nachteil, dass man vom eigenen »Pfeil der Abwertung« getroffen werden kann, und zwar in dem Moment, in dem man sich selbst nicht mehr überlegen fühlt. Denn dann ist man nach der eigenen Logik selbst weniger wert als die erfolgreicheren Menschen. Das heißt aber auch: Solange Ihnen bewusst ist, dass alle Menschen wertvoll sind, brauchen Sie nicht zu befürchten, dass Sie eine arrogante Haltung haben.

Mit folgenden Botschaften können Sie einer realistischen Einschätzung Ihres Selbstwertes näherkommen:

- »Ich bin so wertvoll wie jeder andere Mensch, nicht mehr und nicht weniger. Das war immer so, es ist so und es wird immer so bleiben. Egal was ich tue, was passiert oder was irgendjemand denkt.«
- »Ich bin so wertvoll wie meine virtuelle Freundin.«
- »Können irgendwelche Gedanken, Worte oder Taten eines Menschen den Wert eines anderen Menschen verändern? Nein, das war immer eine absurde Idee.«

- »Wer meinte, dass ich minderwertig sei, hatte einen kindlichen Tunnelblick. Immer.«
- »Wer etwas Negatives über meinen Selbstwert sagte, hatte mit Sicherheit ein Problem mit seinem eigenen Selbstwertgefühl.«
- »Kritik und Vorwürfe wegen unfairer und destruktiver Handlungen können angemessen sein. Abwertungen eines Menschen nicht.«
- »Mein Wert bleibt. Auch, wenn ich irgendwelche Erwartungen nicht erfülle.«
- »Eine Unwahrheit ist keine Wahrheit, nur weil sie weit verbreitet ist.«
- »Was ein Mensch tut, hängt von dem ab, was er gelernt hat. Sein Selbstwert ist aber unabhängig von dem, was er gelernt oder getan hat.«
- »Was an einem Menschen minderwertig sein kann, sind seine erlernten Denk- und Verhaltensmuster.«
- »Jeder hat Wertvolles und ›Minderwertiges‹ getan – mehr oder weniger. Um fair zu sein, muss das realistisch nebeneinandergestellt werden. Und der Wert jedes Menschen geachtet werden.«
- »Wer den Wert anderer nicht erkennt, erkennt auch den eigenen Wert nicht.«
- »Ich bin sehr wertvoll mit meinem Partner, und ich bin genauso wertvoll ohne ihn.«
- »Ich bin liebenswert und wertvoll, auch wenn andere keinen Kontakt mit mir haben möchten (was tausend Gründe haben kann). Davon hängt mein Wert nicht ab.«
- »Ich bin unermesslich wertvoll, weil ich eine Quelle des Lebens bin, immer war und immer sein werde.«
- »Ich brauche mich nicht anzustrengen für die Tatsache, dass ich unermesslich wertvoll bin. Daran kann ich sowieso nichts ändern.«
- »Ich brauche mir keine Sorgen zu machen, weil ich sehr wertvoll bin.«

Um sich dieses positive Selbstwertkonzept zu eigen zu machen, können Sie es überprüfen: Versuchen Sie dabei die laute Stimme Ihres kindlichen Aufpassers einmal zur Seite zu stellen und stattdessen auf Ihre leisere erwachsene Stimme zu hören. Sind diese Gedanken realistisch oder unrealistisch? Würden Sie sagen, dass sie auf eine Freundin zutreffen würden? Dann müssten sie auch auf Sie zutreffen. Wenn Ihre Überzeugung, wertvoll zu sein, dadurch auch nur ein kleines bisschen mehr Kraft bekommt, ist das bereits ein wichtiger Erfolg. Denn genau darauf kommt es an: ein schrittweises Überprüfen, Einüben und Aufbauen Ihrer Überzeugung, dass Sie unermesslich wertvoll sind. Wenn Ihnen die positiven und realistischen Botschaften zu fremd erscheinen, können abgeschwächte Versionen helfen: »Es könnte sein, dass ich manchmal so wertvoll bin wie meine virtuelle Freundin« oder: »Vielleicht ist mein Wert ja doch unabhängig von den Gedanken anderer Menschen«.

Nehmen Sie im nächsten Schritt so viel von dieser positiven Wahrheit, wie es geht, und achten Sie darauf, welche emotionalen und körperlichen Reaktionen sie in Ihnen auslöst. Wo können Sie die angenehmen Gefühle spüren, die hervorgerufen werden? Im Herzen oder im Bauch? Oder in Ihrem ganzen Körper? Was spüren Sie dort? Erleichterung, Ruhe, Freiheit, Wärme, Freude? Was auch immer Sie spüren: Verbinden Sie es mit der Wahrheit, dass Sie sehr wertvoll sind, und genießen Sie dieses Wohlfühlpaket aus realistischer Botschaft und angenehmen Gefühlen.

ÜBUNG Nehmen Sie sich zweimal täglich ein wenig Zeit, um für sich die folgende Frage zu beantworten: »Zu wie viel Prozent kann ich die Wahrheit, dass mein Selbstwert unermesslich hoch ist, gerade annehmen?«

Versuchen Sie, dabei nicht den gewohnten Denkmustern zu folgen, sondern ausschließlich herauszubekommen, was realistisch ist. Genießen Sie anschließend die angenehmen Gefühle, die dadurch ausgelöst werden. Und freuen Sie sich, wann immer Sie sich Ihres Wertes bewusst werden.

Wie viel Prozent der Wahrheit über Ihren Wert können Sie gerade annehmen? Wie viel Prozent können Sie nach ein paar Wochen des Überprüfens annehmen? Jedes Prozent mehr, mit dem Sie die Aussage »Ich bin unermesslich wertvoll« annehmen können, ist ein Gewinn und ein Schritt hin zur Realität.

Was Sie noch tun können, um sich Ihres unermesslich hohen Wertes bewusst zu werden:

- Beobachten Sie, wie viele Menschen jeden Tag Ihren Wert und den Wert des Lebens durch ihre Freundlichkeit bestätigen, und spüren Sie diese Wertschätzung in der Stille.
- Hängen Sie an Ihren Badezimmerspiegel einen Zettel, auf dem zum Beispiel steht: »Ich bin sehr wertvoll! Das war immer so, es ist so und es wird immer so bleiben!«
- Erinnern Sie sich an all die Begegnungen mit Menschen, die Sie mochten und Ihnen zeigten, dass Sie in ihren Augen sehr wertvoll sind. Und genießen Sie, dass sie alle recht hatten.
- Symbole wie ein schöner Stein, ein Foto oder eine schöne Postkarte können Ihnen helfen, sich immer wieder an Ihren Wert zu erinnern und diese wachsende Überzeugung in Ihren Alltag zu integrieren.
- Die angenehme Erfahrung, den eigenen Wert zu spüren, lässt sich mit vielen Arten der Meditation kombinieren. Zum Beispiel mit der Vorstellung, die alten unrealistischen Botschaften aus Ihrem Körper hinauszuspülen und durch die neue realistische Wahrheit über Ihren unermesslichen Wert zu ersetzen. Jede Zelle in Ihrem Körper kann so befreit werden von der alten Last der Unwahrheit. Überall können sich Leichtigkeit, Freiheit und die stille Lebendigkeit Ihres wertvollen Wesens ausbreiten.

Einige der folgenden Botschaften haben einen besonderen Einfluss auf unsere kindliche Seite. Darum werden Sie in den entsprechenden Erfahrungsberichten – so wie in dem folgenden – das innere Kind wiederfinden, das Sie in der kurzen Beschreibung am Ende des ersten Kapitels schon kennengelernt haben. In Kapitel 4 »Befreiung – in jedem Menschen steckt ein glückliches Kind« werde ich auf unser inneres Kind ausführlich eingehen.

»Du darfst nicht Nein sagen« – fair für beide Seiten Grenzen setzen

Martin R.: »Sobald jemand ein Problem hat oder mich um einen Gefallen bittet, kommt in meinem Kopf das Kommando: ›Das ist dein Einsatz, los geht's!‹, und ich bin bereit, für den anderen alles stehen und liegen zu lassen. Gleichzeitig weiß ich, dass ich es mal wieder übertreibe mit meiner Hilfsbereitschaft. Meine Grenzen sind längst überschritten.«

Burkhard D.: »Das hört sich an wie ein innerer Dialog, der immer wieder in Ihnen abläuft. Was würden Sie sagen: Hat die laute Stimme, die Sie so dringend auffordert zu helfen, einen realistischen Überblick oder einen kindlichen Tunnelblick?«

MR: »Dass ich immer und überall helfen muss, ist sicherlich nicht realistisch.«

BD: »Das würde ich auch sagen. Jetzt müssen wir nur noch herausfinden, wessen Stimme Sie hören: die Ihres inneren Kindes oder die Ihres kindlichen Aufpassers. Was meinen Sie?«

MR: »Als einen typisch kindlichen Wunsch würde ich es nicht bezeichnen, sich dauernd aufzuopfern. Der heftige Alarm passt auch besser zum kindlichen Aufpasser.«

BD: »Gut, dann schauen Sie doch im nächsten Schritt, wie hoch sein Stresslevel ist, wenn er Sie so dringend auffordert zu helfen.«

MR: »Der Stresslevel hängt davon ab, ob ich als der Erwachsene Lust und Zeit habe, die Bitte zu erfüllen. Der innere Kampf geht richtig los, wenn ich keine Zeit dafür habe oder mich irgendwie ausgenutzt fühle. Wie am Wochenende, als mein Schwager frag-

te, ob ich ihm sein Gartenhaus aufbaue. Wenn ich nur daran
denke, geht der Stresslevel meines Aufpassers schon auf 8.«

BD: »Was befürchtet er denn?«

MR: »Eigentlich habe ich keine Lust, meinem Schwager schon wieder zu helfen. Aber wenn ich ihm absagen will, kommt die Angst
hoch, dass ich ihn enttäuschen könnte, und das geht für meinen
Aufpasser, glaube ich, gar nicht! Außerdem stellt er sich vor,
dass ich meine Eltern enttäuschen würde, wenn die mitkriegen,
dass ich meinem Schwager nicht helfe.«

BD: »Dass jemand von Ihnen enttäuscht sein könnte, scheint in
seinen Augen eine echte Bedrohung zu sein. Warum? Was würde
es in der Fantasie Ihres Aufpassers bedeuten, wenn jemand von
Ihnen enttäuscht ist?«

MR: »Wenn jemand meinetwegen unglücklich ist, heißt das, dass
ich einen großen Fehler gemacht habe, dass ich schuld an seinem Unglück bin.«

BD: »Das hört sich so an, als ob dieser Mensch Ihnen vorwirft, unfair gewesen zu sein.«

MR: »Ja, so könnte man es auch sagen. Aber das ist noch nicht alles. Mein innerer Aufpasser hat Angst, dass ich deswegen abgelehnt oder sogar alleingelassen werde.«

BD: »Auf welchen Stresslevel bringt diese Vorstellung Ihren Aufpasser gerade?«

MR: »Der ist ganz schön hoch, ich würde sagen bei 8 bis 9.«

BD: »Sobald Sie also auch nur daran denken, Nein zu sagen, warnt
Ihr kindlicher Aufpasser Sie davor, dass Sie kritisiert und sogar
verlassen werden könnten, wenn Sie jemanden mit Ihrem Nein
enttäuschen oder sogar kränken. Und er hat Angst, dass Sie
dadurch schuldig und ein schlechter Mensch sein werden, mit
dem niemand mehr etwas zu tun haben möchte.«

MR: »Das klingt heftig, aber so fühlt es sich tatsächlich an.«

»Hilf jedem, der deine Hilfe braucht!« Das ist zwar ein Extrem, das
den gesunden Menschenverstand misstrauisch machen sollte. Wie so

oft bringt uns die Aufforderung des kindlichen Aufpassers aber auch Vorteile: Wer besonders hilfsbereit ist, ist meist besonders beliebt und bekommt mehr Dankbarkeit. Er wird gebraucht und kann das Gefühl haben, nützlich und vielleicht auch überlegen zu sein und dabei weder egoistisch noch unmoralisch zu erscheinen. Und er vermeidet, dass sich besonders kränkbare Menschen zurückgewiesen fühlen.

Die Nachteile dieser extremen Botschaft liegen allerdings ebenso auf der Hand: Je konsequenter man seinem kindlichen Aufpasser »gehorcht« und überall und jedem hilft, desto größer ist die Gefahr, dass man alles mitmachen muss, sich ausnutzen lässt, sich selbst überlastet und nur noch »funktioniert« – bis zur völligen Erschöpfung. Wenn die eigenen Bedürfnisse konsequent unterdrückt werden, sinken außerdem Selbstbewusstsein und Selbstwertgefühl, sodass sich Resignation breitmachen kann. Aber auch unterschwellige Aggressionen und Reizbarkeit wachsen, je mehr einem die Wünsche der anderen oder auch das eigene Verhalten auf die Nerven gehen.

Angstattacken

Etwa zehn Prozent der deutschen Bevölkerung leiden unter *Angstattacken*, die ganz unvorhersehbar auftreten können oder in Menschenansammlungen, in engen Räumen oder beim Autofahren. »Und was hat das mit dem Neinsagen zu tun?«, denken Sie jetzt vermutlich. Tatsächlich eine ganze Menge, denn die meisten Menschen, die unter Angstattacken leiden, haben ein Problem mit dem Neinsagen. Deshalb wirken sie meist auch besonders freundlich. Manche von ihnen unterdrücken das Nein, bis es aus ihnen herausexplodiert. Anschließend haben sie ein schlechtes Gewissen und sind wieder besonders nachgiebig. Wer zu selten Nein sagt, nimmt in Kauf, dass seine eigenen Grenzen zu häufig überschritten werden. Das kann so weit gehen, dass man sich niemals sicher fühlt. Denn jederzeit kann jemand in aller Freundlichkeit kommen und um einen Gefallen bitten oder stundenlang Dinge erzählen, die man gar nicht hören will. Man muss aber mitmachen, helfen, die Situation ertragen, zuhören, weil man sich nicht überwinden kann, Nein zu sagen. Selbst wenn man das schaffen sollte, hat man Angst, sich mit seinem Nein schuldig zu machen oder abgelehnt zu werden. Mit anderen Worten: Man lebt in einer bedrohlichen Welt, in der fortwährenden Angst, von den Forderungen anderer Menschen erstickt oder aber von ihnen »verstoßen« zu werden.

Wenn das *innere* Problem des Nicht-Nein-sagen-Könnens nicht erkannt wird, kann es leicht passieren, dass diese Angst projiziert, das heißt an etwas Anderen festgemacht. Das kann bei den Betroffenen zu den genannten Ängsten vor Menschenmengen führen oder auch zu Ängsten vor Terminen, da sie interpretiert werden als ein »Du musst, egal ob du willst oder nicht!«. Auch Ängste vor einem Herzinfarkt, vor Krebs oder einem Erstickungstod können auftreten. Solche Ängste verschwinden häufig, wenn die Betroffenen lernen, auf eine faire Weise Nein zu sagen und für ihre eigenen Bedürfnisse zu sorgen. Denn dann erleben sie, dass ihre Bedürfnisse und Grenzen gewahrt und respektiert werden und sie in Sicherheit sind.

Zurück zu meinem Klienten Martin R. Er hat sich schließlich dazu durchgerungen, die Bitte seines Schwagers um Mithilfe beim Aufbau des Gartenhauses zu verneinen, fühlt sich damit aber innerlich äußerst unwohl.

Burkhard D.: »Nachdem wir die Schreckensfantasie Ihres kindlichen Aufpassers verstanden haben, können wir überprüfen, ob sie realistisch ist oder nicht. Wir können anfangen mit der grundsätzlichen Frage: Kann ich egoistisch oder schuldig sein, wenn ich fair gehandelt habe?«

Martin R.: »Nein, eigentlich nicht.«

BD: »Der zweite Schritt: Haben Sie sich mit Ihrem Nein gegenüber Ihrem Schwager unfair verhalten, oder war es letztlich fair für beide Seiten?«

MR: »Ich denke, es war fair, weil mein Schwager ja keinen Anspruch darauf hat, dass ich ihm helfe. Außerdem habe ich ihm auch gesagt, dass ich ihm gerne helfe, dass es mir nur manchmal zu viel wird. Ich würde also sagen, dass mein Nein fair war.«

BD: »Überprüfen Sie es ruhig noch einmal: Waren Sie fair oder unfair?«

MR: »… Ich würde immer noch sagen, dass es völlig okay und fair war.«

BD: »Welchen Stresslevel hat Ihr kindlicher Aufpasser, wenn Sie das erkennen?«

MR: »Er ist heruntergekommen auf 2 bis 3.«

BD: »Sehr gut! Welche Gefühle spüren Sie jetzt in Ihrem Körper?«

MR: »Auf jeden Fall Erleichterung. Ich fühle mich aufrechter und sicherer, sogar ein bisschen stolz.«

BD: »Schön! Wenn Sie auch bei anderen Angelegenheiten diese Überprüfungen und damit diese Einsichten wiederholen und die dabei entstehenden Gefühle immer wieder spüren, werden Sie mit Ihrem fairen Nein immer sicherer werden.«

Zwei Wochen später berichtet Martin R.:

Martin R.: »Ich habe mir in letzter Zeit öfter überlegt, wer wofür Verantwortung hat und ob mein Nein fair ist für beide Seiten. Das hat schon einiges an meinem Verhalten verändert. Sehr eigenartig war es, darauf zu achten, ob die Reaktionen meines Schwagers und vor allem die meiner Eltern kindlich oder erwachsen waren. Ich glaube, ich habe sie lange Zeit zu ernst genommen und mich von ihren Erwartungen, was ich alles machen soll, verrückt machen lassen. Und es ist wunderbar zu erkennen, dass ihre Reaktionen nichts an meinem Wert ändern.«

Burkhard D.: »Was spüren Sie in Ihrem Körper, wenn Sie diese neuen Dinge realisieren?«

MR: »Meine Gefühle spüre ich vor allem im Bauch. Da sind wieder Erleichterung und Stolz. Und Zuversicht und Motivation.«

Noch ein paar Wochen später:

> Martin R.: »In letzter Zeit erlaube ich mir viel öfter zu sagen, was ich möchte und was ich nicht möchte. Erstaunlicherweise habe ich dadurch gar nicht mehr Konflikte. In mir selbst habe ich sogar viel weniger Konflikte, seit mein kindlicher Aufpasser verstanden hat, dass ein Nein gar nicht gefährlich ist. Und von den anderen werde ich mehr respektiert. Einige Leute wundern sich allerdings, dass sie auch mal ein Nein zu hören bekommen. Ich glaube, dass ein paar von denen, die dauernd etwas von mir wollten, auf Abstand gehen werden. Mit meinem Schwager ist es gut gelaufen – es ist viel klarer zwischen uns, und wir helfen uns jetzt gegenseitig. Dadurch, dass ich sage, was ich möchte und was ich nicht möchte, bin ich tatsächlich viel selbstbewusster geworden.«
>
> Burkhard D.: »Was fühlen Sie, wenn Sie das sagen?«
>
> MR: »Ich fühle mich erleichtert, freier und sicherer. Außerdem unabhängiger, weil ich mir nicht mehr so leicht den Schuh anziehe, unfair zu sein, wenn es tatsächlich nicht stimmt.«
>
> BD: »Und wie haben Ihre Eltern reagiert?«
>
> MR: »Meine Eltern und ich haben etwas länger gebraucht, um uns an diese Umstellung zu gewöhnen. Ich habe aber das Gefühl, dass wir uns jetzt mehr freuen, wenn wir uns sehen. Es wird langsam entspannter und offener mit ihnen.«

Wenn wir wissen, dass unser Nein richtig ankommt, haben wir kein Problem, es auszusprechen. Leider kann aber bei unserem Gegenüber einiges schiefgehen, wenn wir Nein sagen. Denn wer ein Nein hört, kann erhebliche Probleme mit seinem kindlichen Aufpasser bekommen: »Dieses Nein ist ein Angriff auf dich! Deine Bedürfnisse werden nicht respektiert!« Oder: »Ein Nein in dieser Sache ist ein Nein zu dir als Mensch!« Der kindliche Aufpasser unseres Gegenübers sieht dabei in unserem Nein eine unfaire Behandlung.

Darum spielt die Frage, ob ein Nein fair oder unfair war, eine große Rolle. Nicht nur für unser Gegenüber, sondern auch für uns selbst.

Denn wenn wir uns sicher sein können, dass unser Nein fair war, müssen (und sollten) wir uns nicht den Schuh anziehen, unfair gewesen zu sein. Und wenn es unfair war, wird es uns besser gehen, wenn wir es korrigieren und noch einmal auf eine faire Weise Nein sagen.

Ich würde sogar sagen: Die wichtigste Voraussetzung für ein gutes Nein ist, dass es für beide Seiten fair ist – für uns und für unser Gegenüber.

In einer konkreten Situation können Sie mit folgenden Fragen überprüfen, was für Sie und Ihr Gegenüber fair ist:

- Wer hat für wen und für was die Verantwortung? Manchmal möchten wir jemandem helfen, auch wenn wir nicht die Verantwortung für ihn haben, manchmal möchten wir dies aber auch nicht. Was würden Sie Ihrem virtuellen Freund raten?
- Gibt es eine faire Absprache, mit der beide einverstanden sind? Ist es an der Zeit, eine Absprache zu erfüllen oder auf faire Weise zu verändern?
- Welcher Kompromiss kann sowohl für mich als auch mein Gegenüber fair sein?

Wenn Sie ein faires Nein unterdrücken wollen, weil Sie Angst haben, dass Ihr Gegenüber übermäßig gekränkt sein wird, können folgende Fragen weiterhelfen:

- Wie wahrscheinlich ist es, dass sich mein Gegenüber von meinem Nein kränken lässt?
- Wie stark würde er oder sie darunter leiden? Wie lange würde es ihm/ihr tatsächlich schlechter gehen?
- Wie sehr sollte sich mein virtueller Freund dieses Leiden zu Herzen nehmen?
- Wie viel Verantwortung möchte ich für das Wohl des anderen und wie viel für meine Bedürfnisse übernehmen?

Viele Menschen lassen sich davon abhalten, Nein zu sagen, weil sie Angst vor einer heftigen Reaktion haben. Sie befürchten, dass sich ihr Gegenüber in eine Opferrolle begibt und schmollt oder aber sich mächtig aufplustert, um sie einzuschüchtern. Letztlich wären das klare Zeichen dafür, dass er oder sie in einen kindlichen Tunnelblick gerutscht ist. Dementsprechend ist es gut, wenn Sie sich von solchen Reaktionen nicht zu sehr einschüchtern lassen. Denn solange Sie die Situation realistischer einschätzen, haben Sie einen erwachseneren Überblick. Und das ist gut so, weil es niemandem helfen würde, wenn auch Sie einen Tunnelblick hätten. Sobald Ihr Gegenüber wieder erwachsen und realistisch denkt, wird es wahrscheinlich allen besser gehen und Sie können gemeinsam einen fairen Weg finden. Wenn nicht, müssen Sie sich zumindest nicht den Vorwurf machen, ein schlechter Mensch zu sein.

Auch der Blick zurück kann Mut machen, um öfter Nein zu sagen:

- Wann haben Sie schon einmal auf eine gute Weise Nein gesagt?
- Wie oft hat Ihr gutes Nein eine Katastrophe ausgelöst? Und wie oft ist es gut gegangen?
- Wurde Ihr Nein von fair denkenden Menschen respektiert?

Die Drei-Finger-Regel

So können Sie ein Nein aussprechen, das für beide Seiten fair ist: Der Daumen nach oben steht für Ihre Wertschätzung, Ihren Respekt oder Ihre Zuneigung: Behalten Sie Ihren Respekt gegenüber dem anderen und zeigen Sie ihm Ihre Zuneigung, wenn Sie das möchten.

Der Zeigefinger steht für das, was Sie verstehen können, und das, was Sie gut finden: Sagen Sie Ihrem Gegenüber, was Sie in seinem Denken und Fühlen verstehen, und machen Sie eine kleine Pause, damit der andere Ihnen glauben kann, dass er verstanden und respektiert wird. Damit schlagen Sie eine wichtige Brücke zu ihm. Sagen Sie ihm auch, was Sie gut finden an Ihrem Miteinander und was Sie mit ihm tun möchten.

Der Mittelfinger steht für das, was Sie nicht wollen: Sagen Sie, wo Ihre Grenze ist, was Sie nicht gut finden und nicht möchten. Wichtig für ein faires Nein ist, dass Sie Ihren Mittelfinger nicht ohne die anderen beiden Finger zeigen …

Wenn Sie bei Ihrem Nein die Drei-Finger-Regel beachtet haben, ist es sehr wahrscheinlich, dass Sie ein faires Statement abgegeben haben, mit dem Sie beide Meinungen berücksichtigt und Ihren Standpunkt klar dargestellt haben. Anschließend können Sie gemeinsam nach einer fairen Lösung suchen. Wenn Ihr Gegenüber Zeit dafür braucht – lassen Sie ihm Zeit. Wenn der andere an einer fairen Lösung nicht interessiert ist, können Sie zu ihm auf Distanz gehen. Und anschließend weiter in die Richtung, die Ihren Werten und damit auch Ihrer Vorstellung von Fairness entspricht.

Zugegeben: Herauszufinden, was genau Sie wollen und was Sie nicht wollen, kann etwas mühsam sein. Aber es lohnt sich. Denn es ist notwendig, um herauszufinden, welchen Weg Sie gehen wollen. Und Ihren eigenen Weg zu gehen ist das Beste, was Sie machen können. Sogar Ihre Mitmenschen haben etwas davon: Sie wissen, mit wem sie es zu tun haben, wie es Ihnen geht, wie sie Ihnen helfen können und was Sie wollen und was nicht.

Mit ein bisschen Übung werden Sie die Drei-Finger-Regel immer besser anwenden können. Ein vertrauter Freund wird Ihnen gerne helfen herauszufinden, was Sie möchten und wo Ihre fairen Grenzen sind. Freuen Sie sich mit ihm über kleine Erfolge mit der Drei-Finger-Regel und über erste Verbesserungen. Lassen Sie nicht locker, denn auf eine faire Weise Nein sagen zu können, ist Gold wert. Ihre wachsende Fähigkeit, für Ihre Bedürfnisse und Grenzen einzustehen und dabei gleichzeitig mit Ihrem Gegenüber gut umzugehen, wird Ihrem kindlichen Aufpasser zunehmend mehr Sicherheit geben und ihm seine Angst vor Konflikten nehmen.

Mit folgenden Botschaften können Sie bei Ihrem kindlichen Aufpasser die Angst vor dem Neinsagen lindern oder sie ihm sogar ganz nehmen:

- »Wenn ich auf eine faire Weise Nein sage und mich fair verhalte, brauche ich kein schlechtes Gewissen zu haben. Ich muss nicht immer ›die gerechte Mitte‹ finden, sondern kann das Negative neben das Positive stellen, so, wie ich es für realistisch halte.«
- »Wer fair denkt, akzeptiert mein faires Nein und mag mich weiterhin.«
- »Solange jemand auf ein faires Nein beleidigt reagiert, ist höchstwahrscheinlich sein kindlicher Aufpasser aktiv, der ihn vor Herabsetzungen schützen möchte – der Wert des anderen und mein Wert bleiben dabei unverändert hoch. Und: Niemand schmollt ewig.«
- »Mit meinem Nein kann ich – genauso wie mit meinem Ja – meinem inneren Kind zeigen, dass ich seine Bedürfnisse ernst nehme.«
- »Wenn ich öfter auf eine faire Weise Nein sage, respektiere ich mich mehr und werde auch von anderen mehr respektiert.«
- »Leider müssen wir manchmal eine unfaire Behandlung hinnehmen. An unserem Wert und unseren Fähigkeiten kann das aber nichts ändern.«
- »Damit ich nicht zu viel Unfaires schlucke und dadurch die Welt immer negativer sehe, ist es wichtig, dass ich mit fairem Neinsagen für mich sorge.«
- »Es ist erlaubt, eine andere Meinung zu haben als andere. Manchmal habe ich eine zutreffendere Meinung als andere, und das ist gut so.«
- »Je verlässlicher und kontinuierlicher jemand Respekt zeigt, desto mehr kann ich ihm vertrauen.«
- »Recht zu haben ist völlig in Ordnung. Rechthaberei ist ein kindlicher Versuch, sich wichtiger und wertvoller zu machen.«

Was realistisch ist, können wir meist am besten gemeinsam herausfinden.«
- »Ich kann ein lieber Mensch bleiben und dennoch, wenn ich es möchte, meinen Ärger zeigen.«
- »Ein faires Nein ist meistens ein freundliches Nein. Wenn darauf aber nicht reagiert wird, kann auch ein deutliches Nein notwendig und immer noch fair sein.«
- »Ich möchte mich um das Wohl der anderen kümmern und um meine eigenen Bedürfnisse – am besten in dem Maß, wie ich es meiner virtuellen Freundin empfehlen würde.«

1. Notieren Sie sich jede Woche zwei oder drei Botschaften, die Sie besonders positiv berühren.
2. Genießen Sie Ihre Wohlfühlpakete aus positiver, realistischer Botschaft und den angenehmen Gefühlen, die sie in Ihnen hervorrufen. Tun Sie das mindestens zweimal am Tag – oder öfter, wenn Sie mögen.

Eine genauere Anleitung, wie Sie von einer realistischen Botschaft zu einer tragfähigen Überzeugung kommen, finden Sie im Abschnitt »Von der guten Idee zur starken Überzeugung – mit dem Wohlfühlpaket« (siehe S. 77 ff.).

»Alle finden dich doof« – 80 Prozent der Leute akzeptieren oder mögen Sie

Tina S.: »Seit ein paar Wochen würde ich mich am liebsten verkriechen und gar nicht mehr aus meiner Wohnung herauskommen.«

Burkhard D.: »Das hört sich so an, als ob es außerhalb Ihrer Wohnung eine furchtbare Bedrohung gäbe.«

TS: »So fühlt es sich auch an. Ich habe immer das Gefühl, dass die Leute nur darauf warten, mich runterzumachen. Am Samstag war ich auf einer Party und habe mich einfach schrecklich gefühlt, weil ich dachte, dass mich alle hässlich und langweilig finden. Gleichzeitig weiß ich, dass das Blödsinn ist. Trotzdem bin ich mit niemandem ins Gespräch gekommen, nach einer Stunde bin ich völlig frustriert nach Hause gefahren. Am besten wäre ich gar nicht erst hingegangen.«

BD: »Was Sie beschreiben, hört sich an wie ein innerer Dialog, in dem die eine Seite panische Angst davor hat, dass Sie abgelehnt werden, und die andere Seite zwar gelassener und realistischer denkt, sich aber gegen die ängstliche und viel lautere Seite nicht durchsetzen kann.«

TS: »Ja, das passt.«

BD: »Ich würde vorschlagen, die ängstliche Seite Ihrer kindlichen Aufpasserin zuzuordnen und die gelassenere Ihnen als der inneren Erwachsenen. Wie geht es Ihrer Aufpasserin jetzt, wenn Sie an die Party denken?«

TS: »Sie hat einen Stresslevel von 8! Allein die Erinnerung an die Blicke der Leute macht ihr wieder panische Angst.«

BD: »Was hätte denn in ihrer Fantasie schlimmstenfalls passieren können? Was war für sie so bedrohlich an den Blicken der Leute?«

TS: »Sie sagt, dass die Leute denken könnten, dass ich so langweilig und abstoßend bin, dass sie nichts mit mir zu tun haben möchten.«

BD: »Das klingt schrecklich. Um die Angst Ihrer Aufpasserin noch besser zu verstehen, können wir sie fragen, wie viel Prozent der Menschen Sie ihrer Meinung nach ablehnen.«

TS: »Wenn sie richtig Alarm schlägt, sagt sie, dass mich mindestens 80 Prozent der Leute ablehnen.«

BD: »Das ist wirklich eine unangenehme Vorstellung – kein Wunder, dass Ihre kindliche Aufpasserin Alarm schlägt, wenn sie das befürchtet. Schließlich ist es ihre Aufgabe, jegliche Bedrohungen zu melden, die sie wahrnimmt. Was sagt Ihre kindliche Aufpasserin, wenn sie das von mir hört?«

TS: »Sie fühlt sich zumindest verstanden. Trotzdem kann sie sich noch nicht wirklich beruhigen.«

BD: »Das kann ich gut verstehen: Die Gefahr, abgelehnt zu werden, scheint nach wie vor zu bestehen.«

»Du bist peinlich!«; »Du bist hier unerwünscht«; »Keiner mag dich!«: Warum klingen diese Sätze so schlimm in unseren Ohren? Von Kindesbeinen an sind wir darauf angewiesen, dass wir gehört und angenommen werden, Zuneigung und Anerkennung bekommen. Da wir auf all dies nicht verzichten können, kennt jeder die Warnungen seines kindlichen Aufpassers, dass wir abgelehnt werden könnten. »Wenn du so weitermachst, will niemand mehr etwas mit dir zu tun haben«; »Kein Wunder, dass die anderen dich nicht mögen: Du hast dir schon wieder einen deiner idiotischen Fehler geleistet«; »Du bist zu laut, zu still, zu dumm, zu schlau, zu dick, zu dünn, zu langweilig, zu albern, zu korrekt, zu unzuverlässig, deine Haare zu glatt oder zu lockig …«

Ein engagierter innerer Aufpasser sucht und findet jederzeit Gründe dafür, dass wir in den Augen der anderen nicht gut genug oder sogar abstoßend sind. Die anderen werden dabei ängstlich beobachtet: »Er hat dich nicht gegrüßt«; »Die lachen über dich«; »Niemand ruft an«; »Sie ist schlanker als du.« Jeden Blick, jede Geste, sogar jedes Lachen kann unser kindlicher Aufpasser als einen Beweis der Ablehnung deuten. Grundlage für diese Quälerei ist die Vorstellung: »Wenn die anderen denken, dass du minderwertig bist, dann bist du es auch.« Eine logische Schlussfolgerung unseres Aufpassers: »Versuche, ihre Erwartungen zu erfüllen, dann sind sie vielleicht mit dir zufrieden!«

Botschaften, die uns dazu drängen, uns der Meinung und den Erwartungen anderer anzupassen, können uns zwar unter Druck setzen, sie können aber auch sehr nützlich sein: Schon als Kind lernen wir auf diese Weise, die Meinungen und Bedürfnisse anderer zu beachten. Wir Menschen sind Gemeinschaftswesen, und Anpassung ist eine wesentliche Fähigkeit, wenn es darum geht, in Gemeinschaft mit anderen zu leben. Andere zu respektieren und auf sie einzugehen sichert uns die Zuneigung und Anerkennung, die wir ein Leben lang brauchen. Außerdem brauchen wir die Rückmeldung der anderen, um von ihnen Fairness zu lernen, um eigene Fehler zu erkennen und mit ihnen zusammenzuarbeiten. Die Nachteile des inneren Drangs zur Anpassung: Wer sich den Bedürfnissen anderer zu sehr anpasst, stellt seine eigenen Interessen zu weit in den Hintergrund und macht sein Selbstwertgefühl von den Gedanken anderer abhängig. Im Extremfall entdeckt der kindliche Aufpasser überall »Beweise« für Ablehnungen, sodass ein generelles Misstrauen entsteht. Lob und Zuneigung können dann irgendwann nicht mehr angenommen werden. Rückzug, Einsamkeit, Minderwertigkeitsgefühle und sogar Depressionen können die Folge sein.

Ein engagierter kindlicher Aufpasser hat selbstverständlich Strategien parat, um der Gefahr des Abgelehntwerdens zu begegnen. Eine angepasst-defensive Variante lautet: »Tu, was die anderen von dir wollen, dann sind sie auch mit dir zufrieden.« Die konsequent-defensive Variante: »Zieh dich zurück, dann muss du dir die Ablehnung der anderen wenigstens nicht noch ansehen.« Beide Varianten haben den Nachteil, dass eigene Bedürfnisse auf der Strecke bleiben und die Angst, letztlich unerwünscht und minderwertig zu sein, scheinbar bestätigt wird.

Eine radikal-aggressive Variante, auf Ablehnungen zu reagieren: »Wer mich kritisiert, wird zum Schweigen gebracht.« Sie wird zum Beispiel von cholerischen Vorgesetzten angewendet, die aufgrund ihrer kindlichen Ängste vor Abwertung und Entmachtung überreagieren, anstatt zu kooperieren. Ebenfalls nicht unproblematisch ist die narzisstische Vorwärtsverteidigung mit einer großartigen Fassade nach dem Motto: »Solange du mit deinem Äußeren, deinen Fähigkeiten und deiner Macht beeindrucken kannst, wirst du immer genug Respekt und Bewunderung bekommen.« Der Vorteil dieser Strategie ist, dass das eigene Potenzial entfaltet wird; aus manchen eigenen Fähigkeiten wird alles herausgeholt. Zu ihrer Schattenseite kann eine narzisstische Rücksichtslosigkeit bis hin zur Verachtung anderer gehören. Außerdem erfordert diese Variante dauernde Höchstleistungen und beinhaltet die permanente Gefahr, dass die anderen nicht mehr beeindruckt sind oder jemand anders noch beeindruckender auftritt.

> Burkhard D.:»Nachdem Sie herausgefunden haben, was Ihre Aufpasserin befürchtet, wäre der nächste Schritt die Überprüfung, wie realistisch ihre Befürchtung ist. Ist es wirklich realistisch, dass durchschnittlich acht von zehn Menschen Sie ablehnen?«
>
> Tina S.:»Nein, so viele werden es wohl nicht sein. Vielleicht eher fünf oder sechs.«
>
> BD:»Okay. Wichtig ist allerdings, dass wir hier von echter Ablehnung sprechen. Diejenigen, die kaum auf Sie achten oder Sie einfach so akzeptieren, wie Sie sind, zählen natürlich nicht dazu. Wie viele Menschen würden Sie tatsächlich als abstoßend empfinden?«
>
> TS:»Dann sind es höchstens ein bis zwei von zehn.«
>
> BD:»Das erscheint mir durchaus realistisch – insbesondere wenn Sie sagen, dass es *höchstens* ein bis zwei sind. Wenn wir noch einen Schritt weiter gehen, indem wir diese negative Formulierung ins Positive drehen, bekommen wir folgende Aussage: Mindestens 80 Prozent der Menschen akzeptieren oder mögen Sie so, wie Sie sind. Würden Sie sagen, dass das realistisch ist?«
>
> TS:»Es fühlt sich etwas fremd an, aber ich denke, dass es realistisch ist.«
>
> BD:»Wie geht es Ihnen, wenn Sie das noch einmal überprüfen? Und damit realisieren, dass tatsächlich so viele Menschen Sie akzeptieren oder mögen?«
>
> TS:»…Gut.«
>
> BD:»Woraus besteht ›gut‹ jetzt gerade, welche Gefühle können Sie in Ihrem Körper dabei spüren?«
>
> TS:»Wenn ich erkenne, wie viele Menschen mich akzeptieren oder mögen, kann ich Leichtigkeit und Freude in meinem Herzen spüren. Und Sicherheit und Ruhe.«

BD: »Wunderbar! Was Sie gerade erleben, ist sehr wertvoll. Wie würde es Ihnen gehen, wenn Sie diese realistische Einschätzung so oft überprüft und sich darüber gefreut haben, dass sie für Sie selbstverständlich geworden ist?«

TS: »Viel besser! Ich glaube, im Moment brauche ich gar nicht viel mehr als das.«

BD: »Was sagt Ihre kindliche Aufpasserin dazu, welchen Stresslevel hat sie jetzt?«

TS: »Ich würde sagen, 2 bis 3. Sie fände es, glaube ich, gut, wenn ich das immer wieder überprüfe und es für uns normal werden könnte.«

Um zu überprüfen, wie realistisch die Angstfantasie ist, abgelehnt zu werden, eignet sich aus dem in Kapitel 2 beschriebenen Werkzeugkasten insbesondere die Skala von 0 bis 10 beziehungsweise von 0 bis 100 Prozent. Fragen Sie Ihren kindlichen Aufpasser: Wie viele von zehn Menschen lehnen uns in deiner Fantasie ab? In seiner Angst glaubt der kindliche Aufpasser meist, dass das befürchtete Unglück nicht nur sehr groß ist, sondern auch mit einer Wahrscheinlichkeit von 80 bis 100 Prozent eintreten wird. Eine wohlwollende Rückmeldung an ihn könnte so klingen: »Wenn du tatsächlich glaubst, dass uns 80 bis 100 Prozent der Leute ablehnen, kann ich gut verstehen, dass du mich warnen willst.« Dieses Verständnis wirkt vor allem dann versöhnlich, wenn Sie Ihren kindlichen Aufpasser bisher eher ignoriert, bekämpft oder beschimpft als beruhigt haben.

Beim nächsten Schritt der Realitätsüberprüfung sind Sie als der realistisch denkende innere Erwachsene gefragt: Wie viele von zehn Menschen lehnen Sie wirklich ab und denken, dass Sie abstoßend sind? Eine realistische Antwort lautet meist: »Maximal zwei von zehn.« Das bedeutet aber im Umkehrschluss, dass mindestens 80 Prozent der Leute Sie akzeptieren oder mögen, so wie Sie sind. Im nächsten Schritt können Sie eine realistische, positive Überzeugung aufbauen, indem Sie diese Aussage überprüfen – und bestätigen, wenn sie realistisch ist.

Wenn Sie möchten, können Sie hier auch Ihre virtuelle Freundin zum Einsatz bringen, die ja genau das gleiche Leben lebt wie Sie. Was meinen Sie? Wie viele Menschen lehnen Ihre virtuelle Freundin tatsächlich ab, und wie viele akzeptieren oder mögen sie? Probieren Sie höhere und niedrigere Einschätzungen aus – was ist realistisch?

Ein weiterer Aspekt: Wie schlimm wäre es, wenn andere Sie ablehnen sollten? Oft stellt sich schnell heraus, dass eine Ablehnung erstens mehr mit den Problemen desjenigen zu tun hat, der Sie ablehnt, und zweitens keinerlei ernsthafte Auswirkungen auf Ihr Leben hat.

Hier sind einige positive und realistische Botschaften zu dem Thema:

- »Mindestens 80 Prozent der Menschen akzeptieren oder mögen mich so, wie sie mich wahrnehmen.«
- »Wie liebenswert ist mein virtueller Freund? Genauso liebenswert bin ich. Was ihn liebenswert macht, macht auch mich liebenswert.«
- »Wer andere übertrieben kritisiert oder sogar verurteilt, hat einen kindlichen Tunnelblick und lebt wahrscheinlich selbst in einer kindlich-ängstlichen Fantasiewelt voller Ablehnung.«
- »Ich gehöre immer noch zu den vielen Menschen, die von den meisten anderen akzeptiert oder gemocht werden.«
- »Ich werde gemocht. Das ist auch so, wenn ich allein bin, wenn ich Fehler mache oder jemand schlecht über mich denkt.«
- »Mein Wert ist vollkommen unabhängig von dem, was jemand denkt, sagt oder tut.«
- »Ich bin und bleibe genauso wertvoll wie mein virtueller Freund – egal was andere denken. Ich kann also meinen eigenen Weg gehen.«
- »Wenn ich meinen eigenen Weg gehe, mögen mich die Leute, die zu mir passen.«

Wie können Sie sich Botschaften zu eigen machen, die Sie für realistisch halten?

1. Notieren Sie sich jede Woche zwei oder drei Botschaften, die Sie besonders positiv berühren.
2. Überprüfen Sie die Botschaften noch einmal und genießen Sie Ihre Wohlfühlpakete aus positiver, realistischer Botschaft und den angenehmen Gefühlen, die sie in Ihnen hervorrufen. Zweimal am Tag – oder öfter, wenn Sie mögen.

Eine genauere Anleitung, wie Sie von einer realistischen Botschaft zu einer tragfähigen Überzeugung kommen, finden Sie im Abschnitt »Von der guten Idee zur starken Überzeugung – mit dem Wohlfühlpaket« (siehe S. 77 ff.).

»Du musst alles perfekt machen« – gut genug reicht auch

Martina M.: »Bevor ich meinem Meister eine Arbeit zeige, kontrolliere ich alle Oberflächen und Verbindungen mindestens zehnmal. Gleichzeitig weiß ich: Dauernd alles zu geben und alles 150-prozentig machen zu wollen, ist wahnsinnig anstrengend und eigentlich auch überflüssig, weil eine Kontrolle ausreichend wäre.«

Burkhard D.: »Das klingt, als ob Sie dauernd an Ihrer Arbeit zweifeln, obwohl Sie wissen, dass Sie gut genug sind.«

MM: »Ja, genau. Ich weiß, dass ich eigentlich nicht mehr Fehler mache als meine Kollegen. Im Gegenteil, durch dieses Immer-wieder-Kontrollieren habe ich kaum Fehler in meiner Arbeit.«

BD: »Der innere Konflikt, den Sie schildern, hört sich an wie eine innere Diskussion: Eine Seite hat anscheinend große Angst vor Fehlern und treibt Sie deswegen dauernd zu Kontrollen an. Die andere sagt, dass das überflüssig ist, sie scheint allerdings keine Chance gegen die erste zu haben.«

MM:»Ja, dieses panische Kontrollieren passt genau zu meiner inneren Aufpasserin, die eine furchtbare Angst hat, dass ich etwas falsch machen könnte.«

BD:»Welchen Stresslevel hat sie, wenn wir darüber sprechen?«

MM:»Wenn ich jetzt an meine Arbeit denke, liegt ihr Stresslevel bei 8 bis 9.«

BD:»Und was könnte in der Fantasie Ihrer kindlichen Aufpasserin schlimmstenfalls passieren, wenn Ihnen etwas durchrutscht und Sie einen Fehler machen?«

MM:»Darüber mag ich gar nicht nachdenken: Da kommt immer die Vorstellung, dass mein Meister mich für unfähig hält oder die Kollegen hinter meinem Rücken über mich lästern.«

BD:»Was sagen Sie als die innere Erwachsene denn zu der Angst, für unfähig gehalten zu werden?«

MM:»Das ist, wie gesagt, eine schreckliche Vorstellung für mich. Wenn ich aber jetzt darüber nachdenke, ist das eigentlich Unsinn. Es wird zwar manchmal ein Spruch gemacht, wenn jemand etwas übersehen hat, aber mehr kommt da eigentlich nicht von den Kollegen. Und auch nicht vom Meister.«

BD:»Wie geht es Ihrer kindlichen Aufpasserin damit?«

MM:»Sie ist ein bisschen ruhiger, aber ihr Stresslevel ist immer noch bei 6.«

BD:»Dann würde ich sie gerne noch einmal fragen, was schlimmstenfalls passieren könnte, wenn die Kollegen und der Chef nicht mehr das Problem sind.«

MM:»Sie sagt, dass mein Vater von mir enttäuscht sein könnte. Das fühlt sich ziemlich schrecklich an.«

BD:»Haben Sie Angst vor ihm, oder möchten Sie nicht, dass es ihm schlecht geht?«

MM:»Er will immer alles 150-prozentig haben, und ich möchte nicht, dass er sich meinetwegen Sorgen macht. Ich glaube, dass er sich immer viel zu viele Sorgen gemacht hat, auch wenn er das kaum gezeigt hat. Trotz seiner Härte hat er auch ein weiches Herz.«

BD: »Die Angst Ihrer kindlichen Aufpasserin kann ich jetzt besser verstehen: Sie möchte jeden Fehler vermeiden, damit sich Ihr Vater keine Sorgen machen muss. Natürlich wäre das nicht schön, aber was ist für sie daran so bedrohlich? Was könnte in ihrer kindlichen Fantasie schlimmstenfalls passieren, wenn Ihr Vater sich um Sie Sorgen macht?«

MM: »Sie sagt, dass ich dann eine schlechte Tochter wäre.«

BD: »Das hört sich hart an. Hätte das auch Auswirkungen auf Ihr Selbstwertgefühl?«

MM: »Ja, natürlich. Wenn ich eine schlechte Tochter wäre, wäre es vielleicht noch bei 2 bis 3.«

BD: »Ich vermute, dass wir gerade etwas ganz Wichtiges verstanden haben. Denn wenn man mit einem so geringen Selbstwertgefühl leben muss, hat man kaum noch eine Lebensqualität.«

Wenn unser kindlicher Aufpasser uns antreibt, damit wir ein Gefühl von innerer Trägheit überwinden, oder wenn er uns vor schweren Fehlern warnt, kann er uns sehr nützlich sein. Dann hilft er uns, unsere Sache gut zu machen und unsere Fähigkeiten auf gute Weise einzusetzen. Wenn er aber immer wieder die radikalen Botschaften des Perfektionismus aus dem Regal seiner Wahrheiten holt, hört der Spaß auf: »Du musst immer 150 Prozent geben!«; »Wenn du nachlässt, bricht alles zusammen«; »Jeder Fehler ist ein schwerer Fehler«; »Wer Fehler macht, macht sich lächerlich«; »Je weniger du leistest, desto weniger bist du wert«; »Noch ein Fehler und du wirst rausgeschmissen«; »Wenn du durchschnittlich bist, bist du in den Augen der wichtigen Leute ein Versager.«

Natürlich kann sich diese perfektionistische Quälerei auch auf das eigene Aussehen oder andere Eigenschaften beziehen: »Wenn du nicht top aussiehst, bist du abstoßend«; »Wenn du nicht zu 100 Prozent souverän und schlagfertig bist, merken alle, was für ein Trottel du bist.« Der Weg zur Selbstbeschimpfung ist dann nicht weit: »Ich hab es schon immer gewusst: Du bist unfähig, dumm und minderwertig.« Wenn wir solchen Botschaften konsequent folgen, werden wir bald nur noch »funktionieren«, wir werden zum Sklaven unseres kindlichen Aufpassers. Wie eine Maschine arbeiten wir nur noch eine Pflicht nach der anderen ab und scheitern an unseren eigenen Ansprüchen. Unsere Bedürfnisse spielen dabei kaum noch eine Rolle. Durch die Angst, nicht gut genug zu sein, haben wir ständig das Gefühl, trotz aller Anstrengung am Abgrund zu stehen. Wenn wir unsere Erfolge überhaupt noch anerkennen können, zählen sie nur so lange, bis die Angst vor dem nächsten Fehler hochkommt. Weil wir dauernd über die eigenen Grenzen gehen müssen, um den unmenschlichen Ansprüchen unseres inneren Aufpassers gerecht zu werden, ist der Schritt zum Burn-out nicht mehr weit.

> Burkhard D.: »Um herauszubekommen, was an den Ängsten Ihrer kleinen Aufpasserin realistisch und was übertrieben ist, schlage ich Folgendes vor: Überlegen Sie, was Sie Ihrer virtuellen Freundin sagen würden, wenn sie in genau Ihrer Situation stecken würde.«
>
> Martina M.: »Das ist nicht ganz leicht, aber ich glaube, ich würde ihr sagen, dass sie sich nicht so viele Sorgen machen sollte. Die Kollegen und ihr Meister scheinen ja mit Fehlern kein großes Problem zu haben.«
>
> BD: »Das scheint mir realistisch zu sein. Noch eine Frage dazu: Wie viele Fehler könnten Sie sich leisten, um so gut zu sein wie Ihre Kollegen?«
>
> MM: »Auf jeden Fall mehr, als ich jetzt mache.«
>
> BD: »Wie wäre es, wenn Sie nicht mehr dauernd 100 Prozent geben würden, sondern nur noch 80 Prozent?«
>
> MM: »Wahrscheinlich wäre ich dann auch nicht schlechter als meine Kollegen. Auf jeden Fall würde ich schneller werden und mich nicht dauernd so fertigmachen.«
>
> BD: »Und was sagt Ihre kindliche Aufpasserin dazu?«
>
> MM: »Sie ist etwas beunruhigt bei der Vorstellung. Aber auch wieder beruhigt, wenn sie sieht, dass ich dann gegenüber meinen Kollegen auch nicht negativ auffallen würde.«

BD: »Ich nehme an, dass sie mit diesen Gedanken erst noch ein paar gute Erfahrungen machen muss. Wenn ich jetzt an ihre Angst vor der Enttäuschung Ihres Vaters denke – was würden Sie Ihrer virtuellen Freundin dazu sagen?«

MM: »Na ja, eigentlich muss sie sich ja nicht verrückt machen, nur weil ihr Vater sich verrückt macht. Auf jeden Fall würde ich ihr sagen, dass sie keine schlechte Tochter wäre, wenn sie nicht alles 150-prozentig macht, so wie es ihr Vater gerne hätte. Und schon gar nicht weniger wert. Vielleicht könnte sie sogar ihrem Vater das Ganze erklären.«

BD: »Dann haben wir also Folgendes herausgefunden: Wenn Sie bei Ihrer Arbeit nur noch 80 Prozent geben, läuft es insgesamt besser, als wenn Sie sich dauernd antreiben, 100 Prozent zu geben. Und: Ihr Wert ist mit Fehlern genauso hoch wie ohne Fehler. Er scheint außerdem unabhängig von dem zu sein, was Ihr Vater denkt oder fühlt. Wie geht es Ihnen, wenn Sie das sehen?«

MM: »Gut! Ich spüre Erleichterung in meinem Bauch. Und Freude, etwas mehr Sicherheit und Selbstvertrauen.«

BD: »Am besten schreiben Sie die neuen Botschaften einmal auf, dann können Sie sie immer wieder überprüfen und natürlich auch bestätigen. Wenn Sie dann die angenehmen Gefühle immer wieder genießen, die Sie dabei spüren können, werden diese Botschaften langsam zu Ihrer festen Überzeugung werden.«

Wenn Ihr kindlicher Aufpasser Sie zu perfekten Leistungen antreibt, können Sie viele seiner Botschaften mit Hilfe der Skalen von 0 bis 10 beziehungsweise von 0 bis 100 Prozent einschätzen und überprüfen. Stellen Sie, je nach Botschaft, folgende Fragen:

- »Jeder Fehler ist eine Katastrophe!« – »Wie schwer sind meine Fehler tatsächlich auf einer Skala von 0 bis 10? Wie viele Fehler machen Kollegen, die eine vergleichbare Arbeit machen? Wie viel habe ich schon durch meine Fehler gelernt?«

- »Du machst nur noch Fehler!« – »Wie viel Prozent meiner Arbeit sind richtig?«
- »Die reden schlecht über dich!« – »Welche Person könnte genau was sagen? Wie wahrscheinlich (in Prozent) und wie schlimm (von 0 bis 10) wäre das tatsächlich? Hätte der Betreffende einen erwachsenen, realistischen Überblick oder einen kindlichen Tunnelblick? Wie abhängig bin ich tatsächlich von der Meinung dieser Person?«
- »Du bist eine Versagerin!« – »Was genau ist ein Versager? Jemand, der alles falsch macht, oder jemand, der minderwertig ist, weil er zu viel falsch macht? Was würde ich meiner virtuellen Freundin sagen, die genauso viel richtig und falsch macht wie ich? Wäre sie durch ihre Fehler weniger wert? Was sind meine Fähigkeiten, mit denen ich geschätzt werde?«
- »Dein nächster Fehler wird dich deinen Job kosten!« – »Wie wurde mit Kollegen umgegangen, die vergleichbare Fehler gemacht haben? Wie abhängig bin ich von meinem Arbeitsplatz?«
- »Du musst immer 150 Prozent geben!« – »Wie lange kann man das durchhalten? Wie wird die Qualität meiner Arbeit sein, wenn ich meist 80 Prozent gebe und noch 20 Prozent meiner Energie für mich übrig habe? Wie viel Prozent Arbeitseinsatz würde ich meiner virtuellen Freundin empfehlen?«
- Fragen Sie sich auch: »Für wen will ich es perfekt machen? Sind die Ansprüche dieser Person auch meine?«
- Fragen Sie Ihre Freunde, was sie denken, wenn Sie nicht perfekt sind. Um Ihren kindlichen Aufpasser zu überzeugen, sollten Sie unbedingt darauf achten, ob ihre Antworten ehrlich sind.
- Für die Erfolgsmenschen: Gehören Sie zu denen, die mit ihrem Erfolg ihren Selbstwert steigern möchten? Damit können Sie aufhören, weil es unmöglich ist! Welchen Preis sollen Sie und Ihre Lieben dafür zahlen? Für welche Werte wollen Sie wirklich leben, und was wollen Sie an Menschen weitergeben, die Ihnen wichtig sind?

Mit der Realisierung folgender Botschaften können Sie Ihren kindlichen Aufpasser beruhigen:

- »Ich bin sehr wertvoll, wenn ich alles richtig mache, und ich bin genauso wertvoll, wenn ich Fehler mache. Das war immer so, und es wird immer so sein.«
- »Wir können (und werden) Fehler machen, aber niemals ein Fehler sein.«
- »Richtig gut bin ich, wenn ich es schaffe, einen Fehler zu machen und ihn nicht schlimm zu finden.«
- »Der Wert meines Handelns und mein Selbstwert sind völlig unabhängig von den Gedanken und Erwartungen anderer Menschen.«
- »Die meisten Menschen freuen sich viel lieber mit mir, als sich über meine kleinen Fehler zu ärgern.«
- »Wenn ich für die Arbeit 80 Prozent gebe, ist das meist genug. Ich kann viel länger durchhalten, und ich habe noch 20 Prozent für mich.«
- »Gut genug reicht tatsächlich auch.«
- »Das Unperfekte kann verbinden, weil es für alle Beteiligten wie eine Erlaubnis ist, unperfekt zu sein.«
- »Es gibt Dinge, die ich machen *muss*. Die meisten Dinge *muss* ich nicht tun – ich *kann* sie aber tun, wenn ich es *möchte*. Und *lassen*, wenn ich sie nicht machen *möchte*.«
- »Wenn ich etwas wirklich perfekt machen möchte, kann ich es versuchen, aber ich muss es nicht.«
- »Ich darf genauso viele Fehler machen wie alle anderen.«
- »›Versager‹ gibt es tatsächlich gar nicht.«
- »Wer zu hart über die Fehler anderer denkt, denkt meist auch zu hart über seine eigenen.«
- »Ich werde gemocht, wenn ich keine Fehler mache, und ich werde gemocht, wenn ich welche mache.«
- »Wenn der Fehler meines virtuellen Freundes nicht größer war als 3 von 10, kann meiner auch nicht größer gewesen sein.«

- »Ich setze mir meine Ziele immer wieder so, dass sie mir und meinen Möglichkeiten entsprechen.«
- »Ich sehe genauso gut aus wie meine virtuelle Freundin – das betrifft ihre Ausstrahlung, Augen, Figur, Nase usw. Ich bin genauso liebenswert wie meine virtuelle Freundin.«
- »Am besten investiere ich pro Woche genauso viele Stunden in Erholung und Selbstfürsorge, wie ich es meiner virtuellen Freundin empfehlen würde.«
- »Während ich mir die angenehmsten Ruhepausen gönne, bleibt mein Wert völlig unverändert. Und nachdem ich mich erholt habe, werde ich garantiert wieder aktiv werden wollen.«
- »Wenn ich meinen Wert von meinen Leistungen abkopple, bin ich frei.«

Auch diese positiven Botschaften können Sie sich durch Realitätsüberprüfungen zu eigen machen. Fragen Sie sich: »Stimmt das?«; »Ist dieser Satz realistisch?«; »Würde ich das meinem virtuellen Freund sagen?« Wenn Sie einen Satz als realistisch bestätigen können, spüren Sie nach, welche angenehmen Gefühle er in Ihrem Körper – beispielsweise Ihrem Bauch oder Ihrem Herzen – auslöst, und genießen Sie den Satz zusammen mit seiner positiven Wirkung.

Schreiben Sie zwei oder drei positive und realistische Sätze und die dazugehörigen Gefühle wie »Erleichterung«, »Ruhe«, »Freude«, »Hoffnung«, »Motivation«, »Wärme« auf einen Zettel und hängen Sie ihn zum Beispiel an Ihren Kühlschrank. Schauen Sie sich Ihre Sätze zweimal täglich an und genießen Sie dabei immer wieder die Gefühle, die sie begleiten. Eine genauere Anleitung, wie Sie von einer realistischen Botschaft zu einer tragfähigen Überzeugung kommen, finden Sie im Abschnitt »Von der guten Idee zur starken Überzeugung – mit dem Wohlfühlpaket« (siehe S. 77 ff.).

»Du bist schuld!« – wie sich Schuld in heiße Luft auflöst

Sarah K.: »Wie konntest du ihr das antun? Obwohl es von vornherein klar war, wie enttäuscht sie sein wird, hast du Mutti einfach abgesagt. Weil du angeblich zu viel zu tun hattest. Dabei stimmt das gar nicht: Du hättest ihr den Gefallen tun können – Zeitdruck hast du sowieso. Aber dir macht es ja nichts aus, dass sie wieder allein und unglücklich ist. Was bist du für eine Egoistin und was für eine herzlose, undankbare Tochter!« Nachdem ich mich dazu durchgerungen hatte, den Sonntagskaffee mit meiner Mutter abzusagen, predigte mir meine Aufpasserin den ganzen Tag über solche Botschaften.«

Burkhard D.: »Wir brauchen also gar nicht lange zu fragen, was Ihre Aufpasserin befürchtete. Nachdem Sie abgesagt hatten, war die Katastrophe schon eingetreten: Jetzt sind Sie eine herzlose Egoistin und schuld an dem Unglück Ihrer Mutter.«

SK: »Sie wiederholt dauernd die Kommentare meiner Mutter: ›Für dich ist es doch kein Problem, du kannst doch wohl fünf Minuten vorbeischauen, du weißt doch, dass ich sonst den ganzen Tag allein bin.‹«

BD: »Lassen Sie uns doch einmal Ihre kindliche Aufpasserin fragen, was so schlimm daran ist, Ihre Mutter zu enttäuschen. Wie hoch ist ihr Stresslevel bei dem Thema?«

SK: »In dem Moment, in dem das Wort ›enttäuschen‹ fällt, ist sie wieder bei 9 bis 10!«

BD: »Was könnte ihrer Meinung nach schlimmstenfalls passieren, wenn Sie Ihre Mutter enttäuschen?«

SK: »Das Schlimmste ist eigentlich schon passiert: Meine Mutter ist unglücklich, und ich bin wieder daran schuld.«

BD: »Was macht es mit Ihnen, wenn Sie sich schuldig fühlen?«

SK: »Ich habe das Gefühl, eine schlechte Tochter zu sein – undankbar und egoistisch. Und mein Selbstwertgefühl ist am Boden. Gleichzeitig fühle ich mich aber auch eingeengt von meiner Mutter.«

BD: »Was sagt Ihre kindliche Aufpasserin dazu?«

SK: »Sie sagt, ich hätte tun müssen, was meine Mutter wollte, dann wäre das alles nicht passiert!«

BD: »Die Logik darin ist nicht abzustreiten – warum haben Sie es nicht gemacht?«

SK: »In letzter Zeit habe ich immer mehr das Bedürfnis, etwas für mich zu tun und nicht dauernd für andere unterwegs zu sein. Und ehrlich gesagt möchte ich meine Mutter nicht mehr jede Woche besuchen. Es ist so anstrengend, wenn sie sich jedes Mal über ihre Einsamkeit beklagt. Einerseits möchte ich sie nicht allein lassen, andererseits denke ich manchmal, dass sie für sich selbst verantwortlich ist.«

BD: »Was machen Ihre Schuldgefühle mit den Gefühlen zu Ihrer Mutter?«

SK: »Eigentlich ist sie mir sehr wichtig. Ich bin aber auch wütend auf sie, weil sie so an mir zieht. Jedenfalls merke ich, dass ich innerlich ganz schön auf Abstand gegangen bin. Manchmal bin ich da auch ein bisschen zu hart zu ihr.«

»Schuld« ist ein häufig verwendeter Begriff. Wofür ist sie eigentlich gut? Wo ist ihre Berechtigung? Schuld scheint unmoralisches Handeln anzuprangern. Man macht sich schuldig, wenn man sich wissentlich und unfair gegen das Wohl anderer und für sein eigenes Wohl entscheidet. Ein Schuldiger hat also sich zum Täter und andere zum Opfer gemacht. Und der Begriff der Schuld wird verwendet, damit dies bemerkt wird, damit es aufhört oder wiedergutgemacht wird und damit es sich nicht wiederholt. So weit, so gut. Tatsächlich haben Beschuldigungen auf der Seite des »Täters« oft eine starke Wirkung: Beschämt, bedrückt und bestraft fühlen sich die meisten Menschen, wenn sie unter Schuldgefühlen leiden. Für sie sind mit einer Beschuldigung Botschaften verbunden wie »Du bist egoistisch, ungerecht und rücksichtslos«; »Du lässt andere leiden, damit du deine egoistischen Wünsche erfüllen kannst.« Die Botschaften können auch lauten: »Wer deine Schuld sieht, wird dir nie wieder vertrauen«; »Weil du schuldig bist, sind deine guten Taten nichts mehr wert.«

Für den Beschuldigten ist es schlimm genug, als unfair und egoistisch dazustehen. Doch für die meisten Menschen sind Schuldgefühle mit einer Qual verbunden, die noch weitaus größer ist. Denn für ihren kindlichen Aufpasser ist klar: »Durch deine Schuld hast du dich zu einem schlechten, minderwertigen Menschen gemacht.« Kurz: »Wer schuldig ist, ist minderwertig.« Der Betroffene bemerkt das vor allem durch ein Absinken seines Selbstwertgefühls.

Weil eine Beschuldigung für viele Menschen so quälend ist, sind sie bereit, eine Menge auf sich zu nehmen, um ihr zu entgehen. Lieber schlucken sie die Kröte der Anpassung, als es mit dem Monster des Schuldgefühls aufzunehmen. Damit gehen sie allerdings meist über ihre Grenzen und können leicht ausgenutzt oder sogar manipuliert werden.

Schuldgefühle können aber nicht nur zur Anpassung führen, sondern auch zum Gegenteil: Um eine Beschuldigung abzuwehren, reagieren manche Menschen aggressiv. Spannungen entstehen außerdem, wenn eine Beschuldigung nur die Not des »Opfers« berücksichtigt. Ob der vermeintliche »Täter« (in unserem Beispiel Sarah K.) überhaupt die Verantwortung für das Leiden des »Opfers« (ihrer Mutter) hatte und ob er so handelte, weil er selbst unter einem Problem (Zeitdruck) litt, bleibt dabei unberücksichtigt. In solchen Fällen wird mit einer Beschuldigung also einerseits Gerechtigkeit eingefordert und andererseits Ungerechtigkeit ausgeübt. Das beschuldigende »Opfer« ist dann gleichzeitig ein »Täter«.

Wer auf der anklagenden Seite steht, hat allerdings einige Vorteile: Er kann mit seinen Beschuldigungen nicht nur sein Gegenüber beeinflussen oder manipulieren. Beschuldigungen werden auch »zur Verteidigung« eingesetzt, um eigene Fehler, Kritik oder Schuldgefühle anderen zuzuschieben. Solange der Beschuldigte mitspielt, funktioniert das sogar ohne schlüssige Argumente: »Wenn du mir nicht hilfst, bist du schuld, wenn ich es nicht schaffe«; »Wenn du keine Verantwortung für mich übernimmst, bist du schuld, wenn ich einsam und traurig bin!« oder auch: »Kaum bist du da, geht alles schief!«, oder sogar: »Du bist schuld an der Krankheit deines Vaters!«.

Auch andere Spielregeln der Beschuldigung sind nicht schlüssig: Unklar ist zum Beispiel, wie lange die Last einer Schuld auf einem Menschen liegen soll. Bis jemand die Schuld durch Vergebung aufhebt? Aber wer kann dieses Wunder vollbringen? Und was ist mit der Schuld, wenn einer sie »durch Vergebung aufhebt« und ein anderer nicht? Wann einem Menschen vergeben wird, folgt keiner klaren Logik, sondern der persönlichen Vorstellung von der Schuld, der Reue oder Einsicht des Beschuldigten – manchmal auch dem, was zu den eigenen Bedürfnissen am besten passt. Das Ende einer Schuld bleibt also beliebig. Wer es aber nicht schafft, seine Schuldgefühle loszuwerden, muss sich im Laufe seines Lebens immer schuldiger und minderwertiger fühlen. Aus der Sicht seines skeptischen kindlichen Aufpassers formuliert: »Solange es Menschen gibt, die denken könnten, dass du schuldig bist, bist du auch schuldig.« Seine logische Aufforderung lautet dann auch: »Du musst deine Schuld zwar ewig behalten, aber wenn du immer dein Bestes gibst, kannst du es vielleicht schaffen, dass sie nicht noch größer wird! Du möchtest auch einfach mal nur an dich denken?! Vergiss es! Ich werde schon aufpassen und dich an deine Pflicht und Schuldigkeit erinnern!«

> Burkhard D.: »Wie können Sie jetzt herausfinden, ob Sie schuldig oder nicht schuldig daran sind, dass Ihre Mutter unglücklich ist? Ich schlage vor, dass wir uns mal anhören, was Sie Ihrer virtuellen Freundin sagen würden, die sich in genau Ihrer Situation befindet.«
>
> Sarah K.: »Wenn ich meine virtuelle Freundin sehe, würde ich nicht denken, dass sie sich schuldig gemacht hat. Was soll sie machen, wenn ihre Mutter einsam ist, weil sie sich nicht traut, rauszugehen und Leute zu treffen? Da ist die Mutter eigentlich für ihr Leben selbst verantwortlich.«
>
> BD: »Sich zu überlegen, wer die Verantwortung für ein Problem hat, ist hilfreich, weil man ja nicht für etwas schuldig sein kann, wofür

man gar keine Verantwortung hat. Aber vielleicht könnte man sagen, dass Ihre virtuelle Freundin einen kleinen Teil der Verantwortung trägt, weil sie sich nicht an die unausgesprochene Regel gehalten hat, sich mit der Mutter jeden Sonntag zum Kaffee zu treffen.«

SK »Hm, das stimmt. Aber andererseits war es keine feste Verabredung.«

BD: »Okay. Was würden Sie Ihrer virtuellen Freundin in dieser Situation empfehlen?«

SK: »Ich denke, es ist wichtig, dass sie ihrer Mutter sagt, dass sie nicht mehr jeden Sonntag kommen möchte. Vielleicht könnte sie ihr auch helfen, ein bisschen Abwechslung in ihr Leben zu bringen. Sich um ihre Freundinnen zu kümmern, zu reisen, vielleicht bei einem Volkshochschulkurs mitzumachen. Aber davon will meine Mutter nichts wissen.«

BD: »Damit würde Ihre virtuelle Freundin ihrer Mutter gleichzeitig zeigen, dass sie ihr wichtig ist und es ihr nicht egal ist, wenn sie sich einsam fühlt. Ich würde sagen: ein sehr faires Angebot. Was würden Sie ihr empfehlen, wenn die Mutter erst mal nicht mitmacht und weiter leidet?«

SK: »Das wäre schon hart. Aber ich denke, dass meine Freundin trotzdem an ihre eigenen Dinge denken und nur noch alle zwei Wochen kommen sollte, wenn die Mutter keine Hilfe annimmt. Die Beschuldigungen ihrer Mutter braucht sie jedenfalls nicht mehr anzunehmen.«

BD: »Meiner Erfahrung nach ist es wichtig, demjenigen, der anderen Schuld zuweist, mit so einer Umstellung Zeit zu geben, denn er muss künftig auf das alte Spiel mit der Schuld verzichten und selbst Verantwortung übernehmen – das ist oft gar nicht so einfach. Sie haben vorhin gesagt, dass Sie sich durch Ihre Schuldgefühle wie eine rücksichtslose Egoistin gefühlt haben und Ihr Selbstwertgefühl am Boden war. Wie sieht es jetzt damit aus?«

SK: »Wenn ich keine Schuldgefühle haben muss, bin ich vor allem erleichtert. Mein Selbstwertgefühl verändert sich auch zum Positiven, wenn ich erkenne, dass sich der Wert meiner virtuellen Freundin durch all das natürlich nicht verändert hat. Ich glaube allerdings, dass ich mich daran erst noch gewöhnen muss. Und die Frage, wofür ich verantwortlich bin und wofür nicht, wird mich noch eine Weile beschäftigen.«

Um herauszufinden, wann eine Schuld »realistisch« ist, können wir sie genauer unter die Lupe nehmen: Dafür lohnt sich zunächst die Frage nach der Verantwortung, denn wer keine Verantwortung für ein Problem hat, kann auch keine Schuld dafür haben – sonst hätten wir die Schuld für alles, was auf dieser Erde schiefgeht.

Zu einem menschlichen Umgang gehört allerdings auch, dass wir uns nicht völlig gleichgültig verhalten und zumindest Verantwortung dafür übernehmen, uns fair zu verhalten. Mit Ihrer virtuellen Freundin oder einer realen Freundin können Sie wahrscheinlich am besten herausfinden, was fair ist.

Eine große Bedeutung hat außerdem die Frage nach dem Wert des Beschuldigten. Denn für die meisten Menschen bedeutet schuldig zu sein, als Mensch weniger wert zu sein. Dass das nur falsch sein kann, habe ich im Abschnitt »Das Wichtigste zuerst: Sie sind unermesslich wertvoll« ab S. 82 beschrieben. Auch folgende Überlegung zeigt das: Wenn man durch Schuld an Wert verlieren würde, hieße das im Zweifelsfall, dass man im Laufe des Lebens immer mehr Schuld ansammeln und immer mehr an Wert verlieren würde. Wie wertvoll wäre dann noch ein alter Mensch?

Trotz dieser Einwände gegen das weitverbreitete Verständnis von Schuld soll nicht übersehen werden, dass sich das »Opfer« beziehungsweise der Beschuldigende meist unfair behandelt fühlt. Ob es tatsächlich unfair behandelt wurde oder nicht in der Lage war, die Verantwortung für sich selbst zu tragen, kann im Einzelfall überprüft werden. Manchmal kann dem Beschuldigenden Mut zugesprochen werden, Verantwortung für sich zu übernehmen, oder es können gemeinsam mit ihm Ideen entwickelt werden, welche Schritte er tun kann, um seine Situation zu verbessern. Ein fairer Umgang kann ihm dabei zeigen, dass sein Wert als Mensch gesehen wird. Wenn gleichzeitig einige seiner Wünsche nicht erfüllt und seine Schuldzuweisungen nicht mehr ernst genommen werden, muss man allerdings mit einem gekränkten Rückzug rechnen. Den brauchen viele Beschuldigende, um zu überdenken und zu überprüfen, was realistisch und angemessen ist und wie es jetzt weitergehen soll – so gesehen ist Schmollen oft viel besser als sein Ruf. Natürlich soll das kein Freifahrtschein sein, andere schmollen zu lassen. Denn wenn wir unfair miteinander umgehen, tragen wir dazu bei, dass negative Botschaften in den Gedanken des anderen bestätigt werden. Mit anderen Worten, dass ein negatives und sinnloses Schmollen stattfindet. Ein »sinnvolles und positives Schmollen« setzt voraus, dass dabei unrealistische Botschaften ab- und realistische aufgebaut werden. Manchmal können wir dem Schmollenden dabei ein wenig helfen – in der Regel ist es allerdings besser, ihn erst mal allein nachdenken zu lassen.

Hinter einer widersprüchlichen Vorstellung von Schuld steht ein Unverständnis, eine Unwissenheit, die meist über Generationen weitergetragen wurde. Wenn niemand wusste, wie man eine unklare Vorstellung von Schuld hinterfragen und auflösen kann, ist es genauso logisch wie tragisch und traurig, dass sie so lange weitergegeben wurde.

Wer es schafft, solch ein System von Schuld durch Fairness und Menschlichkeit zu ersetzen, kann stolz darauf sein.

Wenn der Begriff der Schuld so oft verwirrend und schädlich ist – brauchen wir ihn dann überhaupt? Ich meine, dass wir ihn durch einen Begriff ersetzen könnten, der ebenfalls Respekt und Gerechtigkeit einfordert, aber weniger »Nebenwirkungen« hat. Aus dem Sport ist er nicht wegzudenken: *Fairness* verlangt auch ein respektvolles und menschliches Verhalten, sie hat aber gegenüber dem Begriff der Schuld einige Vorteile:

- Schuldgefühle sind für die meisten Menschen mit Minderwertigkeitsgefühlen verbunden. Bei der Frage nach der Fairness wird meist nur das Handeln bewertet und nicht der Wert eines

Menschen. Das hat unter anderem zur Folge, dass eine Kritik weniger persönlich genommen wird und es leichter ist, ein Fehlverhalten einzugestehen und daraus zu lernen.

• Fairness verlangt keine Aufopferung, und auch ein respektvolles Nein, Kritik und berechtigte Vorwürfe können fair sein.

• Wenn Ihr Gegenüber an einer fairen Lösung nicht interessiert ist, ist es durchaus fair, zu ihm auf Distanz zu gehen. Und anschließend weiter in die Richtung, die Ihren Werten und damit auch Ihrer Vorstellung von Fairness entspricht.

• Fairness berücksichtigt sowohl die Not des »Opfers« als auch die Situation des »Täters« – eine Voraussetzung dafür, dass eine gerechte Lösung gefunden werden kann.

• Auch die Frage nach der Verantwortung für das entstandene Problem wird dabei viel sinnvoller berücksichtigt, als es bei der Vorstellung einer Schuld oft der Fall ist: Wer keine Verantwortung für das Problem hat, kann auch nicht unfair gehandelt haben. Aber: Wir haben die Verantwortung, uns fair zu verhalten. Wenn wir uns unfair verhalten, haben wir eine Mitverantwortung für das Leid des Betroffenen.

• Weil das Konzept von Fairness klarer und logischer ist, können viele Menschen schneller und klarer erkennen, was sie fair oder unfair finden, als zu beurteilen, wer schuldig oder unschuldig ist.

• Wenn Ihr Gegenüber an einer fairen Lösung nicht interessiert ist, kann es durchaus fair sein, zu ihm auf Distanz zu gehen (oder ihm seine Angst mit dem aktiven Zuhören bewusst zu machen – mehr dazu im Abschnitt »Mein innerer Schweinehund hält mich von allem ab« ab S. 150).

• Fairness ist im Unterschied zu Schuld ein Begriff, der ein positives Ziel vorgibt und dadurch eine größere motivierende Kraft hat. Der Gedanke an Fairness lässt uns darum viel besser zusammenarbeiten als der Gedanke an Schuld.

• Der Begriff »unfair« hat allerdings einen Haken: Er eignet sich nicht für rücksichtslose oder sogar bösartige Handlungen, die schlimme Folgen haben. Passender könnte es dann sein, von einem »sehr schweren« oder »furchtbaren« Fehler zu sprechen.

Vielleicht finden Sie es noch schwer, auf den Gedanken an Schuld zu verzichten. Wenn Ihr kindlicher Aufpasser Sie schon seit vielen Jahren eindringlich auf eine angebliche Schuld hinweist, werden Sie tatsächlich einige Überzeugungsarbeit leisten müssen, um ihn davon abzubringen. Machen Sie deshalb, sobald Sie Schuldgefühle plagen, eine Realitätsüberprüfung mit Ihrer virtuellen Freundin. Wie viel Prozent der Verantwortung hat sie für das angesprochene Problem? Und einmal um die Ecke gedacht: Wie viel Prozent hätte sie, wenn sie in der Rolle Ihres Gegenübers stecken würde? Sie hat genau das Gleiche erlebt und getan, was Sie erlebt und getan haben, sie hat aus genau denselben Gründen genauso gehandelt wie Sie. Würden Sie, wenn Sie all das berücksichtigen, was Ihre virtuelle Freundin bewegte, sagen, dass sie schuldig ist? Hat sie eine Schuld allein deswegen, weil andere das sagen? Und würden Sie sagen, dass sie als Mensch minderwertig ist? Nehmen Sie sich ein wenig Zeit, diese Fragen zu beantworten. Bei genauerem Hinsehen erkennen Sie vielleicht, dass Ihre virtuelle Freundin gar nicht verantwortlich oder unfair war. Dann können Sie auch Ihre Schuldgefühle fallen lassen. Vielleicht sehen Sie aber auch ein unfaires Handeln, für das die virtuelle Freundin tatsächlich die Verantwortung trägt. Schauen Sie noch genauer hin, denn je genauer Sie dies tun, desto verständlicher wird, warum sie so handelte. Wie viel Handlungsspielraum hatte sie damals tatsächlich? Wie schwer war ihr Fehler auf einer Skala von 0 bis 10?

Am Ende können Sie anstatt der Schuld meist eine Tragik sehen, weil Ihre virtuelle Freundin sich im entscheidenden Moment kaum anders hätte entscheiden können.

Wenn Sie solche Realitätsüberprüfungen über einige Zeit wiederholen, werden Sie wahrscheinlich feststellen, dass Ihr altes Konzept von Schuld immer mehr an Kraft verliert. Wenn Sie es dann schaffen, den üblichen Begriff von Schuld durch die Frage nach Fairness zu ersetzen, lassen Sie wahrscheinlich eine große Last hinter sich und können sich viel unnötiges Grübeln und Selbstzweifel ersparen.

Wenn Ihr kindlicher Aufpasser befürchtet, dass Sie schuldig sind, können Sie ihn mit der Überprüfung folgender positiver Botschaften wahrscheinlich beruhigen:

- »Schuld im Sinn von Minderwertigkeit hat es nie gegeben, das war immer nur eine schreckliche Fantasie.«
- »Meine Schuld kann nicht größer sein als meine Verantwortung.«
- »Wer sich fair verhalten hat, kann nicht schuldig sein.«
- »Wer für was verantwortlich war und was ›fair für beide Seiten‹ ist, kann ich mit meiner virtuellen Freundin oder einer realen Freundin herausfinden.«
- »Anstatt einer Schuld finde ich am Ende einer guten Realitätsüberprüfung oft eine Tragik. Die muss manchmal betrauert werden.«
- »Wer andere mit großer Empörung beschuldigt, hat nicht automatisch recht. Denn Enttäuschung, Empörung und Schmollen sagen nichts über den Wahrheitsgehalt einer Meinung aus – oft zeigen sie, dass ein kindlicher Aufpasser aktiv ist.«
- »Mein Schuldgefühl ist real, die Begründung dafür aber unrealistisch und eher kindlich als erwachsen. Je realistischer ich denken kann, desto mehr verliere ich es.«
- »Wenn ich nach Verantwortung und Fairness frage, brauche ich keine Schuld.«
- »Ich darf all das tun, was andere dürfen, und ich darf nicht tun, was andere nicht dürfen.«
- »Wenn mein Verhalten fair war, habe ich keine Verantwortung für unrealistische Interpretationen und entsprechend schmerzliche Gefühle meines Gegenübers.«
- »Wenn ich unfair war, kann ich sagen, dass es mir leidtut.«
- »Nach einem Fehler kann ich mich fragen ›Was habe ich daraus gelernt?‹ und ›Kann ich die Folgen für andere vermindern?‹«

- »Einige meiner ›Fehler‹ waren gar keine Fehler, ich kann mich also entspannen.«
- »Dem Fehler meiner virtuellen Freundin gebe ich eine 3 (von 10). Dann kann mein Fehler auch nicht schwerer wiegen.«
- »Was diese alte Geschichte angeht, bin ich gar nicht die Schuldige – ich bin es tatsächlich nie gewesen.«
- »Für viele Probleme gibt es keinen Schuldigen. Die Ursache der meisten Probleme ist die Unwissenheit der Beteiligten und damit ganz einfach tragisch.«
- »Der Wert meiner positiven Handlungen bleibt vollständig erhalten, wenn ich einen Fehler mache.«
- »Vor dem unfairen Verhalten anderer kann ich mich besser durch angemessenes Misstrauen und klare Grenzen schützen als durch Beschuldigungen und Abwertungen.« (Vgl. dazu auch die Drei-Finger-Regel im Abschnitt »Du darfst nicht Nein sagen«, S. 109 f.).
- »Je mehr ich mich von der Illusion der Schuld befreie, umso mehr spüre ich mein lebendiges Wesen.«

Wie können Sie sich positive Botschaften zu eigen machen, die Sie für realistisch halten?

Notieren Sie sich jede Woche zwei oder drei Botschaften, die Sie besonders positiv berühren. Überprüfen Sie die Botschaften noch einmal und genießen Sie Ihre Wohlfühlpakete aus positiver, realistischer Botschaft und den angenehmen Gefühlen, die sie in Ihnen hervorrufen, zweimal am Tag – oder öfter, wenn Sie mögen.

Eine genauere Anleitung, wie Sie von einer realistischen Botschaft zu einer tragfähigen Überzeugung kommen, finden Sie im Abschnitt »Von der guten Idee zur starken Überzeugung – mit dem Wohlfühlpaket« (siehe S. 77 ff.).

»Gefühle sind gefährlich!« – leben heißt fühlen

Reinhard B.: »Immer wieder hat mein Vater gesagt, dass ich zu klein, zu schwach und zu ängstlich bin. Wahrscheinlich hat er mich deswegen auch so oft verprügelt. Wenn Erinnerungen daran hochkommen, fühle ich sofort den alten Schmerz. Als wenn der kleine Reinhard jetzt noch unter der Demütigung leiden würde.«

Burkhard D.: »Wie geht es Ihrem kindlichen Aufpasser damit?«

RB: »Der hat einen Stresslevel von 10!«

BD: »Bei so schlimmen Erinnerungen ist es kein Wunder, dass Ihr inneres Kind und Ihr kindlicher Aufpasser heftig reagieren. Wie geht es Ihnen als dem Erwachsenen dabei?«

RB: »Schlecht! Ich stehe total unter Druck und habe keine Ahnung, wie ich da rauskommen kann.«

BD: »Dann lassen Sie uns zuerst versuchen zu verstehen, warum Ihr kindlicher Aufpasser Alarm schlägt: Welche Botschaft zieht er gerade aus dem Regal?«

RB: »Er sagt, dass dieser Stress nie wieder aufhört und dass ich die Kontrolle über meine Gefühle verlieren werde. Dieses Leiden ist für ihn wie ein mächtiges Monster, das in mir schlummert und durch solche Erinnerungen wach wird. Wenn es ausbricht, macht es mich kaputt!«

BD: »Und dann?«

RB: »Dann würde ich nur noch heulen oder ausrasten und um mich schlagen.«

BD: »Solange Ihr Aufpasser so etwas befürchtet, muss er Alarm schlagen. Woher kommen aber diese Botschaften? Können Sie sich vielleicht an eine Szene erinnern, in der jemand gesagt hat, dass Gefühle gefährlich sind?«

RB: »… eine Szene fällt mir dazu nicht ein. Aber in unserer gesamten Familie wurde nie über Gefühle gesprochen. Wenn ich Angst hatte oder traurig war, hat meine Mutter meistens versucht, mich auf andere Gedanken zu bringen. Oder sie hat gesagt, dass ich mich zusammenreißen soll.«

BD: »Wie geht es dem kleinen Reinhard, wenn Sie daran denken? Wie alt ist er?«

RB: »Er ist ungefähr fünf oder sechs Jahre alt. Er steht in seinem Zimmer und fühlt sich mit seiner Traurigkeit ziemlich verlassen.«

BD: »Und was sagt Ihr kindlicher Aufpasser dazu?«

RB: »Er würde den Kleinen mit seinen Gefühlen am liebsten loswerden.«

BD: »Um Ihrem kindlichen Aufpasser aus seinem Stress zu helfen, schlage ich vor, dass wir überprüfen, ob es überhaupt realistisch ist, dass Ihre intensiven Gefühle gefährlich sind.«

RB: »Sie fühlen sich jedenfalls sehr bedrohlich an!«

BD: »Ja, das glaube ich Ihnen. Solange Ihr kindlicher Aufpasser davon hundertprozentig überzeugt ist, muss es sich so anfühlen.«

Für manche Menschen sind schmerzliche Gefühle wie ein Monster, das in ihrem Inneren in einem Käfig sitzt und an den Gitterstäben rüttelt. Die Vorstellung, ihre heftigen Gefühle zuzulassen, bedeutet für sie, diesem Monster die Käfigtür zu öffnen. Kein Wunder, wenn sie sagen:»Ich bin doch nicht verrückt und wühle in meinen Gefühlen herum! Wenn aus den Tiefen meiner Seele etwas hochkommt, lenke ich mich lieber ab, oder ich reiße mich zusammen und dränge es zurück.« Wie kommt es dazu? Hinter diesen Botschaften und Strategien stehen meist Erinnerungen an Situationen, in denen die Betroffenen immer wieder sehr gelitten haben und mit diesen Gefühlen allein gelassen wurden.

Sehr wahrscheinlich hatten sie es mit Menschen zu tun, die selbst wenig Kompetenz im Umgang mit schmerzlichen Gefühlen, genauer gesagt: wenig Kompetenz im Trösten hatten. Da sie sich nicht selbst trösten konnten, waren Ablenkung und das Verdrängen von Gefühlen die einzigen Mittel, um ihre Gefühle zu bändigen.

Wer sehr schmerzliche Erfahrungen machen musste, aber nicht lernen konnte, mit starken Gefühlen gut umzugehen, lebt in ständiger Gefahr. Schon durch eine Erinnerung – zum Beispiel an eine Bloßstellung oder eine Gewalterfahrung – kann er sich intensiv in die damalige Zeit zurückversetzt fühlen. Daraufhin muss sein Aufpasser heftig Alarm schlagen, mit Botschaften wie:»Achtung, du musst jederzeit mit einem brutalen Angriff rechnen! Du bist in Gefahr!«

Das innere Kind kann auf solche lauten Warnungen des Aufpassers mit intensiven Gefühlen von Trauer, Angst oder Ohnmacht reagieren. Diese intensiven Gefühle stellen für den kindlichen Aufpasser die nächste Bedrohung dar. Darum muss er dringend davor warnen, sie zuzulassen. Seine Botschaften:»Deine Gefühle sind unkontrollierbar – wenn du nicht aufpasst, werden sie immer schlimmer!« Oder:»Bei solchen Gefühlen kann dir sowieso niemand helfen! Außerdem sind sie für andere unzumutbar!« Oder besonders häufig:»Wenn du deine Trauer erst einmal zulässt, wird sie dich nie wieder loslassen!« Wer gelernt hat, dass schmerzliche Gefühle nicht durch Verständnis und Trost vermindert, sondern nur durch Verdrängung oder Ablenkung bekämpft werden können, muss große Angst haben, wenn er sie nicht mehr verdrängen kann, denn dann scheint er ihnen schutzlos ausgeliefert zu sein. Die Angst vor den eigenen Gefühlen kann dadurch immer größer und der Kampf gegen sie immer verzweifelter werden.

Da uns unsere Gefühle so nah und wichtig sind, können zusätzlich verzweifelte Schlussfolgerungen entstehen:»Das ist der nächste Beweis dafür, dass du krank und verrückt bist!« oder sogar:»Da siehst du es wieder: Dein Leben ist eine einzige Quälerei, so hat es keinen Wert!« Natürlich werden die schmerzlichen Gefühle des inneren Kindes dadurch noch heftiger und die Warnungen des kindlichen Aufpassers immer lauter – ein schrecklicher Teufelskreis. Der Ausweg durch Verständnis und heilsames Mitgefühl ist blockiert: Denn solange die schmerzlichen Gefühle nicht ausreichend mitgeteilt werden können, ist es unmöglich, sich anzuvertrauen und trösten zu lassen.

Eine weitere Folge der Angst vor den eigenen Gefühlen sind die verzweifelten Fluchtversuche des kindlichen Aufpassers, wie dauernde Aktivitäten, übermäßiges Arbeiten, Alkohol und andere Süchte wie Fressattacken oder Kalorienzählen. Sie können zwar helfen, die schmerzlichen Gefühle vorübergehend nicht wahrzunehmen. Langfristig können solche Fluchtversuche aber auch Schaden anrichten. Außerdem kann die Vorstellung, in sich selbst ein Gefühlsmonster zu haben, zu einer tiefen Verunsicherung und letztlich einer großen Angst vor sich selbst führen. Wer bestimmte Gefühle konsequent blockieren will, muss auch alle anderen Gefühle blockieren, weil zum Beispiel Lachen und Weinen sehr nah beieinanderliegen können. Eine allgemeine emotionale Abstumpfung und Verhärtung sind meist die Folge. Die konsequente Vermeidung von intensiven schmerzlichen Gefühlen muss auch dazu führen, dass vertrauensvolle Beziehungen vermieden werden. Denn in solchen Beziehungen tauscht man sich auch über die eigenen Schwächen und »Fehler« aus – mit anderen Worten: Man lässt das Monster aus dem Käfig. Letztlich kann also die Angst vor den eigenen schmerzlichen Gefühlen zu Einsamkeit, Verschlossenheit und Härte nach innen und außen führen.

Andererseits kann es durchaus hilfreich sein, wenn uns unser kindlicher Aufpasser dazu ermahnt, intensive Gefühle zurückzuhalten. Etwa wenn wir im Beruf oder im Straßenverkehr »funktionieren« wollen oder uns in Gegenwart eines Menschen befinden, dem wir unsere Gefühle nicht anvertrauen möchten. Ein konsequentes Verdrängen kann sogar lebensrettend sein, denn Botschaften wie »Du bist wertlos und schuldig, du wirst nie glücklich werden …« können letztlich jeden Lebensmut ersticken. Wenn solche Botschaften nicht korrigiert werden können, sondern der Glaube an sie immer stärker und die daraus entstehenden Schmerzen immer größer werden, ist ein Verdrängen viel besser, als ständig den ungebremsten Strom von Warnungen und Beschimpfungen durch den inneren Aufpasser aushalten zu müssen. Das gilt so lange, bis die Möglichkeit kommt, diese Botschaften langsam und vorsichtig zu entkräften und durch positive, realistische Botschaften zu ersetzen.

Burkhard D.: »Um jetzt herauszubekommen, ob Ihre Gefühle tatsächlich gefährlich sind, können wir uns Ihre bisherigen Erfahrungen anschauen. Wäre Ihr kindlicher Aufpasser damit einverstanden?«

Reinhard B.: »Ja, er ist allerdings sehr misstrauisch. Er befürchtet
immer noch, dass manche Gefühle nie wieder aufhören, wenn
ich sie zulasse.«

BD: »Dann lassen Sie uns schauen, wie oft Sie schon so heftige
Gefühle hatten, wie lange sie angedauert und wie oft sie sich
wieder beruhigt haben.«

RB: »Das ist schwer zu sagen. Aber im Laufe der Jahre habe ich
solche Gefühle sicherlich schon x-mal gehabt, und natürlich
sind sie immer wieder weggegangen. Länger als eine Stunde haben sie, glaube ich, nur selten angedauert.«

BD: »Eine der Sorgen Ihres kindlichen Aufpassers war ja auch, dass
Sie die Kontrolle über Ihre Gefühle verlieren könnten. Wie oft ist
das passiert?«

RB: »… Ich bin sicherlich auch schon mal richtig wütend geworden,
aber völlig unkontrolliert eigentlich nicht.«

BD: »Wie geht es dem kindlichen Aufpasser, wenn er das alles sieht?«

RB: »Er wundert sich.«

BD: »Das ist ein gutes Zeichen, denn es zeigt, dass er offen dafür
ist, seine alte Botschaft zu überprüfen. Sonst würde er nur pro-
testieren. Was wünscht er sich von Ihnen als dem Erwachsenen?«

RB: »Er will, dass ich vorsichtig bin und immer wieder überprüfe, ob
meine Gefühle nicht doch gefährlich sind. Er ist immer noch
sehr misstrauisch.«

BD: »Kein Wunder – Misstrauen ist schließlich sein Job. Dann überprüfen Sie doch jetzt noch einmal, ob diese heftigen Gefühle
tatsächlich meist weniger als eine Stunde anhielten und Sie sich
dabei immer ausreichend kontrollieren konnten.«

RB: »Mir fällt gerade eine Szene ein, in der ich doch ziemlich unkontrolliert war. Ich bin gegenüber meiner Mutter sehr wütend
geworden.«

BD:»Wie zerstörerisch war Ihr wütendes Verhalten auf einer Skala von 0 bis 10?«

RB:»Ich hatte schon noch einigermaßen die Kontrolle. Vielleicht war mein Verhalten auf einem Level von 3. Also: nicht gut, aber auch nicht katastrophal. Ich konnte mich nachher sogar bei ihr entschuldigen. Trotzdem wäre es gut, wenn ich gar nicht erst so heftige Gefühle hätte.«

BD:»Ich würde sagen: Sie sind gerade auf dem besten Weg dorthin, weil Sie beginnen, Ihren kindlichen Aufpasser zu beruhigen, indem Sie sich mit den Botschaften auseinandersetzen, die seinen Stress auslösen.«

RB:»Das hört sich gut an. Mein kindlicher Aufpasser ist vorsichtig, aber einverstanden.«

BD:»Bevor wir mit den Realitätsüberprüfungen weitermachen, würde ich gerne wissen, wie es dem kleinen Reinhard jetzt geht.«

RB:»Er ist immer noch in der Szene von damals und darum furchtbar traurig. Er kann den Botschaften meines Vaters nichts entgegensetzen, sie sind seine Wahrheit.«

BD:»Dann ist seine tiefe Traurigkeit sehr verständlich. Im Moment scheint sie stark, aber aushaltbar zu sein.«

RB:»Im Moment ja.«

BD:»Gut. Ich würde jetzt gerne mit Ihnen eine wichtige Frage klären. Und zwar die, ob der kleine Reinhard dadurch, dass er die Erwartungen des Vaters nicht erfüllte, weniger wert war als andere Kinder. Ist ein Kind weniger wert, wenn es den Erwartungen seiner Eltern nicht ausreichend entspricht?«

RB:»Nein, natürlich nicht!«

BD:»Könnte man aus Ihrer Sicht sagen, dass der Wert dieses Kindes, das Sie damals waren, genauso hoch ist wie der jedes anderen Kindes?«

RB:»Ich glaube, dass ich so langsam eine Ahnung davon bekomme, dass das stimmt.«

BD:»Wie geht es dem Kleinen damit?«

RB: »Das macht ihm Hoffnung. Er ist plötzlich nicht mehr so einsam. Und auch nicht mehr so traurig.«

BD: »Wie ist es für Sie, dass sich nur durch Ihre Aufmerksamkeit und Ihr Wohlwollen die Gefühle des Kleinen so positiv verändert haben?«

RB: »Ich staune! Warum ist das so?«

BD: »Ich denke, dass Sie der alten schrecklichen Botschaft, dass der Kleine nicht richtig ist, ihre Kraft genommen haben, indem Sie gesehen und gesagt haben, dass er wertvoll ist, so wie er ist. Würde der Kleine das bestätigen?«

RB: »Ja. Das tut ihm wirklich gut!«

BD: »Wie wäre es für Sie beide, wenn Sie als der Erwachsene sich zu ihm setzen oder sogar seine Hand nehmen würden?«

RB: »Ich kann zwar noch nicht seine Hand nehmen, aber in seine Nähe kann ich mich setzen. Das gibt ihm etwas Sicherheit.«

BD: »Gut! Für den kleinen Reinhard ist es sehr wichtig, dass ›sein‹ innerer Erwachsener immer deutlicher erkennen kann, dass der Kleine für ihn sehr wichtig und genauso wertvoll ist wie jedes andere Kind. Aber lassen Sie uns noch einmal die Angst Ihres Aufpassers aufgreifen: Hat sich durch das Zulassen der Trauer und durch den Trost, den der Kleine dann von Ihnen bekam, die Trauer vergrößert?«

RB: »Im Gegenteil, der große Trauerkloß hat sich sogar ein wenig aufgelöst. Er ist tatsächlich kleiner, das ist sehr ungewohnt.«

BD: »Und es ist logisch, weil sich der kleine Reinhard mit seiner Traurigkeit nicht mehr ganz so unverstanden und allein fühlen muss. Wie geht es Ihrem Aufpasser damit?«

RB: »Er wundert sich, dass die große Trauer so schnell kleiner wurde, sein Stresslevel ist gerade ziemlich weit unten. Und ich staune, weil ich als der Erwachsene gegenüber den Gefühlen des Kleinen doch nicht machtlos bin. Das hätte ich mal früher machen sollen!«

BD: »Ja, jetzt bekommt der Kleine, was ihm schon früher sehr geholfen hätte.«

Eine Woche später spreche ich wieder mit Reinhard B.:

> Burkhard D.: »Wie geht es Ihrem kindlichen Aufpasser gerade mit Ihren starken Gefühlen?«
>
> Reinhard B.: »Ich habe oft darüber nachgedacht, wie gefährlich meine Gefühle in der Vergangenheit denn tatsächlich waren. Eigentlich haben sie mir keinen echten Schaden zugefügt. Mein Aufpasser kommt bei jeder Überprüfung ein bisschen weiter runter. Vor allem, weil er erkennt, dass sich der Kleine beruhigen lässt.«
>
> BD: »Und wie geht es dem kleinen Reinhard?«
>
> RB: »Ihm geht es auch besser. Er ist sehr erleichtert, dass der Erwachsene erkennt, dass seine Gefühle verständlich und nicht gefährlich sind. Es ist verrückt, aber ich erlebe durch das Zulassen der Gefühle des Kleinen sogar eine Erleichterung! Wenn ich daran denke, den Kleinen an der Hand zu nehmen, kann ich spüren, wie der alte Kloß in meiner Brust immer kleiner wird. Das Gleiche passiert übrigens, wenn meine Frau mich in den Arm nimmt, das kann ich jetzt auch besser annehmen. Sie hat sich übrigens neulich schon darüber gefreut, dass wir seit einiger Zeit offener über unsere Gefühle sprechen können.«

»In diese dunklen Ecken deiner Seele darfst du auf keinen Fall reingehen. Genau da sitzt das widerliche Gefühlsmonster!« Eine solche Botschaft muss den kindlichen Instanzen in uns so lange Angst machen, bis wir als der innere Erwachsene erkennen: »Das, was in mir sitzt, ist in Wirklichkeit kein Monster. Es sind radikale Botschaften, die intensive Gefühle auslösen. Sie haben sich lange aufgestaut, weil mir nie gezeigt wurde, wie ich mit ihnen umgehen kann.« Wer aus dieser Sackgasse herauskommen möchte, kann sich mit der Ursache des Übels beschäftigen. Er kann überprüfen, ob die schmerzlichen Botschaften, die wie ein Stachel in seiner Seele stecken, tatsächlich der Wahrheit entsprechen und ob seine Gefühle (vor allem die des inneren Kindes) tatsächlich gefährlich sind. Oder nicht. Eine Realitätsprüfung kann sowohl dem Erwachsenen als auch dem kindlichen Aufpasser zeigen, dass alle Erinnerungen und Gefühle zunächst einmal verständlich und berechtigt sind, denn wir haben sie damals so erlebt. Darum sind auch Wut und Tränen berechtigt. Wichtig ist außerdem, dass der Erwachsene erkennen kann, dass viele Gefühle auf Fantasien wie »Ich werde nie gut genug sein« oder »Ich bin ausgeliefert« beruhen. Wer einen solchen Stachel in seiner Seele auflösen möchte, sollte versuchen, die radikalen Botschaften, aus denen dieser Stachel besteht, durch realistische und humane zu ersetzen. Bei Botschaften wie »Ich bin ausgeliefert« geht es meist um eine Aktualisierung. Denn das kann früher tatsächlich zugetroffen haben; wer sich aber heute ein freundliches Umfeld geschaffen hat, sich besser abgrenzen, behaupten und Hilfe holen kann, lebt viel sicherer. Je mehr es gelingt, das zu realisieren, umso ruhiger werden auch die Gefühle.

Denn so funktionieren Gefühle: Sie folgen immer den bewussten oder auch unbewussten Botschaften, an die wir glauben. Die schmerzlichen Gefühle werden stärker, wenn der Glaube an die schmerzauslösenden Botschaften verstärkt wird; wenn er abgeschwächt wird, werden sie schwächer. Das heißt aber auch ganz allgemein: Je realistischer Sie denken können, desto ruhiger werden Ihre Gefühle.

Wenn Ihr Aufpasser besonders große Ängste hat, ist es oft hilfreich, Ihre entsprechenden Erfahrungen auszuwerten, denn die haben Sie bereits hinter sich, sodass er keine unangenehmen Überraschungen befürchten muss. Bei Ihrer Realitätsüberprüfung könnten ihm darum folgende Fragen und Antworten weiterhelfen:

- »Wie oft hatte ich schon heftige Gefühle in meinem Leben?« – Starke, schmerzliche Gefühle haben Sie sicherlich schon ein paar Hundert Mal gehabt, und sie sind immer wieder weggegangen.
- »Wie lange halten schmerzliche Gefühle an?« – Alle Gefühle kommen und gehen. Sie haben sicher schon oft sehr intensive Gefühle gehabt, manchmal waren sie sehr anstrengend und

auch schmerzlich, aber sie haben alle irgendwann wieder auf-
gehört – meist nach weniger als 30 Minuten. Sehr oft, weil Sie
sie einigermaßen kontrolliert »abgewürgt« haben. Und danach
waren Sie immer noch Sie selbst, waren immer noch hand-
lungsfähig, haben immer noch die Kontrolle über Ihren Körper
gehabt und sind nie verrückt geworden.

- »Selbst wenn ich tagelang immer wieder getrauert habe, bin ich
zwar sehr erschöpft gewesen, aber nie kaputtgegangen und war
danach immer noch ich selbst.«
- »Hören diese Gefühle nie auf?« – Irgendwann hörte jedes Gefühl
auf, und es kamen andere Gefühle und andere Gedanken. Und
noch ein bisschen später sah Ihr kindlicher Aufpasser sich erneut
veranlasst, die alte Botschaft einzubringen, und das schmerzliche
Gefühl begann von Neuem. Das wird so weitergehen, bis die Botschaft, die den Schmerz ausgelöst hat, an Bedeutung verliert.
- Hilfreich kann manchmal die Vorstellung sein, dass einem früher überforderte Erwachsene ihren Müll ins Regal gestopft haben, der ausschließlich von diesen Erwachsenen stammt, immer ein Fremdkörper im eigenen Denken war, und vor allem:
der niemals man selbst war! Und dass man ihn entfernen kann.
- »Machen mich diese Gefühle schwach und unfähig?« – Starke
Gefühle haben Ihre Konzentration vorübergehend vermindert
und zu körperlichen Verspannungen geführt. Man könnte auch
sagen: Der Stachel der alten Botschaften schmerzt, aber er kann
nichts zerstören. Wenn der Stachel aufgelöst wird, löst sich auch
der Schmerz auf.
- »Werde ich meine Stärke verlieren, wenn ich meine ›Schwächen‹ zulasse?« – Vorübergehend werden Sie Ihre Stärke nicht
zur Verfügung haben. Jemand, der sich schwach fühlt und einen Trost bekommt, der dabei hilft, die schmerzlichen Botschaften aufzulösen, fühlt sich danach aber nicht schwächer,
sondern stärker.
- »Haben die heftigen Gefühle, die ich erlebt habe, schon einmal
etwas in mir dauerhaft zerstört?« – Nein. Gefühle sind nicht

schädlich, das können nur heftige Reaktionen auf Gefühle sein, wie Flucht in Drogen, Isolation, Aggressivität oder Selbstschädigungen.

- »Sind starke Gefühle unzumutbar, und zerstören sie meine Beziehungen?« – Wer nicht gelernt hat, mit schmerzlichen Gefühlen gut umzugehen, kann davon überfordert werden und beispielsweise mit Distanz oder Abwertung reagieren. Wer es gelernt hat, wird das nicht tun. Nur durch das Mitteilen schmerzlicher Gefühle und Erfahrungen bekommt eine Freundschaft Tiefe und Vertrauen. Extreme Gefühle sind allerdings besser bei einem guten Psychotherapeuten aufgehoben.

- »Wann brauche ich professionelle Hilfe?« – Eine Psychotherapie ist sinnvoll, wenn die Last der Gedanken, Botschaften und Gefühle so stark wird, dass Symptome einer Depression oder einer anderen psychischen Erkrankung auftreten. Dann braucht man eine professionelle Bezugsperson, die gut mit heftigen Gefühlen umgehen kann. So können Sie merken, dass sie nicht gefährlich sind, und gemeinsam mit dem Therapeuten, der Therapeutin herausarbeiten, inwieweit die zugrunde liegenden Botschaften realistisch oder unrealistisch sind.

- »Ist meine Wut unkontrollierbar?« – Wie oft waren Sie wütend? Wie oft haben Sie die Kontrolle über Ihre Wut so weit verloren, dass Sie etwas Zerstörerisches getan haben? Wie zerstörerisch waren Ihre Handlungen tatsächlich auf einer Skala von 0 bis 10? Welche Umstände bestanden damals? Was würden Sie heute in so einer Situation tun? Brauchen Sie professionelle Hilfe wegen Ihrer Wut?

- »Muss ich mich für meine Gefühle schämen?« – Was würden Sie Ihrer virtuellen Freundin sagen? Nein, denn leben heißt fühlen. Und das gilt für alle Menschen.

- »Sind diese Gefühle ein Teil von mir selbst?« – Die Gefühle ja, die unrealistischen Botschaften ganz bestimmt nicht, sie sind wie alte Fremdkörper in Ihrem Bewusstsein. Wenn Sie Ihren Wert voll und ganz erkennen und sich auch andere positive

Wahrheiten zu eigen machen, werden Sie mehr als zuvor das Gefühl haben, Sie selbst zu sein.

Auch die Überprüfung folgender Botschaften kann helfen, Ihren kindlichen Aufpasser zu beruhigen:

- »Heftige Gefühle habe ich immer wieder gehabt, eine Katastrophe ist deswegen nie passiert.«
- »Fair für beide Seiten: Ich darf alles, was jemand anderer in meiner Situation dürfte, und was derjenige nicht dürfte, darf ich auch nicht.«
- »Wenn ich die Botschaften in Frage stelle, die mir mitgegeben wurden, soll immer klar bleiben: Ich möchte niemanden als Mensch abwerten oder zerstören. Meine Eltern waren und sind auch liebenswert und wertvoll – unabhängig davon, wie viele Fehler sie aus ihrem eigenen kindlichen Tunnelblick und ihrer Not heraus gemacht haben.«
- »Sehr starke Gedanken und Gefühle lassen sich nicht wie mit einem Joystick steuern. Aber ich bin es wert, dass ich dranbleibe, mein Regal aufzuräumen – genauso, wie meine virtuelle Freundin es wert ist.«

Wie können Sie sich Botschaften zu eigen machen, die Sie für realistisch halten? Fragen Sie sich: »Stimmt das?«; »Ist dieser Satz realistisch?«; »Würde ich das meinem virtuellen Freund sagen?« Wenn Sie einen Satz als realistisch bestätigen können, spüren Sie nach, welche angenehmen Gefühle er in Ihrem Körper, Ihrem Bauch oder Ihrem Herzen auslöst, und genießen Sie den Satz zusammen mit seiner positiven Wirkung.

Schreiben Sie zwei oder drei positive und realistische Sätze und die dazugehörigen Gefühle wie »Erleichterung«, »Ruhe«, »Freude«, »Hoffnung«, »Motivation«, »Wärme« auf einen Zettel und hängen Sie ihn zum Beispiel an Ihren Kühlschrank. Schauen Sie sich Ihre Sätze zweimal täglich an und genießen Sie dabei immer wieder die Gefühle, die sie begleiten.

Eine genauere Anleitung, wie Sie von einer realistischen Botschaft zu einer tragfähigen Überzeugung kommen, finden Sie im Abschnitt »Von der guten Idee zur starken Überzeugung – mit dem Wohlfühlpaket« (siehe S. 77 ff.).

Das innere Kind trösten

Einen entscheidenden Schritt können Sie im Umgang mit Ihren schmerzlichen Gefühlen machen, wenn Sie lernen, Ihr inneres Kind zu trösten. Denn durch einen guten Trost können schmerzliche Botschaften durch realistische und humane ersetzt werden, wie etwa: »Du bist so wichtig und wertvoll wie jedes Kind, das war immer so, und es wird immer so bleiben«; »Du bist wichtig für mich, und ich möchte immer wieder bei dir sein«; »Heute sind wir in Sicherheit«; »Alle deine Gedanken und Gefühle sind verständlich und menschlich«; »Deine Wahrnehmung ist in Ordnung« oder: »Du darfst nicht alles tun, aber du darfst so sein, wie du bist«.

Damit schwächen Sie sowohl seine Einsamkeit als auch seine Selbstzweifel so effektiv ab, dass seine und das heißt auch Ihre schmerzlichen Gefühle wesentlich besser auszuhalten sind. Die entsprechenden Schritte, die natürlich genauso für den inneren Jugendlichen gelten, habe ich im Abschnitt »Trauer, Trost und gute Tränen« ab S. 186 beschrieben. Wer sich das allein nicht zutraut, kann sich dabei von einem guten Therapeuten helfen lassen.

»Mein innerer Schweinehund hält mich von allem ab« – Sie sind gut genug

Peter N.: »Schon seit einem halben Jahr will ich die Wand im Badezimmer streichen. Aber mein innerer Schweinehund ist einfach stärker als ich.«

Burkhard D.: »Das muss einen Grund haben. Fragen Sie doch bitte einmal Ihren inneren Schweinehund, was dagegenspricht, das Bad zu streichen.«

PN: »Das ist doch ganz klar: Es kostet viel Zeit, hinterher muss ich eine Menge Dreck wegmachen, und wenn ich schlecht male, kann es jeder sehen.«

BD: »Das hört sich so an, als ob er Sie vor diesen Dingen warnen möchte. Weil das der Aufgabe Ihres kindlichen Aufpassers entspricht, denke ich, dass Ihr Aufpasser in dieser Sache als Schweinehund auftritt. Was sagt er dazu?«

PN: »Das ist ihm ziemlich egal.«

BD: »Okay, das nehme ich mal als Einverständnis. Wenn er all diese unangenehmen Dinge voraussieht, könnte man tatsächlich fragen: Wie blöd muss man sein, sich das anzutun?!«

PN: »Genau! Mein kindlicher Aufpasser fühlt sich gerade sehr bestätigt.«

BD: »Aber vielleicht können wir ja trotzdem mit ihm ins Gespräch kommen, damit Sie am Ende Ihre Wand streichen können. Was ist denn seine größte Sorge, wenn es um die Badezimmerwand geht?«

PN: »Bei der Vorstellung, dass jemand sieht, wie schlecht ich die Wand gestrichen habe, geht er am meisten auf die Palme.«

BD: »Was könnten die Leute denn in seiner Fantasie schlimmstenfalls denken?«

PN: »Dass ich schlampig gearbeitet habe.«

BD: »Wie hoch ist sein Stresslevel bei dieser Vorstellung?«

PN: »Jetzt geht er auf 7 bis 8.«

Wer ist dieser innere Schweinehund, der uns davon abhält, endlich mal die Wand zu streichen, den Keller aufzuräumen oder eine Bewerbung abzuschicken? Ich bin überzeugt, dass hinter diesem mächtigen Tier unser kindlicher Aufpasser steckt. Bevor er als Schweinehund zum Einsatz kommt, ist der vernünftige Erwachsene deutlich zu hören: »Fang an, mach es einfach, es ist wichtig, und irgendwie wirst du es schon schaffen!« Wenn der Aufpasser aber eine Gefahr in dem sieht, was Sie als der Erwachsene tun möchten, kann er verschiedene Botschaften aus seinem Regal ziehen, um Sie auszubremsen:

1. Warnende Botschaften und Selbstzweifel, mit denen er in gewohnt dramatischer Weise auftritt: »Das ist doch jetzt schon klar: Du wirst wieder scheitern und dich vor allen blamieren.« Oder: »Ich sehe jetzt schon die enttäuschten Gesichter von Mama und Papa, in denen du wieder ablesen kannst, dass du ein Versager bist.« Oder: »Warum solltest du so viel Energie und Zeit investieren, wenn am Ende doch nur Misserfolge und Kritik herauskommen?!« Oder: »Wenn du einen Schritt hinaus in die Welt machst, wirst du ganz schnell fertiggemacht.« Oder: »Du schaffst das sowieso nicht, du bist einfach nur zu faul, zu blöd und zu unfähig!«

2. Verführerische Botschaften: »Tu dir diese Quälerei nicht an, es kann nur frustrierend werden!« Oder: »Sei gut zu dir, du kannst doch erst einmal etwas Angenehmes machen«; »Behalte deine Freiheiten, anstatt dich zu quälen«; »Du siehst doch, dass es auch ohne Anstrengung geht, und viele Probleme haben sich schon von ganz allein gelöst.«

3. Seinen Nebelwerfer einschalten: Das ist eine stille, aber sehr wirksame Strategie des kindlichen Aufpassers, der bei vielen Menschen gewissermaßen einen Knopf zur Verfügung hat, mit dem er einen Nebelwerfer aktivieren kann. Das heißt, er schlägt diesmal keinen lauten Alarm, sondern er vernebelt unser klares Denken. Irgendwie ist plötzlich kein klarer Gedanke mehr möglich; wir sind auf einmal abgelenkt von unseren unangenehmen Aufgaben oder Pflichten, stattdessen hält der kindliche Aufpasser uns andere Beschäftigungen vor die Nase, die jetzt scheinbar wichtiger und wahrscheinlich viel angenehmer sind. Manch einer wird auch – scheinbar zufällig – plötzlich furchtbar müde. In jedem Fall führt der Nebelwerfer dazu, dass der Stress nachlässt, weil die vermeintliche Gefahr nicht mehr präsent ist.

Burkhard D.: »Dann sollten wir jetzt überprüfen, wie bedenklich es tatsächlich wäre, wenn Sie Ihre Badezimmerwand streichen. Vielleicht genügt es schon, wenn Sie sich fragen, was Sie Ihrem virtuellen Freund sagen würden, wenn er in Ihrer Situation stecken würde.«

Peter N.: »Ich würde ihm vorschlagen, sich mit einem Freund zu verabreden, um die Wand zusammen zu streichen und dabei eine gute Zeit miteinander zu haben.«

BD: »Das hört sich schon viel angenehmer an. Was würden Sie als der Erwachsene Ihrem virtuellen Freund sagen, wenn er befürchtet, dass jemand sagen könnte, dass Sie schlampig gearbeitet haben?«

PN: »Wahrscheinlich würde kaum jemand tatsächlich so etwas denken, sondern höchstens ein bisschen schmunzeln. Wenn jemand wirklich so negativ denken würde, müsste mein Freund das auch nicht so ernst nehmen. Er könnte den Betreffenden vielleicht fragen, ob er mit ihm die nächste Wand in seiner Wohnung streicht.«

BD: »Wie geht es Ihrem kindlichen Aufpasser damit, und welchen Stresslevel hat er jetzt?«

PN: »Das findet er gut. Sein Stresslevel liegt nur noch bei 2 bis 3.«

BD: »Und wie geht es ihm, wenn er sieht, dass er einen durchaus kompetenten inneren Erwachsenen hat?«

PN: »Das gefällt ihm richtig gut.«

BD: »Kein Wunder, denn er hat ja nur den einen Erwachsenen, und wenn der kompetent ist, kann sich der kindliche Aufpasser sicherer fühlen und muss nicht so oft Alarm schlagen.«

Wenn Sie herausgefunden haben, mit welchen Botschaften Ihr innerer Schweinehund – besser gesagt, Ihr kindlicher Aufpasser – Sie ausbremsen möchte, ist der nächste Schritt die Frage: Was ist dran an seinen negativen Bewertungen? Was ist realistisch, und was ist übertrieben? Wenn er sagt, dass Sie mit Ihren Vorhaben scheitern werden oder jemand Sie übermäßig kritisieren wird, nehmen Sie Ihren virtuellen Freund zur Realitätsprüfung zu Hilfe. Was würden Sie ihm sagen? Welche Ansprüche würden Sie an ihn stellen? Was würde mit dem Wert Ihres virtuellen Freundes passieren, wenn er einen Misserfolg hätte, die Wand zum Beispiel nicht perfekt gestrichen hätte? Wer könnte welche Kritik an ihm üben, und was würden Sie ihm dazu sagen? Auch die Skala von 0 bis 10 beziehungsweise 0 bis 100 Prozent kann als Werkzeug zur Realitätsüberprüfung Klärung und Entlastung bringen: Wie wahrscheinlich ist es, dass Sie einen Misserfolg haben werden, und wie wahrscheinlich wäre eine übermäßige Kritik? Ihr kindlicher Aufpasser wird aus seiner Angst heraus wahrscheinlich »80 bis 100 Prozent« antworten. Die realistische Einschätzung eines Erwachsenen fällt meist sehr viel niedriger aus. Wenn Ihr kindlicher Aufpasser Sie warnt, dass Sie genauso unfair kritisiert werden könnten wie früher, überprüfen Sie, woran er sich erinnert. Von wem sind Sie damals ungerecht behandelt worden, und hatte der Betreffende einen erwachsenen Überblick oder einen kindlichen Tunnelblick? Jede übermäßige oder unfaire Kritik entsteht durch einen Tunnelblick. Überprüfen Sie, ob Sie es heute mit freundlicheren Menschen zu tun haben, die mehr Respekt zeigen, und schauen Sie, ob Sie von fair denkenden Menschen Unterstützung bekommen können.

Wenn Ihr kindlicher Aufpasser den Nebelwerfer aktiviert hat, um das aktuelle Thema auszublenden beziehungsweise zu vernebeln, müssen Sie sein ängstliches Spiel nicht mitspielen. Stattdessen können Sie mit folgender Frage vermutlich herausbekommen, was ihn dazu bringt, den Nebelknopf zu drücken: »Was spricht aus deiner Sicht dagegen, sich mit dem aktuellen Thema zu beschäftigen?«

Seine Antwort können Sie wieder mit den bereits angesprochenen Werkzeugen einer Realitätsprüfung unterziehen. Wenn er sich daraufhin beruhigt und seine Angst abnimmt, verschwindet auch der Nebel wie von Zauberhand, und Sie können wieder ungestört denken.

Mit der Überprüfung folgender Botschaften können Sie Ihren ängstlichen Aufpasser vielleicht beruhigen:

- »Wo mein kindlicher Schweinehund recht hat, hat er recht: Ich brauche auch einmal eine Pause!«
- »Ich gehe die Sache so an, wie ich es meinem virtuellen Freund empfehlen würde: Schritt für Schritt und bloß nicht perfekt. Ich bin tatsächlich gut genug. 80 Prozent der Menschen akzeptieren oder mögen mich mit meinen Stärken und Schwächen.«
- »Allein es versucht zu haben, ist ein Erfolg. Erfolgserlebnisse kann ich mir gönnen durch Belohnungen und eine Liste meiner früheren Erfolge.«
- »Angst vor Abwertung brauche ich eigentlich nicht zu haben, denn ich bin und bleibe so wertvoll wie jeder andere Mensch.«
- »Wer mich übermäßig kritisiert, hat einen kindlichen Tunnelblick. Wer einen realistischen Überblick hat, unterstützt mich mit Wohlwollen, lässt mich aber auch genug selbst machen.«
- »Wenn ich fair und freundlich bin, bekomme ich von den meisten Menschen faire und freundliche Reaktionen. Wenn ich wegen meiner Angst verschlossen und misstrauisch bin, ist das verständlich. Es ist aber auch ein Problem für die anderen. Je besser ich meinen Wert kenne, desto weniger muss ich mich gegen faire Kritik ›wehren‹, zickig sein oder schmollen.«
- »Wenn ich nur tue, was mir mein ängstlicher Aufpasser erlaubt, oder konsequent die kurzfristig angenehmere Variante wähle, wird meine Welt langfristig immer kleiner.«
- »Schritt für Schritt kann ich meinen Weg finden. Dabei werde ich entdecken, dass vieles gar nicht so gefährlich ist, wie mein kindlicher Aufpasser es befürchtet.«
- »Für ein gutes Ziel durchzuhalten hat mich früher schon weitergebracht – zum Beispiel als ich das Laufen gelernt habe.«
- »Die Umstände sind heute besser als bei dem Misserfolg damals, an den sich mein kindlicher Aufpasser so genau erinnert. Ich bin genauso wertvoll wie mein virtueller Freund – egal ob ich erfolgreich bin oder nicht.«
- »Freundliche Unterstützung ist für mich erreichbar – auch professionelle.«

Wie können Sie sich Botschaften zu eigen machen, die Sie für realistisch halten? Schreiben Sie zwei oder drei positive und realistische Sätze auf und fragen Sie sich »Stimmt das?«; »Ist dieser Satz realistisch?«; »Würde ich das meinem virtuellen Freund sagen?«. Wenn Sie einen Satz als realistisch bestätigen können, spüren Sie nach, welche angenehmen Gefühle er in Ihrem Körper, Ihrem Bauch oder Ihrem Herzen auslöst. Schreiben Sie auch diese Gefühle auf und genießen Sie zweimal täglich den Satz zusammen mit seiner positiven Wirkung. Eine genauere Anleitung, wie Sie von einer realistischen Botschaft zu einer tragfähigen Überzeugung kommen, finden Sie im Abschnitt »Von der guten Idee zur starken Überzeugung – mit dem Wohlfühlpaket« (siehe S. 77 ff.).

Jugendliche und ihr innerer Aufpasser

Besonders hartnäckig kann sich der innere Schweinehund – eigentlich der kindliche Aufpasser – in der Gedankenwelt von Jugendlichen breitmachen. Viele reagieren mit einer Strategie, die sie selbst schont. Wer Ansprüche stellt, wird schlicht abgewertet: »Fordernde Erwachsene sind doch nur spießige Idioten, denen es einfach an Lockerheit fehlt – chill mal!« Die Angst des inneren Aufpassers wird deutlich, wenn das Erwachsenwerden als solches bedrohlich erscheint: »Wenn du erwachsen bist, musst du dich komplett aufgeben, alles Kindliche, Unbeschwerte und Spontane ist dann vorbei. Dann bist du komplett auf dich allein gestellt, Hilfe und liebevolle Fürsorge kannst du dann nicht mehr erwarten«; »Wer Verantwortung hat, kann auch folgenschwere Fehler machen«; »Für Mittelmäßigkeit gibt es keine Anerkennung, also ist sie auch nicht viel besser, als zu versagen – warum soll ich es dann überhaupt versuchen?«. Die verführerische Kraft der folgenden Botschaft ist dann nicht zu unterschätzen: »Glücksgefühle kannst du ganz leicht haben, indem du dich in deine Welt zurückziehst.«
Um einem betroffenen Jugendlichen helfen zu können, ist es wichtig, seine Gedankenwelt zu verstehen und nicht zu denken, dass er auf

der Bremse steht, um Sie zu ärgern. Vielleicht hat seine Veranlagung, viel Anerkennung zu benötigen, zu seinem Rückzug beigetragen. Vielleicht führten schmerzliche Misserfolge dazu, dass er kein Risiko mehr eingehen »kann«. Wurde ihm vorgelebt, wie er mit übermäßiger Kritik umgehen kann? Fühlt er sich minderwertig, wenn er bestimmte Erwartungen nicht erfüllt? Woher kommen zu hoch gesteckte Ziele, die ihn resignieren lassen? Auch die Erkenntnis, dass er als Erwachsener immer wieder kindlich sein und Hilfe in Anspruch nehmen kann, ist wichtig. Wenn er ein besonders verletzliches Selbstwertgefühl hat, wird er sich das ganz bestimmt nicht ausgesucht haben. Versuchen Sie sich so weit in seine unangenehme Lage hineinzuversetzen, dass Sie mit Mitgefühl sagen können: »Wenn du so denkst und fühlst, kann ich verstehen, dass du kein Risiko eingehen willst!« Sprechen Sie als Eltern mit ihm unbedingt auch über Ihre eigenen Misserfolge, Schwächen und Ihr eigenes Scheitern.

Dann kann der Jugendliche sich verstanden und angenommen fühlen. Vielleicht hat er überhaupt erst die Möglichkeit, aus seinem Tunnelblick herauszukommen, wenn Sie ihn »geduldig verstehen« und nicht mehr bedrängen. Denn so verständlich Ihr Drängen ist, so sehr ist es zum Scheitern verurteilt, wenn Ihr Druck nur noch Gegendruck erzeugt. Wenn der Jugendliche aber auf offene Ohren stößt, hat er vielleicht noch mehr zu erzählen: Welche Erinnerungen blockieren ihn? Vielleicht können Sie beide im Gespräch einige Unterschiede zwischen damals und heute erkennen: Wenn die Lage damals so hoffnungslos war, weil er einem bestimmten Lehrer oder unfairen Klassenkameraden ausgeliefert war, kann es heute viel besser aussehen, weil er unabhängiger ist und sich besser abgrenzen kann.

Um zu erkennen, dass etwas scheinbar Gefährliches gar nicht so gefährlich ist, braucht man ein wenig Zeit – das ist normal. Geben Sie ihm die Zeit und sprechen Sie über professionelle Hilfe, wenn er das möchte. Und setzen Sie ihm Grenzen auf eine Weise, die für beide Seiten fair ist. Noch etwas: Entschuldigen Sie sich, wenn es Ihnen einmal nicht gelungen ist, denn damit kann er seinen Selbstrespekt wieder aufbauen.

Übermäßige Aggression –
die Not hinter der Aggression erkennen

Simone P.: »Wenn ich angegriffen werde, kann ich mich nicht mehr bremsen, dann schlage ich eben zurück – mit Worten natürlich!«

Burkhard D.: »Haben Sie dafür ein Beispiel?«

SP: »Mein Freund kriegt das besonders oft ab. Zum Beispiel wenn er mir nicht richtig zuhört. Dann fühle ich mich absolut mies behandelt und abgelehnt. Das kann ich nicht lange auf mir sitzen lassen.«

BD: »Sie sagen, dass Sie sich dann nicht mehr bremsen können. Das hört sich an wie ein innerer Dialog, bei dem sich eine Seite ganz klar durchsetzt. Würden Sie dieser Seite, die sagt, dass Sie zurückschlagen sollen, eher einen erwachsenen Überblick oder einen kindlichen Tunnelblick zuschreiben?«

SP: »Irgendwo hat sie ja recht. Aber ihre Radikalität passt eher zu einem kindlichen Tunnelblick.«

BD: »Wenn die Meldung mehr wie ein Alarmieren wirkt als wie ein Anmelden eines kindlichen Bedürfnisses, könnten wir sagen, dass es Ihre kindliche Aufpasserin ist?«

SP: »Ja, das passt. Wahrscheinlich möchten Sie jetzt wissen, was in ihrer Fantasie schlimmstenfalls passieren könnte, wenn mein Freund mir nicht zuhört. Ich glaube, dass sie befürchtet, dass er mich einfach nicht mehr liebt. Manchmal sehe ich mich dann schon einsam, verlassen und heulend auf meinem Sofa sitzen. Ach ja, und der Stresslevel meiner kindlichen Aufpasserin liegt bei dieser Vorstellung bei 9 bis 10!«

BD: »Das ist doch ein gelungener Einstieg in den Dialog mit Ihrer kindlichen Aufpasserin. Und wie lautet ihre Handlungsanweisung?«

SP: »Sie will meinem Freund sein Verhalten austreiben oder klarmachen, wie schlimm das ist, was er tut.«

BD: »Okay. Was sagt Ihre kindliche Aufpasserin gerade jetzt dazu?«

SP: »Sie fühlt sich zumindest verstanden, hat aber immer noch einen Stresslevel von 8 bis 9.«

BD: »Dann sollten wir uns gleich um sie kümmern. Vorher würde ich
aber gerne noch wissen, wie Ihr Freund auf Ihre verbalen An-
griffe reagiert.«

SP: »Der arme Kerl kann gar nicht verstehen, warum ich mich so
heftig aufrege. Manchmal macht er allerdings dasselbe wie ich,
dann eskaliert das Ganze natürlich wieder.«

Wer aggressiv ist, fühlt sich meist in Not, angegriffen, als Opfer einer
unfairen Behandlung, und will sich verteidigen – auch wenn die aggressive Reaktion oft so schnell kommt, dass die schmerzlichen Gefühle gar nicht bewusst werden. Bevor der Aufpasser zu aggressiven
Reaktionen auffordert, sieht er oft die Gefahr einer persönlichen Abwertung oder Bevormundung: »Der sagt, du bist dumm, nicht gut
genug, minderwertig!«; »Der will dich kleinmachen!« Oder der kindliche Aufpasser fürchtet die Überschreitung von Grenzen: »Der
dringt in meine Privatsphäre ein!« Oder der Aufpasser sieht ein
wichtiges Ziel bedroht: »Wenn das so weitergeht, wird niemand unsere Familie anerkennen!« oder: »Die ruinieren unser Projekt!«.

Kein Wunder, wenn sich dann der Betroffene angegriffen fühlt
und darum das Gefühl der Sicherheit braucht. Der kindliche Aufpasser will genau dies durch einen effektiven Gegenangriff erreichen:
Das »böse Gegenüber« soll durch deutliche Worte gestoppt werden.
Durch vehemente Abwertungen sollen die Kraft und der Wert der
Worte und Taten des anderen vermindert werden. Kurzfristig kann
das tatsächlich eine Entlastung bringen, weil sich der Betroffene dadurch machtvoller und besser geschützt fühlen kann. Langfristig
muss diese Kampfstrategie jedoch zu zunehmendem Misstrauen und
Verunsicherung führen.

Eine Aggression können wir also meist als ein starkes »Nein!« verstehen, mit dem der kindliche Aufpasser eine gefühlte Abwertung
oder das Angreifen oder Wegnehmen von etwas Wertvollem abwehren will. Hinter diesem Wunsch sind Selbstrespekt und Selbstfürsor-

ge zu erkennen, denn sonst würde man eine Abwertung oder einen Übergriff einfach geschehen lassen. Mit anderen Worten: Die Grundlage einer solchen Aggression ist gut. Fraglich ist allerdings, ob es tatsächlich eine Bedrohung gibt und wie groß sie gegebenenfalls ist. Und ob Empörung und Aggressivität fair sind und geeignet, auf den »gefühlten Angriff« zu reagieren. Simones kindliche Aufpasserin hatte teilweise recht: Ihr Freund hörte ihr tatsächlich nicht zu, und das *konnte* bedeuten, dass sie ihm egal war. In ihrem Fall war das zwar unrealistisch, ihre Aufpasserin hatte aber gar keine andere Möglichkeit, als diese »Gefahr« wie eine Realität darzustellen. Denn wegen ihres Tunnelblicks konnte sie nicht erkennen, ob es wahrscheinlich oder eher unwahrscheinlich war, dass die schreckliche Bedrohung (seine Missachtung) existierte. Um ihrer Aufgabe nachzugehen, meldete sie also, dass das Unglück tatsächlich eingetreten war (»Achtung, du bist ihm egal!«). Zur Verdeutlichung »zeigte« sie ein entsprechendes Szenario in Form einer Fantasie: Simone P. sitzt todunglücklich zu Hause, weil ihr Freund sie verlassen hat. Wenigstens gab es in den Augen der Aufpasserin eine kleine Hoffnung: Wenn Simone P. die radikalen Anweisungen ihrer Aufpasserin befolgte, würde sie das Unglück vielleicht verhindern können. Also Angriff, damit der Freund aufwacht und merkt, dass es so nicht geht!

Weitere typische Aufforderungen eines aggressiven Aufpassers: »Geh in den Kampfmodus und stoppe diese Respektlosigkeit, sonst wirst du wieder übergangen!« Oder: »Damit du ernst genommen wirst, musst du richtig laut werden!«. Wer in irgendeiner Form Macht besitzt, kann von seinem kindlichen Aufpasser hören: »Setz dich durch, sonst verlierst du deine Autorität!« oder auch: »Greif an! Zeig ihm, wie mächtig du bist und mach ihm klar, dass er den Kürzeren zieht, wenn er dich angreifen will!«. Kurz gesagt: »Mach ihn klein, das macht dich groß!« Schon Kleinigkeiten können einen großen Alarm auslösen: »Dass du deinen Schlüssel nicht finden kannst, zeigt, dass du unfähig und lächerlich bist. Mit einem Wutausbruch kannst du das wettmachen, denn dann bist du ganz schnell wieder machtvoll und stark.« Die Vermeidung von Gefühlen der »Schwäche« ist ein häufiger Nutzen von Aggressionen: »Lieber stark und aggressiv als schwach und traurig!«

Als eine stille Variante der Aggression könnte man das Schmollen bezeichnen. Auch hier hat der kindliche Aufpasser typische Botschaften parat: »Wenn die anderen dich nicht achten, achte sie auch nicht« oder: »Wenn du dich konsequent genug zurückziehst, werden die anderen schon nachgeben«, und jedes Mal: »Mit dem anderen zu reden bringt mich ganz bestimmt nicht weiter«.

Die Vorteile der Aggressivität sind also beträchtlich: Sie kann uns helfen, eigene Gefühle von Angst, Ohnmacht und Unterlegenheit zu verdrängen und durch Aggressivität und Zielstrebigkeit zu ersetzen. Plötzlich scheint man am längeren Hebel zu sitzen. Die blinde Wut hat – ebenso wie das scheinbar harmlosere Schmollen – zudem den Vorteil, dass man sich nicht ausführlich mit der Situation auseinandersetzen muss. Solange man wütet oder schmollt, kann man an seinem Tunnelblick festhalten und es sich ersparen, die Position des anderen zu verstehen und die eigene zu überdenken. Ein gelegentlich sinnvoller Vorteil der direkten Aggression kann sein, dass ein tatsächlicher Angreifer dadurch eingeschüchtert wird, sich unterlegen fühlt und von seinem Angriff ablässt. Außerdem hören selbst dickfellige Zeitgenossen, die ein freundliches »Stopp« übergangen hätten, den lauten Warnschuss und sind bereit zuzuhören. Darum ist es manchmal nicht nur fair, sondern auch richtig, aggressiv zu sein.

Die Nachteile der Aggression liegen auf der Hand: Meist ist sie unfair und verhindert gegenseitiges Verständnis. Oft wird das Gegenüber verschreckt, geht auf Distanz und ist kaum noch motiviert, zu kooperieren. Eine Eskalation droht, wenn der andere sich ebenfalls angegriffen fühlt und zum »Gegen-Gegenangriff« übergeht. Wenn am Ende der Stärkere siegt, heißt das keinesfalls, dass der Erwachsenere siegt. Verwirrung macht sich breit, wenn der Grund, aus dem sich jemand angegriffen fühlt, weit in der Vergangenheit liegt, zum Beispiel in der eigenen Kindheit, und mit der aktuellen Situation wenig zu tun hat: Wer zum Beispiel als Kind oft unfair kritisiert wurde, hat damals vielleicht mit stiller Empörung und Rückzug reagiert.

Wenn Jahre später die Partnerin eine gerechtfertigte Kritik äußert, reagiert der Betroffene heute noch so wie als Kind – er zieht sich in die Schmollecke zurück.

Die Grundlage von Aggressionen ist meist die Vorstellung, bedroht zu werden. Darum ist übermäßige Aggression oft mit übermäßigem Misstrauen, Rückzug und Einsamkeit verbunden. Die kämpferische Härte des inneren Aufpassers kann außerdem leicht zu Ungerechtigkeiten führen, denn der Wert und die Rechte anderer gehen in seinem Tunnelblick schnell verloren, nach dem Motto: »Wenn du mich nicht fair behandelst, warum sollte ich dich fair behandeln?!« Darum kann jemand, der sich selbst als Opfer erlebt, anderen »mit der moralischen Berechtigung des Opfers« und ohne jeden Skrupel schweren Schaden zufügen – schließlich wehrt er sich ja nur gegen eine ungerechte Behandlung … ein Phänomen, das in besonderer Radikalität bei machtvollen Gruppen oder sogar Regierungen beobachtet werden kann, wenn deren Mitglieder wegen ihres Tunnelblicks in anderen Menschen nur noch eine Bedrohung sehen, die es abzuwehren oder sogar auszuschalten gilt. Wenn sich hier die inneren Erwachsenen nicht einschalten, ist der Weg frei für ein ungehemmtes Ausagieren der skrupellosen Handlungsanweisungen ihrer kindlichen Aufpasser.

Autoaggression

Anders als die Aggression, die sich nach außen richtet, ist die sogenannte *Autoaggression* gegen den Betroffenen selbst gerichtet. Im Selbsthass wiederholt der kindliche Aufpasser radikale Botschaften, die oft seit der Kindheit fest in das eigene Selbstbild eingebaut sind. Meist geht es dabei um den Selbstwert und die Angst vor Gefühlen: »Du bist ein Versager! Und alles, was in deinem Leben schiefgeht, ist ein Beweis dafür!«; »Deine Trauer und Wut sind gefährlich, sie werden dich kaputtmachen, wenn du sie nicht mehr unterdrückst!«

»Warum hören diese Gedanken nicht auf?«, fragen sich viele Betroffene, aber auch Außenstehende. Die Antwort: Solange der misstrauische innere Aufpasser durch die dunkle Brille dieser Botschaften guckt, sieht er am laufenden Band »Beweise«, die bestätigen, dass man wertlos ist und die schmerzlichen Gefühle unaufhaltsam sind. Und natürlich führt diese »Liste der Beweise« weit in die eigene Vergangenheit zurück.

Traurig, aber wahr: Selbstverachtung bringt auch Vorteile. Wenn ich fest daran glaube, dass ich wertlos bin, bin ich vor Kränkungen und Enttäuschungen scheinbar geschützt. Denn wer am Boden liegt, kann nicht mehr zu Boden gestoßen werden. Wenn ganz klar ist, dass ich wertlos bin, brauche ich scheinbar auch nicht mehr dagegen anzukämpfen. Menschen, die mir wichtig sind – zum Beispiel Eltern, die den Aufbau meines Selbstwertgefühls zu wenig förderten, die ich aber nicht angreifen will –, schütze ich vor meiner Wut, denn die Verantwortung für alles, was passierte, trage ich scheinbar allein. Meine unterdrückte Wut kann ich trotzdem loswerden: gegen mich selbst.

Die Nachteile der Autoaggression: Der quälende Stachel der alten Unwahrheiten wird vom misstrauischen Aufpasser immer wieder bestätigt und damit schmerzhaft in die Seele gedrückt. Man wird andauernd und überall attackiert – von den Botschaften des eigenen Aufpassers. Bei sehr hartnäckigen selbstabwertenden Botschaften kann der kindliche Aufpasser wie ein Dämon wirken: Er scheint das Böse zu verkörpern und geradezu versessen darauf zu sein, den Erwachsenen (und das innere Kind) fertigzumachen. Für die Betroffenen ist es zunächst kaum vorstellbar, aber auch im Dialog mit einem dämonisch wirkenden Aufpasser können dessen kindliche Natur und letztlich auch sein guter Wille bewusst werden, fantasierte Gefahren abzuwenden oder mit der grausamen »Tatsache« der eigenen Wertlosigkeit möglichst geschickt umzugehen. Selbst in seinen zerstörerischen Aufforderungen kann seine »Fürsorge« erkannt werden: Eine Selbstbestrafung kann unerträgliche Schuldgefühle vermindern; eine Selbstverletzung kann unerträgliche Gefühle unterbrechen, und hinter der Vorstellung, das eigene Leben zu beenden, steht meist der Wunsch, das scheinbar endlose Elend der Selbstbeschimpfungen zu beenden. Die Überzeugung, dass dieses Elend die Folge von Unwahrheiten ist, die sich zum Beispiel in einer Therapie auflösen lassen, existiert dabei nicht.

Die Botschaften, die einem Selbsthass zugrunde liegen, sind meist ebenso radikal wie hartnäckig. Auf dem oft einige Jahre dauernden Weg einer Therapie müssen sie immer wieder formuliert und überprüft werden. Am Ende eines solchen »inneren Aufräumens« zeigt sich übrigens auch, dass der Aufpasser kein »Dämon« und auch nicht »böse« ist. Denn ein Interesse an der Macht hat er nur, solange er die alten Botschaften als reale Bedrohung ansieht und meint, dass der Erwachsene nicht ausreichend in der Lage ist, sich selbst zu beschützen. Am Ende antwortet er auf die Frage, ob er wieder in seine alte laute und machtvolle Position zurückkehren möchte, regelmäßig mit einem »Nein, das wäre mir viel zu anstrengend!«.

Burkhard D.: »Lassen Sie uns nach Ihrer kindlichen Aufpasserin schauen. Hat sie recht mit ihrer Befürchtung, dass Ihr Freund Sie nicht mehr liebt, wenn er Ihnen nicht zuhört?«

Simone P.: »Wenn ich mit ein bisschen Abstand darüber nachdenke, ist es klar, dass meine Aufpasserin mit ihrer Angst übertreibt. Wenn mein Freund nicht zuhört, hat er normalerweise irgendeinen Stress mit seiner Firma oder mit seinen Eltern.«

BD: »Um sich zu beruhigen, braucht Ihre kindliche Aufpasserin wahrscheinlich realistische Argumente, die beweisen, dass Sie für Ihren Freund wirklich wichtig sind.«

SP: »Das hört sich gut an, aber wie soll ich das beweisen?«

BD: »Sie sind jetzt vier Jahre zusammen. Wie oft haben Sie ihn schon angegriffen, weil Sie übermäßig misstrauisch waren?«

SP: »Oje, sicherlich ein paar Hundert Mal.«

BD: »Wie oft hätte er das mitgemacht, wenn ihm nicht viel daran liegen würde, mit Ihnen zusammen zu sein?«

SP: »Sicherlich nicht so oft. So habe ich das noch gar nicht gesehen.«

BD: »Wie fühlt es sich an, wenn Sie sehen, wie viel er schon ausgehalten hat, um mit Ihnen zusammen zu sein? Mit Ihnen, so wie Sie sind.«

SP: »Das kann ich gar nicht richtig beschreiben. Ich könnte gerade heulen, weil ich für ihn wirklich sehr wichtig sein muss und weil ich ein furchtbar schlechtes Gewissen habe, dass ich ihn immer wieder so behandelt habe.«

BD: »Wenn Sie sich fragen, ob er Sie liebt, können Sie sich ja immer wieder bewusst machen, wie wichtig Sie ihm sind. Vielleicht ein kleiner Trost wegen Ihres schlechten Gewissens: Mit Ihrer Wut zeigen Sie ihm nebenbei auch, wie wichtig er Ihnen ist, denn sonst wäre es Ihnen egal, ob er sich für Sie interessiert oder nicht. Aber vielleicht finden Sie in Zukunft bessere Möglichkeiten, ihm das zu zeigen.«

SP: »So direkt können wir uns das aber nur ganz selten sagen. Irgendwie habe ich dann immer das Gefühl, mich zu verletzlich zu machen.«

BD: »Ich denke, dass wir da bei dem Thema Selbstwert gelandet sind. Um damit auf den Boden der Realität zu kommen, habe ich noch eine Frage: Ist Ihr Wert abhängig von der emotionalen Verfassung Ihres Freundes?«

SP: »Ja, natürlich, das spüre ich sehr deutlich! … Vielleicht war das aber auch die schnelle Antwort der kindlichen Aufpasserin. Wenn ich mir das mit ein bisschen Abstand angucke, dann ist mein Wert natürlich unabhängig von ihm.«

BD: »Wie fühlt sich das an?«

SP: »Irgendwie gut, aber so ganz kann ich das noch nicht annehmen.«

BD: »Das kann ich mir vorstellen, weil es eine wesentliche Veränderung in Ihrem Denken und Fühlen bedeutet. Wie viel Prozent davon können Sie denn in diesem Moment annehmen?«

SP: »Nicht viel mehr als 30 Prozent.«

BD: »Was würde sich ändern, wenn Sie Ihren Wert und den Ihres inneren Kindes vollständig realisieren?«

SP: »Eine ganze Menge, glaube ich.«

BD: »Dann sagen Sie doch einmal, wie sich die 30 Prozent anfühlen, die Sie schon annehmen können.«

SP: »Gut. In meinem Herzen spüre ich eine kleine Erleichterung und Befreiung.«

Die aufgebrachte innere Aufpasserin von Simone P. konnte sich darüber hinaus durch die Beantwortung folgender Fragen beruhigen: »Wie zeigt mein Freund mir, dass ich ihm wichtig bin?«, und weil der Freund diesbezüglich sehr zurückhaltend war: »Warum hat er gelernt, seine Gefühle zu verbergen?«. Hilfreich war auch die Frage: »Wie zeigen sich seine Ängste, von mir verletzt oder verlassen zu werden?« Simone P. sagte ihrem Freund, dass es ihr Angst machte, wenn er nicht zuhörte. Auf diese Weise konnte er verstehen, was hinter ihrer Wut stand, und darauf eingehen. Auch das wirkte auf Simones innere Aufpasserin beruhigend. Weil ihre Aufpasserin aggressiv auf Kritik (und eigene Fehler) reagierte, beantwortete Simone sich zu guter Letzt auch noch die folgende Frage: »Hat er mich auch lieb und respektiert er mich, wenn ich mal eine andere Meinung oder auch einmal unrecht habe?« Nachdem diese Frage klar bejaht werden konnte, fühlte Simone P. sich mit ihrer inneren Aufpasserin ein ganzes Stück besser.

Um sich von den aggressiven Botschaften des eigenen kindlichen Aufpassers nicht zu sehr beeindrucken zu lassen, ist es wichtig, sich einerseits von seinem machtvollen Auftreten nicht einschüchtern zu lassen und ihm andererseits zuzuhören und ihn zu beruhigen, anstatt gegen ihn anzukämpfen. Dabei geht es darum, seine verborgenen kindlichen Schreckensbotschaften und Ängste zu verstehen und gemeinsam mit ihm abzubauen. Der Dialog mit ihm entspricht dabei dem verständnisvollen, Kompromisse suchenden, aber auch begrenzenden Umgang mit einem aggressiven, aber letztlich ängstlichen

Kind. Je weniger Ihr Aufpasser sich dabei bedroht fühlen muss und je mehr Sicherheit Sie ihm geben können, umso mehr verliert er nach und nach alles »Dämonische«.

So gesehen ist das scheinbar »Böse« im Menschen nicht viel mehr als der kindlich-ängstliche Alarm seines Aufpassers. Ursache der schlimmsten Aggressionen ist die weitverbreitete Botschaft des inneren Aufpassers, dass ein Mensch ein wertloses Ding sein kann. Auch sie ist eine radikale, aber letztlich logische Auswirkung des Tunnelblicks, denn ein ängstlicher Aufpasser sieht nur die Gefahr und nicht das wertvolle Wesen eines Menschen. Ich bin überzeugt, dass dies der folgenschwerste Irrtum der Menschheit ist. Den Blick zu öffnen für den Wert eines scheinbar – oder tatsächlich – gefährlichen Menschen ist darum eine der wichtigsten Aufgaben des inneren Erwachsenen.

Diese Aufgabe erfüllen wir, wenn wir uns »fair für beide Seiten« verhalten. Damit wir die Grenzen anderer in unserer Wut nicht zu weit überschreiten, ist es wichtig, zwei Dinge zu unterscheiden: Zum einen die aggressiven Anweisungen unseres Aufpassers als solche, die grundsätzlich verständlich und erlaubt sind, selbst wenn sie übertrieben und unfair sind. Zum anderen die Frage, ob wir diesen Anweisungen tatsächlich folgen sollten. Denn ein unfaires, vielleicht sogar zerstörerisches Handeln darf durch unsere innere Not nicht gerechtfertigt, sondern sollte gestoppt werden.

Ganz praktisch kann Ihnen eine Auszeit helfen, in der Sie eine stressige Situation für einige Zeit verlassen, um Ihnen als dem Erwachsenen eine Chance zu geben, vom wütenden Tunnelblick Ihres kindlichen Aufpassers Abstand zu nehmen und einen Überblick über die aktuelle Situation zu gewinnen. Um zu vermeiden, dass Sie immer wieder auf dieselbe Weise in innere Bedrängnis geraten, lohnt es sich, die hinter der Wut stehende Befürchtung Ihres kindlichen Aufpassers im Nachhinein in aller Ruhe herauszuarbeiten (denn während des Alarms ist es viel schwerer, klar zu denken) und sie anschließend einer Realitätsüberprüfung zu unterziehen.

Um zu verstehen, warum uns unser kindlicher Aufpasser zu einer aggressiven Reaktion auffordert, helfen oft folgende Fragen weiter:

- Welche Worte und Handlungen meines Gegenübers waren für meinen kindlichen Aufpasser so bedrohlich? Bei der Beantwortung dieser Frage darf Ihr innerer Aufpasser zunächst durchaus übertreiben, Extreme und Unterstellungen verwenden.
- Was hat mein Gegenüber tatsächlich getan? Jetzt ist es an der Zeit, die Aussage Ihres inneren Aufpassers daraufhin zu überprüfen, ob er übertreibt oder anderen etwas unterstellt.
- Sind die Bewertungen meines Aufpassers realistisch und seine aggressiven Anweisungen für beide Seiten fair?
- Hat mein Gegenüber aus einer Angst heraus gehandelt? Wie kann ich die berücksichtigen – und zwar auf eine Weise, die fair für beide Seiten ist?

Oft hilft schon die Beantwortung von einer oder zwei dieser Fragen, um die Situation besser zu verstehen und Ihren kindlichen Aufpasser ein wenig zu beruhigen. Nehmen Sie sich etwas Zeit dafür, suchen Sie vielleicht auch die Unterstützung von besonnenen Freunden.

Mit ein wenig Übung können Sie nicht nur Ihren eigenen aggressiven Aufpasser beruhigen, sondern auch den Ihres Gegenübers. Das Prinzip ist dabei das gleiche: Wer wütend ist, braucht emotionale Sicherheit! Das mag auf den ersten Blick vielleicht widersinnig klingen, ist aber logisch, wenn der Grund der Aggression ein überdrehter innerer Aufpasser ist, der von »seinem« Erwachsenen nicht ausreichend beruhigt werden kann. Schmollen, Brüllen und Drohen sind typisch für die Kombination eines ängstlichen Aufpassers mit einem momentan wenig kompetenten Erwachsenen. Diese Information würde Ihr wütendes Gegenüber wahrscheinlich nicht beruhigen, für Sie selbst kann sie aber sehr nützlich sein. Erstens, weil Sie den übermäßigen Ärger Ihres Gegenübers nicht zu persönlich nehmen müssen: Der Grund dafür sind nicht Sie und auch nicht Ihr Gegenüber selbst, sondern das momentan kindliche Denken Ihres Gegenübers. Zweitens, weil Ihr Gegenüber weniger bedrohlich erscheint, wenn Ihnen klar wird, dass er oder sie gerade von seinem/ihren inneren Aufpasser in Bedrängnis gebracht wird, also unter einer kindlichen

Angst leidet und ein kindliches Denkniveau hat. Solange jemand ein kindliches Denkniveau hat und Sie ein erwachsenes, liegt Ihr Denkniveau höher. Nicht Ihr Wert, aber der Ihres momentanen Denkniveaus. Lassen Sie sich also von dem kindlichen Denken Ihres Gegenübers nicht zu sehr beeindrucken.

Drittens ist das Wissen um den ängstlichen Tunnelblick des anderen hilfreich, weil Sie durch das Wissen, dass Ihr Gegenüber Angst hat, eine weniger aggressive Haltung und damit auch ein anderes Verhalten haben können. Vielleicht gelingt es Ihnen sogar, die Not des anderen zu durchschauen und ihm ein wenig Sicherheit zu geben.

Kommunikationsregeln

Hilfreich sind in solchen Momenten einige *Kommunikationsregeln*, hier in aller Kürze: Um eine Eskalation zu verhindern, können Sie zunächst einmal sagen, dass Sie sich eine Auszeit nehmen möchten, um über die Sache nachzudenken. Sie können Ihrem Gegenüber auch ein wenig Sicherheit geben, indem Sie ihm/ihr mitteilen, dass Ihnen die Angelegenheit wichtig ist und dass Sie sie zu einer bestimmten Zeit gemeinsam mit ihm/ihr verstehen möchten – zum Beispiel in einer halben Stunde oder am nächsten Tag.

Hilfreich ist es auch, wenn Sie Ich-Botschaften (»Ich denke …«; »Wenn du das sagst, fühle ich mich …«) verwenden statt anklagender Du-Botschaften (»Immer musst du …!«).

Das »aktive Zuhören« nach Thomas Gordon ist eine Methode, die Wunder bewirken kann. Kurz gesagt geht es dabei darum auszusprechen, was Ihr Gegenüber denkt und fühlt. Versuchen Sie also zunächst herauszufinden, was der andere denkt – selbst wenn Sie anderer Meinung sind. Wenn es Ihnen gelingt, seine kindliche Not oder seinen Wunsch zu verstehen und mit einem gewissen Wohlwollen auszusprechen, bestätigen Sie damit dem kindlichen Aufpasser Ihres Gegenübers, dass Sie ihn verstanden haben. Allgemein gesprochen, signalisieren Sie: »Du fühlst dich gerade angegriffen und ungerecht behandelt!« Das hat eine erstaunlich beruhigende Wirkung, weil er sich plötzlich verstanden und respektiert und nicht mehr angegriffen fühlen kann. Damit steigen die Chancen ganz erheblich, dass er sich beruhigt und Sie gemeinsam mit dem erwachsenen Ich Ihres Gegenübers erkennen, was realistisch ist, und einen fairen Kompromiss finden.

Einfacher anzuwenden und ebenfalls sehr effektiv ist meine Drei-Finger-Regel, bei der es sowohl um das Verständnis für den anderen als auch um Ihre eigenen Wünsche und Grenzen geht (vgl. S. 109 f.).

Wenn es Ihnen gelingt, eine dieser Strategien anzuwenden, werden Sie wahrscheinlich erleben, dass sich Ihr aggressives Gegenüber beruhigt und wieder mehr »bei sich« ist. Auch das sehe ich übrigens als einen Hinweis darauf, dass aggressives Verhalten für uns Menschen tatsächlich eine Notlösung ist, die aus einer emotionalen Verunsicherung heraus ergriffen wird, aber nicht der Natur des Menschen selbst entspricht. Auch aus Erfahrungen mit Ihrer eigenen Aggression werden Sie das wahrscheinlich bestätigen können.

Wenn Sie feststellen, dass Sie selbst oder Ihr Gegenüber nicht in der Lage sind, sich fair zu verhalten, kann es durchaus angemessen und erwachsen sein, die Flucht anzutreten, weil Sie (beide) ansonsten für das Fortführen des Konfliktes einen zu hohen Preis zahlen müssten.

Vielleicht haben Sie beide aber auch Lust auf ein kleines Wortgefecht. Das ist zwar nicht jedermanns Sache, aber solange dabei keine nachhaltigen Verletzungen entstehen, kann es Spaß machen, sich aneinander abzureagieren – natürlich fair für beide Seiten.

In diesem Sinne kanalisierte und gemäßigte Aggression kann guttun, weil sie wie eine Erlaubnis ist, vorübergehend Grenzen zu sprengen. Auch im Sport, in der Musik oder bei künstlerischen Aktivitäten kann diese vitale Seite der Aggression einen befreienden und motivierenden Raum bekommen.

Die Überprüfung folgender Botschaften kann Ihnen helfen, auf dem Boden der Realität zu bleiben, wenn Ihr innerer Aufpasser – oder der Ihres Gegenübers – zu wütenden Reaktionen auffordert:

- »Aggressivität spricht eher für einen kindlichen Tunnelblick als für einen realistischen Überblick.«
- »Wer übermäßig aggressiv ist, lässt sich von seinem ängstlichen Aufpasser steuern, der meist das Kommando zum Sichaufplustern gibt, weil er sich bedroht fühlt.«
- »Gegen jemanden, der sich bedroht fühlt, muss ich viel weniger kämpfen. Wenn es uns gelingt herauszufinden, warum wir uns eigentlich bedroht fühlen, können wir viel leichter gemeinsam eine Lösung finden, die für beide Seiten fair ist.«
- »Ich bin unermesslich wertvoll, egal was jemand denkt, sagt oder tut. Kritik und Ärger können an meinem Wert nichts ändern – noch nicht einmal an dem Wert meiner Handlungen.«
- »Wenn ich sowieso niemanden ›abwerten‹ kann, warum sollte ich es versuchen?«
- »Kein Mensch ist minderwertig, einige unserer Denk- und Verhaltensmuster können allerdings minderwertig sein.«
- »Zerstörerische Aggressionen sollten verhindert werden, fair für alle Seiten. Wenn das nicht gelingt oder unmöglich ist, können Traumatisierungen entstehen.«
- »Eine ›gute Aggression‹ ist fair und minimal. Meist ist eine Deeskalation, zum Beispiel mit einer Pause, das Beste.«
- »Bei Meinungsverschiedenheiten brauche ich nicht gereizt zu reagieren, denn ich werde von vielen Menschen weiterhin respektiert und gemocht – sogar wenn ich mal unrecht habe.«
- »Freundliche Hilfe ist für mich erreichbar – wenn ich will, auch professionelle.«
- »Ich kann noch kämpfen, ich muss es aber nicht mehr so oft.«
- »Weniger übermäßige Angst führt zu weniger übermäßiger Aggression, und das führt zu mehr Respekt, mehr Fairness, mehr Gemeinsamkeit, Verständnis und Sicherheit.«

Wie können Sie sich Botschaften zu eigen machen, die Sie für realistisch halten?

1. Notieren Sie sich jede Woche zwei oder drei Botschaften, die Sie besonders positiv berühren.
2. Überprüfen Sie die Botschaften noch einmal und genießen Sie Ihre Wohlfühlpakete aus positiver, realistischer Botschaft und den angenehmen Gefühlen, die sie in Ihnen hervorrufen. Tun Sie das zweimal am Tag – oder öfter, wenn Sie mögen.

Eine genauere Anleitung, wie Sie von einer realistischen Botschaft zu einer tragfähigen Überzeugung kommen, finden Sie im Abschnitt »Von der guten Idee zur starken Überzeugung – mit dem Wohlfühlpaket« (siehe S. 77 ff.).

Kapitel 4

Befreiung – In jedem Menschen steckt ein glückliches Kind

Das innere Kind kennenlernen und seinen Wert erkennen

In jedem von uns steckt ein Kind. Eine Aussage, die sicher den meisten unmittelbar einleuchtet, denn wir alle kennen Situationen, in denen wir selbst oder ein anderer erwachsener Mensch seine kindliche Seite zeigt. Wenn es uns außergewöhnlich gut oder aber sehr schlecht geht, wird besonders augenfällig, dass wir etwas Kindliches an uns haben. Wir können einerseits wunderbar albern, verspielt oder hingebungsvoll vertieft sein. Andererseits können wir uns auch unangemessen kindisch verhalten. Nämlich bockig, schmollend oder kratzbürstig, während wir uns hilflos, klein und minderwertig fühlen.

Je nachdem, ob seine Bedürfnisse erfüllt oder frustriert werden, kann unser inneres Kind sehr glücklich oder unglücklich sein. Es beeinflusst damit unsere Gefühlslage ganz wesentlich.

In der Psychotherapie spielt das innere Kind eine wichtige Rolle. Schon 1957 hat Eric Berne mit seiner Transaktionsanalyse (TA) einen Ansatz beschrieben, in dem zwei erwachsene Anteile und ein kindlicher miteinander kommunizieren. Seine Methode hat bis heute in der psychologischen Beratung, aber auch im Coaching und in der Organisationsentwicklung einen festen Platz. Die bekannte Traumatherapeutin Luise Reddemann hält die Arbeit mit dem inneren Kind für ein wirksames Instrument, um die erwachsene Person zu stärken. Wer innerlich auch Kind sein darf, wird als Erwachsener stärker. Bei der Arbeit mit dem inneren Kind kann man sich durchaus ganz konkret vorstellen, wie dieses Kind aussieht, was es tut und wie man sich als Erwachsener diesem Kind gegenüber verhalten würde. Luise Reddemann verweist auf die Erkenntnisse der Hirnforschung, nach denen das, was wir uns vorstellen, in unserem Gehirn eine sehr ähnliche Wirkung hat wie das, was wir denken oder tun. »Veränderungsprozesse im Verhalten und seelische Gesundheit«, so Reddemann, »fußen insbesondere auf Vorstellungen und Imaginationen: Sie verknüpfen körperliches, kognitives (gedankliches) und affektives (emotionales) Erleben.«[4]

Dabei ist das innere Kind nicht nur ein präzises und lebendiges Abbild unserer kindlichen Seite, sondern auch ein exakter Spiegel der Haltung des Erwachsenen zu seinen kindlichen Eigenschaften. Wenn wir unser inneres Kind zu lange ignorieren, leidet es, wenn wir es liebevoll annehmen, fühlt es sich geborgen. Auch in erfolgreichen psychologischen Ratgebern (etwa von Erika Chopich oder Stefanie Stahl) werden verschiedene Ansätze vermittelt, eine gute Beziehung zu seinem eigenen inneren Kind aufzubauen.

Martina P.: »Und wie kann ich Kontakt mit meinem inneren Kind aufnehmen?«

Burkhard D.: »Wenn Sie mit Ihrer kindlichen Seite Kontakt aufnehmen möchten, können Sie erst mal realisieren, wie gut Sie das schon seit Jahren machen: In Ihrem Alltag und ganz besonders in Ihrer Freizeit tun Sie sehr viel, damit sich Ihre kindliche Seite wohlfühlt: Denn Ihre Bedürfnisse, Spaß zu haben, sich geborgen zu fühlen oder einfach etwas zu genießen, kann man durchaus

---

4   Luise Reddemann: Imagination als heilsame Kraft, Stuttgart, 20. Aufl. 2017.

als ganz normale kindliche Bedürfnisse bezeichnen. Wenn Sie also ein solches Bedürfnis spüren, haben Sie schon einen Kontakt zu Ihrem inneren Kind hergestellt. Wenn Sie dann auch noch etwas tun, um diese Bedürfnisse zu erfüllen, sorgen Sie sogar für Ihr inneres Kind.«

MP: »Dann mache ich meine Sache ja doch nicht so schlecht. Ich habe es mir irgendwie schwierig vorgestellt, mit der Kleinen in Kontakt zu kommen.«

BD: »Ja, eigentlich ist es ganz normal und üblich, sein inneres Kind zu spüren. Vielleicht können Sie es sogar vor Ihrem inneren Auge sehen. Können Sie erkennen, wie alt die kleine Martina jetzt gerade ist und ob sie sich Ihnen als der inneren Erwachsenen zu- oder von Ihnen abwendet?«

MP: »Ich würde sagen, dass sie ungefähr vier bis fünf Jahre alt ist und dass sie mich anguckt.«

BD: »Gut. Können Sie auch die Stimmung der Kleinen wahrnehmen?«

MP: »Die ist positiv. Sie freut sich gerade.«

BD: »Kann sie Ihnen sagen, worüber sie sich freut?«

MP: »Sie freut sich, weil ich mich als die Erwachsene für sie interessiere.«

BD: »Wie geht es ihr, wenn sie realisiert, dass Sie als die Erwachsene all die großen und kleinen Freuden, für die Sie in Ihrem Leben sorgen, auch für die Kleine ermöglichen und mit ihr erleben?«

MP: »Das findet sie richtig gut.«

BD: »Woraus besteht gerade ›gut‹?«

MP: »Sie freut sich und fühlt sich bei mir geborgen.«

BD: »Sehr schön, das spricht für einen guten Kontakt zwischen Ihnen beiden. Gibt es etwas, das sich die Kleine von Ihnen als der Erwachsenen wünscht?«

MP: »Sie möchte, dass ich mich auch in Zukunft immer wieder um sie kümmere.«

BD: »Wie geht es Ihnen, wenn Sie das hören?«

MP: »Das kann sie gerne von mir haben. Mir geht es ja auch gut, wenn es ihr gut geht.«

Sie befürchten, dass es schwierig werden könnte, mit Ihrem inneren Kind in Kontakt zu treten? Wenn Sie einmal durch die Brille der eben zitierten Klientin sehen, werden Sie vermutlich feststellen, dass Sie besser sind, als Sie denken. Denn Sie erkundigen sich höchstwahrscheinlich schon jetzt immer wieder, wie es Ihrem inneren Kind geht, und tun sehr viel, damit es sich wohlfühlt. Bei der Planung eines freien Tages werden Sie sich wahrscheinlich fragen: Möchtest du einen ruhigen Tag verbringen, oder hast du Lust auf bestimmte Aktivitäten? Mit wem möchtest du deine Zeit besonders gerne verbringen? Was für einen Film möchtest du sehen? Magst du etwas Ruhiges oder etwas Abenteuerliches, etwas Märchenhaftes oder etwas Lustiges? Das können Sie als Anfragen an Ihre kindliche Seite verstehen. Auch im Alltag werden Sie Ihre kindlichen Bedürfnisse berücksichtigen: Was ziehen Sie morgens an, was essen Sie? Wen sprechen Sie an, um wen machen Sie einen Bogen? Immer wieder werden Sie Ihren kindlichen Bedürfnissen nach Freude, Gemeinsamkeit, aber auch Schutz nachgeben.

Mit einer wichtigen Einschränkung: Sie tun das, soweit Sie als der innere Erwachsene es für sinnvoll halten. Denn wenn Sie Entscheidungen über Zeit und Geld nur nach Ihren kindlichen Wünschen ausrichten würden, würde Ihr Leben bald im Chaos versinken. Wenn es Ihnen aber gelingt, den Bedürfnissen Ihres inneren Kindes auf eine erwachsene Weise gerecht zu werden, wird es sich bei Ihnen mit Gefühlen wie Lebensfreude, Geborgenheit und Glücklichsein bedanken.

Die beste Möglichkeit, mit der eigenen kindlichen Seite in Kontakt zu treten, ist, seine kindlichen Gefühle und Bedürfnisse zu spüren. Gleichzeitig ist das eine gute Voraussetzung, um sein inneres Kind zu »sehen«.

So sieht es aus
Das innere Kind lässt sich oft in Form eines inneren Bildes wahrnehmen: mit seiner Körperhaltung, manchmal sogar seiner Kleidung und seiner Umgebung. Dabei sind zwei Details besonders wichtig:

- Wie alt ist es gerade? Ist es eher drei oder sechs, zehn oder 15 Jahre alt? Das innere Kind kann jedes Alter haben, vom Säugling bis zum Jugendlichen. Es kommt nicht darauf an, dass es im Lauf der Zeit älter wird, denn jedes Alter entspricht einer Lebensphase. Und wir können darauf vertrauen, dass das Alter unseres inneren Kindes – so wie wir es gerade wahrnehmen – in diesem Moment genau richtig und passend ist.
- Das zweite Detail ist seine Körperhaltung: Wendet es sich dem beobachtenden Erwachsenen zu? Dann fühlt es sich wohl in seiner Gegenwart. Oder ist es von ihm abgewandt? Dann ist es noch etwas schüchtern oder ängstlich, wahrscheinlich, weil der innere Erwachsene ihm gegenüber noch etwas skeptisch ist.

Wer sein inneres Kind als Gestalt erkennen kann, wird besonders lebendige Erfahrungen mit ihm machen können. Wenn Sie es nicht vor Ihrem inneren Auge sehen können, wäre das kein großes Hindernis. Denn erstens wird es Ihnen wahrscheinlich mit ein wenig Übung bald gelingen, und zweitens ist das Wichtigste für den Aufbau einer Beziehung zu einem Kind das Wahrnehmen seiner Gefühle.

Seine schmerzlichen Gefühle entstehen vor allem durch negative Botschaften wie etwa »Du bist nicht gut genug!«. Die Grundlage seiner angenehmen Gefühle sind Zuneigung und Anerkennung mit Botschaften wie »Du bist liebenswert, so wie du bist«. Wenn das innere Kind dies von »seinem« Erwachsenen gesagt bekommt, wird es sich besonders sicher fühlen können – nicht zuletzt, weil der innere Erwachsene immer in seiner Nähe ist.

Mit der Beantwortung der drei folgenden Fragen können Sie eine liebevolle Haltung zu Ihrem inneren Kind bekommen und seine Stimmung verbessern. Die erste Frage lautet:

»Ist mein inneres Kind liebenswert?«

Um das zu beurteilen, können Sie sich ein Bild von seinem Wesen machen: Jedes Kind hat bestimmte Eigenschaften mit auf diese Welt

bekommen. In der folgenden Liste können Sie die Eigenschaften an-
kreuzen, welche davon auf Ihr inneres Kind zutreffen. Natürlich können Sie dieser Liste beliebig Eigenschaften hinzufügen.

lebensfroh	spontan	kreativ	beschützend
humorvoll	bewegungs-freudig	hingebungsvoll	respektvoll
neugierig auf alles, was das Leben bietet	fair	fürsorglich	ruhig und entspannt
offen	kämpferisch	selbstbewusst	zugewandt
abendteuer-lustig	genießerisch	engagiert	liebevoll
verlässlich	ehrlich	vertrauens-würdig	musikalisch
naturverbunden	begeisterungs-fähig	sportlich	ausdauernd
geduldig	stark	ehrgeizig	tapfer
ordentlich	verspielt	still	freundlich
fröhlich	schlau	nachsichtig	treu
verzeihend	mitfühlend	hilfsbereit	ängstlich
traurig	einsam	verletzlich	wütend

Welche Vorlieben hat es, womit hat es sich besonders gern beschäftigt? Wie war es mit anderen Kindern, womit hat es gerne allein gespielt? Lassen Sie sich ein wenig Zeit, um sich zurück in Ihre Kindheit zu versetzen und damit ein genaueres Bild von Ihrem inneren
Kind zu bekommen. Können Sie sehen, wie sehr es sich bemüht hat,
seine Sache gut zu machen? Wie viel Geduld und Lebensbejahung
stecken in einem Kind, das sich trotz schmerzhafter Erfahrungen immer wieder mit Lebensfreude anstecken lässt? Wenn Sie sich jetzt an
einzelne Szenen aus Ihrer Kindheit erinnern, lassen Sie sie ruhig

durch Ihr Bewusstsein wandern, um sie wieder lebendig werden zu lassen. Das Erkennen seines Wesens ist für Ihr inneres Kind im doppelten Sinn wesentlich, denn so wird es sich in seiner eigenen Welt, in seinem ganz persönlichen Erleben und seinen Bedürfnissen erkannt und verstanden fühlen können. Und gleichzeitig wird Ihnen das Erkennen seines Wesens helfen, die Frage zu beantworten, ob Ihr inneres Kind liebenswert ist – sehr wahrscheinlich mit einem Ja.

Die zweite Frage lautet:

> **»Ist mein inneres Kind wichtig für mich?«**

Um das herauszubekommen, können Sie überlegen, wie Ihr Leben ohne Ihr inneres Kind wäre. Ohne seine Wesenszüge, ohne seine Spontaneität, seine Begeisterungsfähigkeit und seine Fähigkeit, sich mit manchen Dingen hingebungsvoll zu beschäftigen. Wahrscheinlich werden Sie zu dem Schluss kommen, dass Ihr inneres Kind für Sie sehr wichtig ist.

Die dritte Frage:

> **»Wie wertvoll ist mein inneres Kind?«**

Ist es so wertvoll wie jedes andere Kind? Einfach so, weil es ein Kind und damit eine Quelle des Lebens ist? Mit all dem, was es auf diese Welt mitgebracht und erlebt hat? Konnte sein Wert tatsächlich niemals vermindert werden, auch nicht durch Missverständnisse, Ignoranz oder »Abwertungen«?

Wenn Sie diese Fragen bejahen können, versuchen Sie ein *Gefühl* dafür zu bekommen, wie liebenswert Ihr inneres Kind ist, welche große Bedeutung es in Ihrem Leben hat und wie wertvoll es ist. Wo in Ihrem Körper können Sie dieses Gefühl spüren? Können Sie es wachsen lassen? Schließen Sie Ihr inneres Kind in dieses Gefühl ein, teilen Sie ihm mit, was Sie ihm gegenüber empfinden. Und genießen Sie gemeinsam, wie gut es ihm tut, das von Ihnen zu hören und zu spüren.

Was empfindet Ihr inneres Kind, wenn Sie ihm zeigen, wie liebenswert, wichtig und wertvoll es in Ihren Augen ist? Wenn sowohl Sie als auch Ihr inneres Kind diese Wahrheiten annehmen und genießen können, entsteht vielleicht das Bedürfnis, das Kind in den Arm zu nehmen. Lassen Sie es zu und genießen Sie, es im Arm zu haben. Spüren Sie auch, wie das Kind Sie in seine kleinen Arme nimmt oder sich bei Ihnen ankuschelt. Niemand kennt das Kind so gut wie Sie, und niemand kann ihm so viel Sicherheit geben, denn niemand ist ihm so nah und so sehr mit ihm verbunden wie Sie.

Wenn Sie sich diese liebevolle Haltung gegenüber Ihrer kindlichen Seite aneignen, haben Sie meiner Erfahrung nach die beste Basis für ein gutes Selbstwertgefühl und Selbstbewusstsein gelegt. Warum ist diese wertschätzende Haltung gerade gegenüber unserem inneren Kind so bedeutend? Weil unser inneres Kind nicht nur für unsere Lebendigkeit und Spontaneität steht, sondern auch für das, was wir mit auf diese Welt gebracht haben: unser tiefstes Wesen, unsere menschliche Natur, die sich schon in unserer Kindheit zeigte. Wenn wir das Wesen unseres inneren Kindes erkennen und annehmen, nehmen wir auch uns selbst an und erkennen unseren Wert.

Der innere Jugendliche

Das zufriedene innere Kind steht für unsere kindliche Lebensfreude und das Urvertrauen, das wir in uns und unser Leben haben können. Der *innere Jugendliche* steht für einen anderen Lebensabschnitt: für unsere Selbstständigkeit und den Wunsch, in die Welt zu gehen und dort unseren eigenen Weg zu gehen. Der Jugendliche hat außerdem eine andere Körperwahrnehmung als das innere Kind. Auch unsere erwachsene Sexualität können wir ihm zuordnen. Seine Impulsivität sollte – ebenso wie die des inneren Kindes – von uns als dem Erwachsenen nur zugelassen werden, wenn unser Handeln anderen gegenüber fair ist. Wenn wir seine Wünsche und Bedürfnisse auf eine angemessene Weise erfüllen, bekommt er Raum für seine Gefühle und Gelegenheiten, Schritte auf seinem, das heißt auch unserem Weg zu gehen. Dann wird sich auch unser innerer Jugendlicher bei uns mit tiefer Zufriedenheit und einem starken Selbstbewusstsein bedanken.

Unser innerer Jugendlicher kann auch für eine schwierige Zeit stehen, die wir in unserer Jugend erlebt haben. Dann braucht er – genau wie unser inneres Kind – unser Verständnis und unseren Trost, um die belastenden Botschaften aus dieser Zeit ablegen zu können.

Der Jugendliche kann als das älter gewordene innere Kind angesehen werden. Oder als eine vierte Instanz neben dem inneren Aufpasser, dem inneren Kind und dem erwachsenen Ich. Dann entsteht oft eine gute Beziehung zwischen dem inneren Jugendlichen und dem inneren Kind. Der innere Jugendliche kann spontan anstelle des Kindes auftauchen, wenn wir Kontakt mit unserem inneren Kind aufnehmen möchten. Auch dann können wir darauf vertrauen, dass sein Alter genau passend ist, um unsere momentane Gefühlswelt zu verstehen.

Wenn es Ihnen gelingt, das Wesen Ihres inneren Kindes und Ihres inneren Jugendlichen zu erkennen und ihre Bedürfnisse nach Aufmerksamkeit und Wertschätzung zu erfüllen, geben Sie ihnen einen großen emotionalen Halt. Mit dieser selbstfürsorglichen Haltung haben Sie einen entscheidenden Wechsel vollzogen: Sie haben die große kindliche Abhängigkeit von haltgebenden Menschen (Eltern, Partnern …) verlassen und können jetzt unabhängig von anderen Ihr Wesen, Ihre Natur erkennen und spüren, dass Sie liebenswert und unschätzbar wertvoll sind. Weil Sie Ihr inneres Kind besser als jeder andere Mensch kennen, kann Ihre Wertschätzung ganz besonders tief sein. Weil Sie immer bei ihm sind, steht Ihrem inneren Kind und damit Ihnen die Seelennahrung der Wertschätzung jederzeit zur Verfügung.

Solange Sie wertschätzend und fürsorglich mit Ihrem inneren Kind umgehen, können Sie darum der wichtigste haltgebende Erwachsene für Ihr inneres Kind sein. Den liebevollen Halt anderer Menschen können Sie immer noch annehmen und genießen, aber Sie sind viel weniger abhängig davon und müssen nicht mehr darauf warten, ihn von außen zu bekommen. Denn die Quelle der Wertschätzung tragen Sie in sich selbst.

Auf emotionaler Ebene ist dies der vielleicht wichtigste Schritt, um erwachsen zu werden und eine gesunde Unabhängigkeit zu erlangen, in der Sie sich selbst emotionale Stabilität geben können.

Nicht jeder Mensch allerdings kann diesen Schritt ohne Weiteres tun. Denn es kann ein erheblicher Widerstand dagegen auftreten: »Tut mir leid, ich kann mein inneres Kind einfach nicht so liebevoll annehmen, da steht etwas Unsichtbares zwischen uns.« Oder: »Mein ganzes Leben lang musste ich mich um andere kümmern, und gefühlt nie hat sich jemand um mich gekümmert – jetzt will ich etwas bekommen und nicht schon wieder ein bedürftiges Kind betüdeln!«

Solche Widerstände sind verständlich, und trotzdem wünsche ich Ihnen, dass Sie die Geduld aufbringen, sie zu überwinden, falls Sie sie haben. Denn – auch wenn das etwas pastoral klingt – die Versöhnung mit Ihrem inneren Kind ist ein sehr guter Weg, um inneren Frieden zu finden.

ÜBUNG

Die beste Übung, um mit Ihrem inneren Kind (oder inneren Jugendlichen) in Kontakt zu kommen und zu bleiben, sind meiner Erfahrung nach »**Die drei Fragen am Abend**«: Nehmen Sie sich am Ende des Tages ein paar Minuten Zeit für Ihr inneres Kind. Wenn Sie mögen, können Sie sich – gemeinsam mit Ihrem inneren Kind – ein Kissen oder ein Kuscheltier aussuchen, das es besonders gerne mag. Dass Sie es bei sich haben, während Sie sich Zeit für Ihr inneres Kind nehmen, kann wie eine Erlaubnis für die Gefühle und Bedürfnisse Ihrer kindlichen Seite wirken. Lassen Sie dann mit Ihrem inneren Kind den Tag Revue passieren und fragen Sie es: »Was war heute schön für dich?« Hören und spüren Sie in sich hinein. Fragen Sie als Nächstes: »Und was fandest du heute blöd?«, und nehmen Sie sich wieder etwas Zeit für die Antworten Ihres inneren Kindes. Die dritte Frage bezieht sich auf die Wünsche des Kindes: »Was wünschst du dir für morgen?«

Wenn Sie Ihrem inneren Kind einmal am Tag oder auch nur einmal in der Woche auf eine so aufmerksame Weise begegnen, werden Sie viel über seine Bedürfnisse erfahren. Und Sie werden viele Gelegenheiten finden, diese Bedürfnisse zu erfüllen: Welche Menschen möchte Ihr inneres Kind treffen und welche lieber nicht? Welche Aktivitäten machen ihm Freude, wo kann es seine Spontaneität entfalten? Welches Essen mag es, was stellt es sich unter Gemütlichkeit vor? Allein Ihr inneres Kind gelegentlich in Gedanken an die Hand zu nehmen, kann ihm viel Halt geben. Wenn Ihr inneres Kind zunächst noch nicht auf Sie reagiert, rate ich Ihnen, mit der Übung trotzdem weiterzumachen. Denken Sie in diesem Fall auch weiterhin darüber nach, wie Sie das Wesen Ihres inneren Kindes beschreiben würden, denn dadurch wird es sich gesehen fühlen. Irgendwann wird das Kind feststellen, dass es sich auf Sie verlassen kann.

Wenn Sie gemeinsam erkennen, wo Sie sich gut um die Gefühle und Bedürfnisse des inneren Kindes gekümmert oder es vor etwas Unangenehmem geschützt haben, wird es sich bei Ihnen zunehmend sicher und geborgen fühlen. Stellen Sie sich zu guter Letzt noch die folgende Frage: Was empfinden Sie als der Erwachsene, wenn Sie erkennen, wie viel Sie Ihrem inneren Kind allein durch Ihre wohlwollende Aufmerksamkeit geben können? Was könnte Zuneigung sein oder Erleichterung, weil Sie sehen, dass es gar nicht so schwer ist, seine Gefühle positiv zu beeinflussen. Viellecht haben Sie auch die (berechtigte) Hoffnung, eine immer bessere Beziehung zu ihm aufbauen zu können.

Wenn es Ihnen gelingt, Ihrem inneren Kind die drei Fragen regelmäßig zu stellen, wird sich Ihre Beziehung zu ihm vertiefen. Um sich an diese Übung zu erinnern, eignet sich ein Spielzeug oder Kuscheltier auf Ihrem Kopfkissen.

Um die Beziehung zu Ihrem inneren Kind in Ihren Alltag zu integrieren, können Sie sich durch Symbole in Ihrer Wohnung an es erinnern lassen. Dazu eignen sich Kinderfotos von Ihnen, ein besonderes Spielzeug, ein Kuscheltier und jede Menge anderer Dinge. Versuchen Sie, auch im Alltag Kontakt mit ihm aufzunehmen, indem Sie es nach seinen Gefühlen und Wünschen fragen. Auch wenn nicht jeder Wunsch Ihres inneren Kindes erfüllt werden kann, sind doch alle seine kindlichen Gefühle und jeder Wunsch verständlich und erlaubt.

Nehmen Sie Ihr inneres Kind und auch Ihren inneren Jugendlichen immer wieder in den Arm, wenn Ihnen danach ist, denn beide wollen von Ihnen liebevoll durchs Leben geführt werden. Ein wenig blumig formuliert: Füllen Sie mit Ihrer Zuneigung das Herz Ihres inneren Kindes und das Ihres inneren Jugendlichen. Immer wieder, bis ihre Herzen erfüllt sind.

Mit den folgenden Botschaften können Sie Ihre liebevolle Haltung ausdrücken:

- »Du bedeutest mir sehr viel, denn du bist ein sehr wichtiger Teil meiner Lebendigkeit.«
- »Dein Wesen ist auch mein Wesen, und wir beide werden bereichert, wenn ich für dich sorge.«
- »Du bist unermesslich wertvoll mit deinen Eigenschaften, die du auf diese Welt mitgebracht hast.«
- »Es hat nie einen Moment gegeben, in dem du weniger als unermesslich wertvoll warst. Das gilt auch für all das, woran wir uns nicht erinnern können.«
- »Auch unabhängig von deinen Fähigkeiten oder Erfolgen bist du unermesslich wertvoll, weil du meine Quelle des Lebens bist.«
- »Du bist liebenswert mit all dem, was du versucht, getan und erlebt hast. Das sehe ich, und das sehen auch Menschen, die ›uns‹ kennen.«

Wenn Sie Ihr inneres Kind mit dieser Haltung in den Arm nehmen, geben Sie ihm Geborgenheit und Sicherheit. Und die Seelennahrung, die es braucht, um sein Selbstwertgefühl aufzubauen. Dadurch wird es seine lebensbejahende Natur spüren, die jedes Kind hat. Und es wird sie auf seine ganz eigene Weise in Ihr Leben einbringen.

Um Missverständnissen vorzubeugen: Im Kontakt mit Ihrem inneren Kind müssen Sie nicht dauernd gut gelaunt sein. Im Gegenteil: Alles, was mühselig, traurig oder auf eine andere Weise blöd ist, kann gemeinsam mit dem inneren Kind hingebungsvoll bejammert werden. Vom verlegten Schlüssel bis zum Verlust des Arbeitsplatzes. Dieses Klagen kann eine entspannende Erlaubnis für die berechtigten Gefühle eines Kindes sein; schließlich sind manche Dinge im Leben wirklich ungerecht und einfach nur Sch… Ihr inneres Kind kann sich bei Ihnen allerdings nur dann geborgen fühlen, wenn es weiß, dass Sie nach einiger Zeit wieder zu einer konstruktiven Haltung finden. Das heißt, dass Sie über Ihr Klagen nicht in eine lang anhaltende Verzweiflung rutschen, sondern am Ende wieder nach Lösungen Ausschau halten. Denn bei allem Mitgefühl sind haltgebende Strukturen und positive Perspektiven sehr wichtig, um Ihrem inneren Kind Sicherheit zu geben.

Natürlich soll auch Ihr innerer Jugendlicher nicht zu kurz kommen. Seine Abenteuerlust und sein Bedürfnis, das Neue und Unbekannte zu entdecken, können durchaus im Widerspruch zum Bedürfnis Ihres inneren Kindes nach Geborgenheit und Halt stehen. Wenn Sie einen guten Kontakt zu Ihren inneren Instanzen haben, werden Sie entsprechende Kompromisse aushandeln können, sodass beide auf ihre Kosten kommen.

Mit Ihrer liebevollen Haltung geben Sie Ihrem inneren Kind nicht nur Geborgenheit und Sicherheit. Wenn es unter Selbstzweifeln oder anderem Kummer leidet, können Sie es damit auch trösten. Denn Ihr Verständnis und Ihre Zuneigung sind wie ein spürbares Gegengewicht zu allen abwertenden Botschaften, unter denen es vielleicht seit vielen Jahren gelitten hat.

Um es zu trösten und seine seelischen Wunden zu heilen, können Sie aber noch mehr tun.

Trauer, Trost und gute Tränen

Markus F.: »Seit sich meine Freundin von mir getrennt hat, fühle ich mich wie ein kleines, verstoßenes Kind!«

Burkhard D.: »Wenn Sie sich so fühlen wie ein kleines Kind, ist das ein sicherer Hinweis dafür, dass wir weiterkommen, wenn wir uns genauer mit Ihrem inneren Kind beschäftigen. Können Sie den kleinen Markus sehen? Können Sie erkennen, wie alt er gerade ist und ob er Ihnen zu- oder von Ihnen abgewandt ist?«

MF: »Der Kleine ist ungefähr sechs Jahre alt, und er guckt mich an. Er ist furchtbar traurig, weil wir die Erwartungen meiner Ex-Freundin nicht erfüllen konnten und in ihren Augen nichts mehr wert sind.«

BD: »Wie geht es Ihnen als dem inneren Erwachsenen mit diesem Schmerz des kleinen Markus?«

MF: »Ich weiß, dass der Kleine nicht wertlos ist, aber er wird trotzdem das Gefühl nicht los, dass er die Beziehung kaputtgemacht hat und darum ein Versager ist.«

BD: »Wenn er glaubt, ein Versager und allein schuld am Scheitern Ihrer Beziehung zu sein, ist es kein Wunder, dass es ihm schlecht geht. Man könnte sagen, dass diese Botschaften wie Stacheln in seiner Seele stecken. Was sagt der Kleine dazu?«

MF: »Er stimmt dem zu. Das macht ihn so traurig.«

BD: »Wie geht es Ihnen, dem Erwachsenen?«

MF: »Ich weiß, dass es übertrieben ist, aber mein Selbstwertgefühl ist so abgerutscht, dass ich mich nur noch wie ein kleines, verlassenes Kind fühle. Und ich kann den kleinen Markus irgendwie nicht trösten.«

BD: »Wie weit sind Sie gerade in Ihrer Vorstellung von dem Kleinen entfernt?«

MF: »Etwa drei Meter.«

BD: »Wie geht es dem Kleinen mit dieser Entfernung, und wie geht es Ihnen damit?«

MF: »Er wäre lieber näher bei mir. Ich fände das auch besser.«

BD: »Dann können Sie sich in Ihrer Vorstellung einfach neben ihn setzen. Wie findet der Kleine das?«

MF: »Das findet er sehr gut. Ich habe ihn gerade in den Arm genommen, und er fühlt sich richtig geborgen bei mir.«

BD: »Und wie geht es Ihnen damit, dass Sie ihn im Arm haben?«

MF: »Das ist sehr angenehm. Sein Gefühl der Geborgenheit überträgt sich gerade auf mich, und ich bin auch stolz, dass ich ihm so helfen kann.«

Wenn ein seelischer Schmerz, zum Beispiel bei einer Trennung vom Partner oder der Partnerin, sehr groß ist, geraten wir schnell in einen Tunnelblick und fühlen uns plötzlich wie ein hilfloses, ungeliebtes Kind. Ein Kind, das traurig ist und Trost braucht. Aber wie funktioniert ein heilsamer Trost? Wenn ein Kind unglücklich ist, gibt es viele Varianten, darauf zu reagieren:

- Wir können es ablenken: »Komm, wir beschäftigen uns jetzt mit etwas anderem.«
- Wir können seine Sorgen herunterspielen und ihm sagen: »Wird schon werden« oder: »Das ist doch gar nicht schlimm«.
- Wir können ihm sagen, was »richtig« ist, bevor wir es überhaupt verstanden haben: »Das siehst du falsch, du musst das so und so sehen.«

Wenn es ein kleines Problem hat, lässt sich ein Kind vielleicht damit beruhigen. Wenn es aber einen größeren Schmerz hat, wird es sich unverstanden und überfordert fühlen.

Um einem Kind einen heilsamen Trost zu geben, ist es zunächst wichtig, dass wir seinen Kummer verstehen. Vielleicht erzählt es Ihnen von sich aus, warum es gerade traurig ist. Manchmal müssen wir genau nachfragen: »Was war los, wer hat was gesagt?«, und vor allem: »Was hast du gedacht und gefühlt?«. Natürlich lebt es in einer kindlichen Welt, an extremen Wörtern wie »alle, nur, immer ...« kann man erkennen, wenn es in seiner Aufregung übertreibt. Wenn also ein Kind sagt: »Ich gehe nie wieder in den Kindergarten, weil die da alle gemein zu mir sind!«, tut es ihm gut, wenn wir zunächst einmal so lange nachfragen und zuhören, bis es ausführlich erzählt hat, warum es aus seiner Sicht im Kindergarten so schlimm ist. Wenn wir das Kind verstanden haben, können wir seine Gedanken wiederholen und zum Beispiel sagen: »Wenn du denkst, dass im Kindergarten alle gemein zu dir sind, kann ich verstehen, dass du traurig bist.« Darauf wird das Kind mit Erleichterung reagieren, weil es mit seinen Gedanken und Gefühlen nicht mehr allein ist und sich mit seinem Kummer angenommen fühlen kann. Wahrscheinlich ist uns jetzt schon völlig klar, dass die Sorgen des Kindes übertrieben sind. Wir sollten aber trotzdem eine kleine Pause machen!

Warum? Weil das Kind ein wenig Zeit braucht, um zu realisieren, dass es gerade mit seinem Schmerz verstanden und angenommen wird. Vielleicht fühlt es sich dadurch sicher genug, ein paar Tränen zu weinen, die es vorher noch unterdrücken musste. Und vielleicht fällt ihm noch mehr ein, was es uns erzählen möchte, sodass wir es noch besser verstehen können. Für diesen schönen Moment des Vertrauens sollten wir ihm und uns selbst ein wenig Zeit geben – Korrekturen seiner übertriebenen Gedanken und Ängste können darum noch ein wenig warten.

All das gilt nicht nur, wenn Sie ein »echtes« Kind trösten möchten, sondern auch, wenn es um Ihr inneres Kind geht. Oder auch nicht. Denn dies ist eine Stelle, an der sich die Geister scheiden. Die einen denken: »Sehr gut, endlich kriege ich raus, wie ich mein inneres Kind von seiner Traurigkeit befreien kann!«, und bei den anderen stellen sich die Nackenhaare auf! Warum dieser Stress? Wer zu selten liebevollen Trost und stattdessen Unverständnis oder sogar Kritik erlebt hat, wenn es ihm schlecht ging, kennt eine üble Mischung aus Trauer, Einsamkeit und Selbstzweifeln. Wahrscheinlich erwartet er sogar, dass durch die Beschäftigung mit seiner kindlichen Trauer die schrecklichen Botschaften und damit sein seelischer Schmerz nur immer stärker werden. Aus seiner Sicht war es möglicherweise das Beste, diese Gefühle zu verdrängen, um nicht in ihnen stecken zu bleiben. Natürlich ist das auf die Dauer kein gutes Konzept, aber solange die Alternative darin besteht, sich mit diesen Gefühlen sinnlos herumzuquälen, ist es besser, von alldem möglichst wenig zu spüren. Leider wächst dabei meist die Angst vor diesen verdrängten Gefühlen. Und die muss erst einmal abgebaut werden, bevor man an so etwas wie Trost und damit den Abbau der Traurigkeit denken kann. Wenn Sie sich angesprochen fühlen und Ihnen die Trauer Ihres inneren Kindes noch zu bedrohlich erscheint, können Sie den nächsten Abschnitt zunächst überspringen und beim Abschnitt »Vom schwarzen Loch zur Kuschelecke« auf S. 209 weiterlesen.

Wenn Sie dagegen keine große Angst vor der Traurigkeit Ihres inneren Kindes haben und lernen möchten, ihm einen guten Trost zu geben, versuchen Sie Ihre Aufmerksamkeit auf Ihr trauriges inneres Kind zu richten. Vielleicht ist Ihnen der Grund seiner Traurigkeit sofort bewusst, weil sie eine Reaktion auf ein bestimmtes schmerzliches Ereignis oder eine schmerzliche Erinnerung ist. Vielleicht müssen Sie aber auch erst ein wenig nachfragen, um herauszubekommen, woher die Trauer kommt. Oft entstehen dabei innere Bilder mit entsprechenden Erinnerungen, zum Beispiel an eine Kränkung oder einen Verlust, die Ihnen helfen, den Schmerz zu verstehen.

Eine besondere Klarheit im Verständnis Ihres inneren Kindes erreichen Sie, wenn Sie *die schmerzlichen Botschaften formulieren* können, unter denen es leidet. Meist spielen Selbstzweifel wie »Ich bin nicht gut, liebenswert, stark, schön, erfolgreich ... genug« eine wichtige Rolle. Aber auch schmerzliche Botschaften über die Menschen, mit denen Sie leben, können ihm wehtun: »Niemand versteht mich, keiner will mir helfen, niemand mag mich ...«

Sobald Ihr inneres Kind bestätigen kann, dass Sie die richtige Botschaft gefunden haben, haben Sie einen wichtigen Schritt gemacht: Sie haben es durch Ihr Verständnis aus seiner Einsamkeit geholt. Wenn Sie oder Ihr inneres Kind noch einen gewissen Abstand voneinander halten möchten, ist es gut, ihn einzuhalten. Sobald Sie und Ihr inneres Kind es möchten, wird es sehr heilsam sein, wenn Sie es in den Arm nehmen. Damit vermitteln Sie ihm Botschaften wie: »Ich mag dich so, wie du bist – wenn es dir gut geht und genauso, wenn es dir schlecht geht«; »Es ist schön, dass du bei mir bist« oder: »Ich möchte dir helfen, weil ich es sehr wichtig finde, dass es dir wieder gut geht«. Dadurch entstehen Nähe und gegenseitige Zuneigung, und das Kind fühlt sich bei Ihnen geborgen.

Gleichzeitig vermindern Sie das schreckliche Gefühl des Kindes, falsch, minderwertig oder unwichtig zu sein. Denn durch Ihre liebevollen und realistischen Botschaften entsteht ein Gegengewicht zu den schmerzlichen Botschaften, und der Stachel in der Seele Ihres inneren Kindes beginnt sich zu verkleinern. Darum ist dieser Moment einer der heilsamsten in Ihrem inneren Dialog. Nehmen Sie sich also immer wieder Zeit, ihn zu genießen, während Sie Ihr inneres Kind im Arm halten, sein Vertrauen spüren, seine Erleichterung und körperliche Entspannung, während es Ihre Nähe genießt. Niemand kennt Ihr inneres Kind so gut wie Sie, und niemand ist so kontinuierlich in seiner Nähe. Darum kann auch niemand ihm so viel Halt und Sicherheit geben wie Sie.

Wenn Ihr Verständnis und Ihre Zuneigung bei Ihrem inneren Kind angekommen sind, können Sie den nächsten Schritt machen: Die konkrete *Realitätsüberprüfung der Botschaften*, unter denen es leidet. Wenn es ganz nüchtern und ohne kindliche Übertreibung schildert, was passiert ist, warum es sich verlassen fühlt oder unter Streit oder schmerzlichen Verlusten leidet, können Sie das Kind nur trösten, indem Sie sagen: »Ja, was du dazu denkst, ist genau richtig, das war wirklich hart! Und ich kann verstehen, dass du darum traurig und vielleicht auch wütend bist.«

Wenn es dagegen – und das ist bei einem aufgebrachten inneren Kind oft der Fall – unter Selbstzweifeln und übertrieben negativen Botschaften leidet, können Sie ihm helfen zu verstehen, dass seine radikalen Gefühle verständlich sind, die Realität aber glücklicherweise besser aussieht.

Markus F. teilte seinem inneren Kind etwa Folgendes mit: »Es ist traurig, dass wir unsere Freundin verloren haben. Aber ich will uns immer wieder daran erinnern, dass wir trotzdem sehr wertvoll sind. Außerdem haben wir Freunde, die sich freuen, wenn wir mehr Zeit mit ihnen verbringen, und wenn wir wirklich eine neue Freundin haben möchten, bin ich mir ganz sicher, dass wir auch bald wieder eine finden können, denn ich weiß, dass du liebenswert bist. Wenn wir aus den alten Problemen lernen, kann es das nächste Mal sogar noch besser laufen. Solange wir keine Partnerin haben, können wir uns zusammen eine richtig schöne Zeit machen: eine Zeit, in der ich mich viel mehr um dich und deine Bedürfnisse kümmern kann als bisher. Es wird uns beiden sehr guttun, wenn wir uns mehr und mehr kennenlernen und vertrauen.«

Realitätsüberprüfungen, die unsere Lebensumstände betreffen – wie Beziehungen, Materielles oder unsere Gesundheit –, spielen oft eine wichtige Rolle für uns und unser inneres Kind. Eine grundlegende Bedeutung haben allerdings immer die oben erwähnten Botschaften die sich auf unser inneres Kind selbst beziehen und unsere Haltung ihm gegenüber: seinen Wert, sein Wesen, kurz gesagt, das Bild, das wir von unserem inneren Kind haben. Denn das ist die Basis unseres Selbstbildes, und unser Selbstbild hat immer einen großen Einfluss auf unsere Lebensqualität.

Weil ein *guter Trost* nicht nur Verständnis und ein gutes Selbstwertgefühl, sondern auch einen guten Umgang mit schmerzlichen Gefühlen vermittelt, hat er eine sehr heilsame Wirkung. Umso schlimmer ist es, dass es für viele Menschen absolut selbstverständlich war und ist, unter im wahrsten Sinn des Wortes trostlosen Umständen zu leben und den schmerzlichen Botschaften des inneren Aufpassers völlig ausgeliefert zu sein. Sogar in medizinischen und psychotherapeutischen Institutionen findet sich immer wieder ein Mangel an Verständnis und Trost für die seelischen Probleme von Patienten. Ich bin überzeugt, dass das nicht an irgendeiner Boshaftigkeit liegt, sondern an der tragischen Unwissenheit im Umgang mit schmerzlichen Gefühlen. Und an der Angst, sich mit den eigenen schmerzlichen Gefühlen tröstend zu beschäftigen, denn das ist eine

Voraussetzung dafür, andere gut zu trösten. Ja, es bedeutet einen gewissen Aufwand, sich die Spielregeln des Tröstens anzueignen, wenn sie noch nicht bekannt sind, und auch Mut, sich mit den eigenen schmerzlichen Gefühlen auseinanderzusetzen, aber es lohnt sich – für uns selbst und alle, die sich uns anvertrauen.

Durch einen liebevollen Kontakt zu unserem inneren Kind können wir viele Selbstzweifel und andere schmerzliche Gefühle auflösen. Trotzdem können sich einige Botschaften sehr hartnäckig in unserer Seele halten.

Den alten Ballast abwerfen

Markus F.: »Ich kann meinem kleinen Markus schon viel mehr Halt geben, besonders der Gedanke, dass sich unser Wert nicht verändert hat, tut uns gut. Aber trotzdem habe ich seit der Trennung von meiner Freundin immer wieder das Gefühl, wertlos zu sein. Warum geht das nicht weg?«

Burkhard D.: »Wenn solche Botschaften sehr hartnäckig sind, liegt es wahrscheinlich daran, dass Sie sie schon seit vielen Jahren kennen. Wenn Sie in Ihre Vergangenheit schauen: Haben Sie vielleicht eine frühe Erinnerung an das beklemmende Gefühl, wertlos zu sein?«

MF: »Ja. Ich sehe mich gerade als Fünfjährigen bei meiner Mutter in der Küche stehen. Sie hatte damals keine freie Minute für mich. Ich kann mich noch nicht einmal erinnern, dass sie mich in den Arm genommen hat. Aber was hat das mit meiner Trennung zu tun?«

BD: »Das werden wir wahrscheinlich später herausfinden. Lassen Sie uns zunächst genau verstehen, was damals los war. Wie geht es dem kleinen Markus jetzt gerade, wenn Sie ihn mit seiner Mutter in der Küche sehen?«

MF: »Er denkt, dass er es nie schaffen wird, dass sie mit ihm zufrieden ist. Egal wie sehr er sich anstrengt.«

BD: »Und wie sieht es mit seinem Selbstwertgefühl aus?«

MF: »Er hat das Gefühl, in ihren Augen nichts wert zu sein. Ich glaube, das macht ihn todtraurig.«

BD: »Wenn ihn das so traurig macht, ist es sicherlich gut, wenn Sie versuchen, genauer zu verstehen, was er alles erlebt hat. Kann er das bestätigen?«

MF: »Ja, er ist erleichtert, dass wir uns das gerade angucken.«

BD: »Können Sie sagen, warum er denkt, dass seine Mutter keinen Wert in ihm sieht?«

MF: »Sie hat den ganzen Tag nur gearbeitet oder die Wohnung sauber gemacht. Sie hat einfach keine Zeit, mit dem Kleinen zu spielen oder einfach nur Zeit mit ihm zu verbringen. Er hat das Gefühl, für seine Mutter eher lästig zu sein.«

BD: »Es scheint, als wenn diese Szene in der Küche immer noch ein Beweis dafür ist, dass der Kleine lästig und nicht gut genug ist. Wie geht es Ihnen als dem Erwachsenen, wenn Sie ihn sehen?«

MF: »Er tut mir unendlich leid. Ich weiß genau, wie schrecklich sich das anfühlt!«

BD: »Wie geht es dem Kleinen, wenn er das Mitgefühl und das Verständnis des Erwachsenen erlebt?«

MF: »Er staunt. Und ist erleichtert, dass er verstanden wird.«

Die Mutter von Markus F. war in seiner Kindheit nicht in der Lage gewesen, liebevolle Nähe zu ihm aufzubauen. Daraus entstand in ihm die Botschaft »Du wirst nicht beachtet, weil du nicht liebenswert und sowieso unwichtig bist!«. Mit jeder weiteren gefühlten Ablehnung wurde diese Botschaft bestätigt und verstärkt. Schließlich wirkten solche Ablehnungen wie Beweise für die negative Botschaft und die Botschaft wie eine unumstößliche Gewissheit. Markus' innerer Aufpasser glaubte in seiner kindlichen Naivität natürlich daran, dass die erinnerten Szenen Beweise für die Richtigkeit der Botschaften waren: »Du hast es immer wieder erlebt, also ist es auch so: Du bist nicht liebenswert!« Mit seinem Alarm drückte er den Stachel der schmerzlichen Botschaft immer wieder in die Seele von Markus F.

Hier ist auch der Zusammenhang mit der aktuellen Trennung zu sehen: Markus F. erlebt sie unbewusst als eine weitere Bestätigung dafür, dass er nicht liebenswert ist.

Praktisch alle Menschen tragen solche schmerzlichen Erinnerungen und Botschaften mit sich herum. Wie können wir die Kraft der »beweisenden Erinnerungen« abbauen und unsere belastenden Botschaften loswerden?

Zunächst ist es wichtig, dass wir uns die entsprechenden Kindheitserinnerungen und auch die Botschaften bewusst machen, die mit ihnen verknüpft sind. Dabei kann uns unser inneres Kind sehr helfen. Denn im Kontakt mit ihm können Erinnerungen und Bilder aus der Vergangenheit besonders klar aufkommen. Wenn es um Erlebnisse in unserer Jugend geht, gilt alles hier Gesagte natürlich genauso für unseren inneren Jugendlichen.

Unsere Erinnerungen können einen Rahmen bilden wie eine alte Kulisse in einem Theater, in dem unser inneres Kind wie ein Schauspieler in seine damalige Rolle schlüpft. Auf diese Weise werden prägende Erinnerungen sehr lebendig. Und veränderbar. Denn wir können mit unserem Kind Kontakt aufnehmen, während es sich in diesen alten Szenen bewegt, und dann etwas tun, das ich immer wieder als ein Wunder erlebe: Wir können über die Brücke der inneren Bilder in unsere Vergangenheit gehen und die Unwahrheiten, unter denen unser inneres Kind schon so lange leidet, hier und heute auflösen. Wir können sogar aktiv als der Erwachsene in die damaligen Szenen eintreten und unser inneres Kind (in einer möglichst friedlichen Weise) in Schutz nehmen oder es aus der damaligen Situation herausführen.

Es kann zwar schmerzhaft sein, sich mit dem damaligen Leid zu beschäftigen. Aber es lohnt sich, wenn sich unser inneres Kind, vielleicht zum ersten Mal, mit diesen schmerzlichen Botschaften so deutlich gesehen fühlen kann.

Versuchen Sie also, die bildlichen Erinnerungen mit Ihrem inneren Kind ein wenig konkreter werden zu lassen. Was ist damals passiert, warum fühlt sich Ihr inneres Kind so, wie es sich fühlt? Versuchen Sie dann, die Botschaften zu benennen, die der damaligen Situation ihre schmerzhafte Wirkung gaben. Oft sind es Selbstzweifel wie: »Dass dies passierte, beweist, dass du nicht liebenswert, minderwertig, nicht gut, schuldig … bist.« Oder es sind negative Botschaften über die Welt, in der Sie lebten: »Das beweist, dass du nie die Liebe bekommen wirst, die du brauchst« oder: »Dein Schicksal ist Leiden«. Wenn Sie eine oder mehrere passende Botschaften gefunden haben, haben Sie etwas Wichtiges erkannt: die Bedeutung, die die Szene für Ihr inneres Kind hat.

Lassen Sie Ihrem inneren Kind ein wenig Zeit zu realisieren, dass es gerade von »seinem« Erwachsenen verstanden wird und damit einen wichtigen Halt bekommt.

Die belastenden Botschaften zu verstehen hat einen weiteren großen Vorteil: Sie haben einen konkreten Ansatz, um sie mit passenden Realitätsüberprüfungen aufzulösen. Dabei geht es darum, nicht die gewohnte, im Schmerz laute kindliche Stimme entscheiden zu lassen, was realistisch ist. Sondern als der leisere innere Erwachsene herauszubekommen, was damals – mit etwas Abstand betrachtet – tatsächlich realistisch war.

Wenn Ihr Kind unter Selbstzweifeln, also Botschaften wie »Ich bin nicht gut genug, schuldig, nicht liebenswert …« leidet: Schauen Sie sich die Umstände der damaligen Situationen genau an und fragen Sie sich, ob die alte Botschaft stimmte. Was war damals passiert? Wer hat was gesagt oder getan? Was hat Ihr inneres Kind/was haben Sie damals gesagt oder getan? Welche Gefühle hatte es damals, wie groß war seine Angst oder Einsamkeit? Wer hatte wofür die Verantwortung? Wie würden Sie heute urteilen? Schauen Sie genau hin und übernehmen Sie dabei nicht die Meinung anderer Menschen, die an der Szene beteiligt waren, sondern bilden Sie sich Ihre eigene Überzeugung. Ist das Kind in dieser Szene das Problem oder ist sein Verhalten verständlich? Ist es genauso wichtig, unschuldig, liebenswert und wertvoll, wie es ein anderes Kind in dieser Situation wäre? Meist sind es die an der Szene beteiligten Erwachsenen, genauer gesagt deren tragische Unwissenheit, die dafür sorgte, dass diese Erwachsenen nicht taten, was sie hätten tun sollen. Wie hätten Sie mit Ihrem heutigen Wissen an deren Stelle reagiert? Statt es zu kritisieren oder auf andere

Weise unter Druck zu setzen, hätten sie ihm wahrscheinlich Verständnis entgegen gebracht, es getröstet oder auf andere Weise unterstützt. Fragen Sie auch bei dieser Realitätsüberprüfung ruhig mehrfach: »Ist dieses Kind tatsächlich so wichtig, liebenswert und wertvoll wie jedes andere, oder ist es weniger wert, ist es schuldig? – Nein, es ist genauso viel wert und es ist genauso unschuldig, wie es ein anderes Kind wäre. … Stimmt das tatsächlich? Ja, es stimmt wirklich!« Denn eigentlich kann es gar nicht anders sein: Das Kind war immer so wichtig, liebenswert und wertvoll wie jedes andere Kind. Daran konnten und können kein Gedanke, kein Wort, keine Handlung und keine Ignoranz etwas ändern. Wenn Sie sich in einer Szene Ihrer Erinnerung tatsächlich unfair verhalten haben, können Sie vielleicht auch die Not erkennen, aus der heraus Sie so handelten, und sich mit Ihrem inneren Kind darüber einig werden, dass das Verhalten damals nicht in Ordnung war und dass so etwas nicht wieder passieren sollte.

Wenn es Ihnen gelingt, Ihr inneres Kind in der damaligen Szene realistisch und wohlwollend wahrzunehmen und seine Gefühle zu verstehen, holen Sie es aus seiner Einsamkeit und können es trösten.

Die häufigste Angst des Erwachsenen vor dem inneren Kind besteht darin, dass dessen Traurigkeit die Gefühlswelt des Erwachsenen überschwemmen und ihn damit sehr schmerzvoll lahmlegen könnte. Um diese Angstfantasie überprüfen zu können, ist es wichtig, zu verstehen, wie heftige Traurigkeit entsteht. Dabei kann es helfen, sich die negativen Botschaften als Stachel in der Seele vorzustellen. Wenn diese Botschaften bestätigt werden, wird der Stachel von Neuem in die Seele gedrückt, die Traurigkeit wird dadurch gestärkt. Und hier die entscheidende Erkenntnis: Wenn sie abgeschwächt werden, wird auch die Traurigkeit schwächer.

Dementsprechend: Wenn Sie einem traurigen Kind mit dem realistischen Bewusstsein begegnen, dass es so liebenswert und wertvoll ist wie jedes andere Kind, werden schmerzliche Selbstzweifel sehr wahrscheinlich nachlassen. Wenn Sie sich dann auch noch um seine kindlichen Alltagsbedürfnisse wie Spielen, Ausruhen, nette Leute sehen … kümmern, wird es sich bei Ihnen mehr und mehr geborgen fühlen können.

Burkhard D.: »Wie weit sind Sie jetzt von dem kleinen Markus entfernt?«

Markus F.: »Er sitzt direkt neben mir.«

BD: »Wie geht es ihm so nah bei Ihnen?«

MF: »Er ist erleichtert und fühlt sich geborgen. Er hat sich sogar an mich angelehnt.«

BD: »Wie fühlt es sich für Sie als den Erwachsenen an, den Kleinen so nah bei sich zu haben?«

MF: »Ich spüre, dass er zu mir gehört und dass er ein sehr wichtiger Teil meines Lebens ist. Es ist ein bisschen so, als wenn ich bei mir selbst angekommen wäre.«

BD: »Ja, Sie erleben gerade, wie wichtig Ihr inneres Kind für Sie ist. Die Botschaft, dass der kleine Markus lästig und nicht gut genug sei, haben wir ja als einen Stachel in seiner Seele bezeichnet. Würde er dem zustimmen?«

MF: »Ja, diesen Schmerz kennt er tatsächlich schon seit Langem.«

BD: »Was würden Sie als der Erwachsene sagen: Ist der Kleine weniger wert als andere Kinder, weil seine Mutter ihm nicht zuhörte und keine Zeit für ihn hatte?«

MF: »Nein, ich kann sehen, dass das ein schrecklicher Irrtum war. Eigentlich war sie nur dauernd mit ihrem Putzen und ihren völlig übertriebenen Ängsten und Sorgen beschäftigt.«

BD: »Können Sie als der Erwachsene sehen, wie lange der Kleine unter diesem Irrtum schon gelitten hat?«

MF: »Ja. Eigentlich leide ich bis heute darunter. Es ist furchtbar.«

BD: »Wenn Sie jetzt den Kleinen sehen: Wie wertvoll ist er? Ist er so unermesslich wertvoll wie jedes Kind?«

MF: »Ja, er ist wirklich sehr wertvoll.«

BD: »Wie geht es dem Kleinen, kann er Ihnen das glauben?«

MF: »Ja, er ist sehr glücklich, dass ich ihn sehe und so über ihn denke. Er ist ganz nah bei mir.«

BD: »Was hält er von der Idee, dass Sie ihn in Zukunft immer wieder in den Arm nehmen und ihn spüren lassen, wie wertvoll er in Ihren Augen ist?«

MF: »Das fände er sehr gut.«
BD: »Und was halten Sie als der Erwachsene davon?«
MF: »Ich werde es machen!«

Wenn Sie Ihr inneres Kind trösten, können Sie ihm Ihre Verbundenheit ganz unmittelbar zeigen, indem Sie es auf Ihren Schoß oder in den Arm nehmen. Vielleicht müssen ein paar Tränen fließen wegen des damaligen Leides, das Sie so lange beeinträchtigt hat. Nehmen Sie sich die dafür nötige Zeit.

Und genießen Sie für ein paar Momente die heilende Wirkung des Trostes und Ihrer Verbundenheit mit Ihrem inneren Kind. Je klarer und liebevoller Sie es dabei wahrnehmen können, desto tiefer wird die Entlastung für »Sie beide« sein. Spüren Sie die aufkommenden angenehmen Gefühle in Ihrem Herzen, in Ihrem Bauch oder in Ihrem gesamten Körper – wo immer sie zu spüren sind. Vielleicht sind es Erleichterung, Angenommensein, Geborgenheit, mehr Sicherheit, körperliche Entspannung und Wärme, ein tiefes und friedliches Ja zu sich selbst …

Spüren Sie auf der Seite Ihres inneren Kindes auch seine Dankbarkeit und Zuneigung für Sie als »seinen« liebevollen und haltgebenden Erwachsenen. Und genießen Sie all diese Gefühle zusammen mit Ihrem inneren Kind, während Sie es an die Hand oder in Ihren Arm nehmen.

Mit ein wenig Übung wird Ihr gegenseitiges Vertrauen wachsen, und Sie werden sich zutrauen, sich gemeinsam weitere Szenen aus Ihrer Kindheit anzuschauen. Tatsächlich ist das hilfreich, solange es noch wesentliche Szenen gibt, die Ihr inneres Kind belasten, denn nur wenn es sich in der Tiefe seines Schmerzes gesehen und verstanden fühlen kann, können Sie Ihr inneres Kind dort auch trösten. Das heißt aber auch, dass die Beschäftigung mit den Szenen der Vergangenheit Ihnen und Ihrem inneren Kind zunächst wehtun wird. Leider lässt sich das nicht vermeiden, denn solange unser inneres Kind einige schmerzliche Situationen nicht loslassen kann, müssen wir es dort in seinem Leid verstehen, abholen und trösten, damit es seine eigene Unschuld annehmen und die Szene loslassen kann. Dieser Schmerz, der sich mit Trost mischt, ist allerdings viel leichter zu ertragen als einer, bei dem die schrecklichen Unwahrheiten der Vergangenheit ganz real erscheinen.

Achten Sie trotzdem bei der Auflösung solcher Szenen auch gut auf sich als den Erwachsenen: Solange Sie noch Angst vor den intensiven Gefühlen Ihres inneren Kindes haben, sollten Sie sich mit ihm (oder Ihrem inneren Jugendlichen) leichtere Situationen anschauen oder die Beschäftigung mit der Vergangenheit auf später verschieben (vgl. dazu auch den Abschnitt »Was zu viel ist, ist zu viel – zurück in die Kiste« ab S. 213).

Wie schön wäre es, wenn wir diese Überprüfungen schmerzlicher Situationen nur einmal in unserem Leben machen müssten und von diesem Moment an keine Zweifel mehr zum Beispiel an unserem Wert und dem unseres inneren Kindes hätten! Aber wir haben immer noch unseren sehr nützlichen und engagierten inneren Aufpasser. Bei Ihren Realitätsüberprüfungen der Szenen wird er Ihnen über die Schulter geschaut und gestaunt haben, dass sie doch keine Beweise für die alten negativen Botschaften sind. Und weil er nun mal Ihr Aufpasser ist, hat er gar keine andere Wahl, als eine so fundamentale Veränderung anzuzweifeln. Darum wird er Sie wahrscheinlich an weitere schmerzliche Erlebnisse erinnern, mit der Frage, ob vielleicht *sie* Beweise für die alten bedrohlichen Botschaften sind. Oder ob sie genauso aufgeklärt werden können wie das erste Erlebnis, dem Sie sich gewidmet haben. Tun Sie Ihrem Aufpasser und sich den Gefallen und überprüfen Sie nach und nach auch diese Erinnerungen. Das Ergebnis dürfte das gleiche sein.

Wenn bestimmte Erlebnisse aus Ihrer Kindheit nicht mehr als bedrohlicher Beweis für die alten Botschaften gelten, muss Ihr Aufpasser auch nicht mehr mit der entsprechenden Dramatik auf sie hinweisen. Solche Szenen sind schließlich nur noch traurige Erinnerungen an einen schmerzlichen Irrtum, der Ihrem inneren Kind und Ihnen lange Zeit wehgetan hat. Dies zu betrauern und vielleicht auch zu beweinen kann ein wichtiger Schritt zu einem tief gehenden Verständnis und Trost Ihres inneren Kindes sein. Dabei können Sie »gute Tränen« daran erkennen, dass sich Ihr inneres Kind mit der Schwere seiner Last und seinem Schmerz nicht mehr einsam, sondern gesehen und verstanden fühlt. Dadurch hat das Weinen eine entlastende Wirkung. Und, ganz wichtig: »Gute Tränen« haben auch eine entlastende Wirkung, weil mit ihnen die alten belastenden Unwahrheiten ab- und haltgebende und realistische Botschaften aufgebaut werden.

Um noch mehr Abstand von einer belastenden Erinnerung herzustellen, können Sie noch etwas für Ihr inneres Kind tun: In Ihrer imaginären Welt können Sie die belastende Szene mit Ihrem inneren Kind ganz einfach verlassen. Nehmen Sie es an die Hand und führen Sie es aus der damaligen Szene heraus. Gehen Sie mit ihm an einen angenehmen Ort und gönnen Sie sich die Erholung, die Sie beide brauchen. Machen Sie sich zu guter Letzt bewusst, wie sich das Selbstbild Ihres inneren Kindes verändert: Je mehr es selbst erkennt, dass es immer sehr liebenswert und wertvoll war, ist und sein wird, umso mehr breitet sich ein tiefer Frieden in Ihnen »beiden« aus.

Hier noch einige weit verbreitete Botschaften mit entsprechenden Hilfestellungen für Ihre Realitätsüberprüfungen:

1. Botschaften über Ihr inneres Kind und seinen Wert

- »Du bist ein schlechtes Kind.« Fragen Sie sich: War Ihr Wert davon abhängig, ob Sie die Erwartungen Ihrer Eltern oder anderer Autoritäten erfüllten? Eine persönliche Abwertung ist immer ein Irrtum, denn kein Kind kann minderwertig sein. Das heißt aber auch, dass Sie jedes Mal, wenn Sie solche Abwertungen angezweifelt haben, recht hatten. So wie alle Menschen, die Ihnen gezeigt haben, dass Sie wertvoll sind.

- »Du bist falsch, so wie du bist!« Wie kann ein Kind »falsch« sein? Wenn es bestimmte Erwartungen nicht erfüllt oder tatsächlich einen Fehler gemacht hat, ist es immer noch genauso »richtig« und wertvoll wie jedes andere Kind. Wenn es starke Ängste oder Selbstzweifel hat, hat das immer einen (traurigen) Grund.

- »Was andere möchten, ist immer wichtiger als das, was du möchtest!« Grundsätzlich sind die Wünsche jedes Kindes wichtig, es gibt keine Kinder zweiter Klasse. Wer schlecht behandelt wurde, ist zu bedauern, aber kein bisschen weniger wichtig.
- »Du bist nicht gut genug.« In manchen Dingen kann man nicht gut genug sein. Aber wer entscheidet, was »gut genug« ist? Um wessen Erwartungen ging es damals? Hat das innere Kind wirklich etwas »falsch« gemacht, was hätte es »richtig« machen können und müssen? Oder hat es getan, was ihm möglich war, sodass man ihm fairerweise keinen Vorwurf machen kann? Hat es sich im Rahmen seiner Möglichkeiten vielleicht sogar sehr bemüht? Dafür sollte man es anerkennen.
- »Du bist schuld.« Wenn Schuld auch Minderwertigkeit bedeutet, ist diese Botschaft immer ein Irrtum. Genauso unzutreffend ist sie, wenn Ihr inneres Kind die »Schuld« für etwas zugewiesen bekommt, das es nicht zu verantworten hatte, oder wenn es sich tatsächlich nicht unfair verhalten hat. Sie können sich auch fragen: Hat mein inneres Kind (oder auch »hatte ich«) tatsächlich die Schuld an dem Leiden anderer, oder ist es (bin ich) trotz des Leidens anderer unschuldig?
- »Was damals passiert ist, war normal und richtig!« Nein. Ihre erwachsene Wahrnehmung, dass die Autoritäten damals Fehler gemacht haben, ist richtig.
- »Du bist nur wertvoll und liebenswert, wenn du meine Erwartungen erfüllst.« Das ist immer ein Irrtum. Selbst wenn ein Kind unter Stress steht oder sich nicht wunschgemäß verhält, ist es wertvoll und liebenswert.
- »Wer dich hart und voller Überzeugung kritisierte, hatte recht.« Wer übertriebene und persönlich abwertende Dinge sagte, hatte einen kindlichen Tunnelblick.
- »Du bist nur faul.« Faulheit wird oft mit Angst vor Misserfolg und Abwertung verwechselt. Statt des Vorwurfs wäre ein genaues Verständnis der Ängste und ihrer Ursachen wichtig gewesen – ebenso wie Trost und Unterstützung, den eigenen Weg zu finden.

- »Du bist in Gefahr, genauso wie damals!« Was sind die Unterschiede zwischen damals und heute? Haben Sie heute mehr Möglichkeiten, Hilfe zu holen? Sind Sie besser in der Lage, Nein zu sagen? Haben Sie mehr hilfreiche Freunde? Wenn sich Ihre Situation verbessert hat, liegt dies daran, dass Sie seit einiger Zeit nicht mehr hilflos sind, sondern Ihr Leben aktiv mitgestalten.

- »Niemand kann dich verstehen, weil deine Gefühle unzumutbar und deine Probleme eben doch nur eingebildet sind.« Gefühle eines Kindes können nicht generell unzumutbar sein. Sehr wahrscheinlich wurden Sie einfach nicht verstanden. Dass sich ein Kind eine Geschichte vollständig einbildet, kommt selten vor. Wenn dies doch einmal vorkommt, hat die erfundene Geschichte meist etwas mit seiner inneren Not zu tun.

2. Wenn-dann-Botschaften

- »Wenn Mama wütend und außer sich war, dann lag das nur daran, dass du böse und egoistisch warst!« Wenn Ihre Mutter außer sich war, war sie überfordert.

- »Wenn ich mich besser verhalten hätte, wäre Mama zufrieden gewesen, also war ich schuld.« Wer hatte die Verantwortung für was? Kann ein Kind das jahrelange Unglück seiner Eltern auflösen? Kann es ihre jahrelange Unwissenheit beenden, wenn die Eltern es selbst nicht wollen?

- »Wenn du etwas falsch machst, bist du ein schlechtes Kind.« Wie groß war Ihr Fehler damals, wie unfair Ihr Verhalten (auf einer Skala von 0 bis 10)? Wenn ein Kind durch seine Fehler zu einem schlechten Kind werden würde, gäbe es kein gutes Kind mehr.

- »Du bist nur liebenswert, wenn deine Eltern mit dir glücklich sind.« Ein Kind von glücklichen Eltern ist nicht liebenswerter als ein Kind unglücklicher Eltern. Ein Kind ist liebenswert, weil es bestimmte Eigenschaften mit auf die Welt bekommen hat.

Welche positiven Eigenschaften hat Ihr inneres Kind, haben also Sie mitgebracht?

- »Wenn du die Erwartungen der anderen nicht erfüllst, dann bist du ein Versager.« Was genau ist ein »Versager«? Jemanden, der so viel falsch gemacht hat, dass er deswegen minderwertig ist, gibt es nicht. Ihr Fehler kann nicht größer sein, als wenn Ihr virtueller Freund ihn gemacht hätte.
- »Wenn jemand traurig ist, bist du schuld!« Wer hatte die Verantwortung für wessen Gefühle? Wer hat sich unfair verhalten?
- »Wenn ich lieblose Dinge tue, die auch meine Mutter getan hat, bin ich als Mutter genauso lieblos wie sie.« Es ist absolut unmöglich, dass ein Mensch so ist wie ein anderer. Wie oft handeln Sie Ihren Kindern gegenüber so wie Ihre Mutter, und wie oft machen Sie es grundlegend anders? Der Grund für Lieblosigkeit sind meist Unwissenheit und große innere Spannungen.

3. Botschaften von den Menschen oder über die Menschen, mit denen Sie lebten (wir übertragen sie oft auf die Menschen, mit denen wir heute leben)

- »Die anderen warten nur darauf, dich abzuwerten und fertigzumachen!« Eine Meinung kann Ihren Wert und Ihre Fähigkeiten nicht verändern. Mindestens 80 Prozent der Menschen akzeptieren oder mögen Sie.
- »Vertraue niemandem, denn alle Menschen sind schlecht!« Manche Menschen verlieren ihren Respekt, wenn sie unter Druck stehen. Wer seinen Respekt beibehält, ist vertrauenswürdiger.
- »Was fair und was unfair ist, entscheiden andere; was du dazu denkst, ist unwichtig!« Es ist erlaubt, eine andere Meinung zu haben. Ihre erwachsene und realistische Einschätzung, was fair und was unfair war, ist entscheidend für Ihr inneres Kind.
- »Wer deine Wünsche nicht erfüllt oder anderer Meinung ist als du, wertet dich ab.« Ihr Wert und der Ihres inneren Kindes ist

völlig unabhängig von der Erfüllung Ihrer Wünsche, von Meinungsverschiedenheiten oder auch der Frage, ob Sie recht haben oder sich irren.

- »Du wirst nie bekommen, was deine Seele braucht!« Vernachlässigung ist nicht mehr gefährlich, weil Sie als der Erwachsene jetzt auf Ihr inneres Kind aufpassen und gut für es sorgen.

- »Deine Eltern und andere Autoritäten sind dir jederzeit überlegen!« Niemand hat den perfekten Werkzeugkasten, um die Welt zu verstehen und mit ihr umzugehen. Und ganz bestimmt nicht jemand, der in Konflikten den Respekt verliert.

Mehr zu häufigen problematischen Botschaften und dazu passende realistische und heilsame Botschaften finden Sie in Kapitel 3.

Was passiert mit Ihrem inneren Kind, wenn es Ihnen gelingt, die Macht der »beweisenden Erinnerungen« abzubauen, es zu trösten und die Stacheln aus seiner Seele zu ziehen? Es wird mit Erleichterung reagieren und mit Dankbarkeit gegenüber Ihnen, seinem Erwachsenen, der es aus seiner einsamen und schmerzlichen Situation herausholte. Und es wird – wie jedes Kind, das sich verstanden und liebevoll angenommen fühlt – seine Lebensfreude auf seine ganz eigene Weise zeigen. Durch einen regelmäßigen liebevollen Kontakt können wir unserem inneren Kind außerdem die Sicherheit geben, dass wir unser Leben heute und in Zukunft besser gestalten und seine Bedürfnisse besser erfüllen, als es uns früher möglich war. Die wichtigsten positiven Auswirkungen für Sie und Ihr inneres Kind beschreibe ich in Kapitel 5.

Vorher möchte ich Sie aber noch auf ein paar Hindernisse hinweisen, die diesen Heilungsprozess blockieren können. Manchmal erschweren sie nur die Veränderung einzelner Botschaften, manchmal verhindern sie beinahe den gesamten Klärungsprozess. Aber keine Sorge, auch gegen diese Blockaden ist ein Kraut gewachsen!

Kindliche Autoritäten

Einige Botschaften, die uns prägen, beziehen ihre große Kraft daraus, dass die Menschen, die uns diese Botschaften weitergaben, für uns besonders wichtig waren. Es waren Autoritäten – an erster Stelle die Eltern, aber auch andere wichtige Bezugspersonen wie etwa Lehrer. Wenn unsere Autoritäten in ihrem Blick auf die Welt realistisch waren, konnten wir von ihren Botschaften wahrscheinlich profitieren. Wenn das Denken dieser Autoritäten dagegen von eigenen Ängsten und Befürchtungen geprägt war, hat sich dies auch auf ihre Botschaften ausgewirkt, die dann eher radikal, abwertend und kaum logisch nachvollziehbar gewesen sein dürften.

Tatsächlich scheuen sich viele Menschen, die Worte ihrer Autoritäten, wie Eltern oder Lehrer, als kindlich zu bezeichnen: »Der hat sein Leben im Griff und weiß, wo es langgeht, den kann ich doch nicht einfach als kindlich bezeichnen!« Das hat aber zur Folge, dass nicht nur das realistische, sondern auch das kindlich-naive Denken und die Missverständnisse solcher Autoritätspersonen als Wahrheiten übernommen werden. Und das muss mehr oder weniger Verwirrung und Leid nach sich ziehen.

Darum ist es wichtig, das Denkniveau anderer immer dann als erwachsen zu bezeichnen, wenn sie in ihrem Denken tatsächlich realistisch und kompetent sind. Und ihre Gedanken zum Beispiel als auf Kindergartenniveau einzuordnen, solange es einem unrealistischen Tunnelblick entspricht.

Wenn Ihnen ein solches Einordnen der Haltungen und Argumente zum Beispiel Ihrer Eltern un-verschämt vorkommt, kann ich Ihnen nur zustimmen. Eine verschämte Einstellung gegenüber dem Denken anderer würde ich allerdings generell nicht empfehlen. Denn Sie können sicher sein, dass das Denken jedes Menschen immer mal wieder ins Unrealistische abrutscht. Außerdem heißt »un-verschämt« in diesem Zusammenhang nicht »unfair« oder »respektlos«. Schließlich bleiben Ihre Eltern (und alle anderen Menschen auch) trotz all ihrer Fehler und Übertreibungen als Menschen wertvoll, und neben ihren Fehlern sollen auch ihr realistisches Denken, ihre guten Taten und ihre Liebe uneingeschränkt stehen bleiben.

Ein kindlich geprägtes, unrealistisches Denkniveau beim Namen zu nennen hat auch den Vorteil, dass das Bild der Eltern oder anderer Autoritäten menschlicher wird. Die Autoritäten werden gewissermaßen vom Sockel der permanenten Überlegenheit geholt. Manche Eltern sind in der Lage, über ihre Fehler zu sprechen – dann ergibt sich eine große Chance: eine Offenheit und Nähe auf Augenhöhe mit ihnen. Und natürlich können auch Ihre Eltern davon profitieren, ihre alten Irrtümer loszuwerden.

Ein gesundes Selbstbewusstsein zu fördern, einen guten Umgang mit schmerzlichen Gefühlen und Konflikten vorzuleben, ein Kind zu trösten und ihm liebevoll Grenzen zu setzen … wer hat Ihren Eltern gezeigt, wie das geht? Wenn Ihre Eltern all das gelernt haben, haben Sie großes Glück gehabt. Wenn Ihre Eltern für solche Aufgaben allerdings nur grobe Werkzeuge zur Verfügung hatten, haben sie vielleicht mit einem »Du nervst!« oder »Du bist böse« reagiert, sobald sie an die Grenzen ihres Verstehens oder ihrer Geduld kamen. Andere reagieren mit Nichtbeachtung, übergroßer Betroffenheit oder direkten Schuldzuweisungen.

Warum verhalten sich manche Eltern so? Meist, weil es ihnen vorgelebt wurde. Aber auch andere Gründe sprechen dafür. Denn abwertende Botschaften und Schuldzuweisungen haben, so grausam es klingen mag, gewisse Vorteile: Sie sind für die meisten Kinder so schmerzhaft, dass die Kinder lieber das von den Eltern gewünschte Verhalten an den Tag legen, als weitere Botschaften dieser Art zu riskieren.

Es gibt aber auch ganz andere Motive: Manche Eltern setzen ihre Kinder mit abwertenden Kommentaren oder Drohungen unter Druck, um sich selbst nicht mehr klein und unfähig zu fühlen. Besonders häufig passiert das, wenn sie ihre Kinder als überlegene Konkurrenten erleben und sich angegriffen fühlen, sobald sie von ihnen zu Recht korrigiert werden oder ihre Kinder erfolgreicher sind als sie selbst. Mit Beschuldigungen wie »Du machst mich krank!« glauben manche überforderten Eltern, die Verantwortung für ihr eigenes Leben an ihre Kinder weitergeben zu können. Andere Eltern sind mit ihrem eigenen Leben so überfordert, dass sie sich in eine kleine Welt voller Ängste und Sorgen zurückziehen oder sich dauernd aggressiv »verteidigen« müssen. In dieser Welt geht dann die Verbindung sogar zu ihren Kindern verloren.

Wäre es diesen Eltern möglich gewesen, sich gegenüber ihren Kindern fairer und liebevoller zu verhalten? Am Ende bleibt meist die einfache Antwort: »Sie haben es nicht besser gewusst.« Und: »Wenn sie es besser gewusst und die passenden ›Werkzeuge‹ gehabt hätten, hätten sie es wahrscheinlich besser gemacht, denn ihre Kinder waren ihnen sehr wichtig.« So gesehen gibt es keinen Schuldigen, niemanden, der es tatsächlich anders hätte machen können. »Tragisch« beschreibt dann besser, was da aufgrund von Unwissenheit und Not oft über Generationen passierte.

Gleichzeitig ist es verständlich, wenn Menschen wütend darüber sind, dass ihre Eltern sich nicht ausreichend bemüht haben, sie liebevoll und fair zu behandeln und stattdessen ihre eigenen Anspannungen und Irrtümer unbedacht an sie weitergaben. Das Leiden, das solche Irrtümer hervorrufen, kann uns schließlich viele Jahre lang quälen.

Der verständliche Ärger über das Verhalten der Eltern geht manchmal so weit, dass sich die Betroffenen innerlich andauernd gegen ihre Eltern auflehnen oder darauf achten, sich bloß nicht so zu verhalten wie ihre Eltern. Wenn auch Sie immer wieder in diesen inneren Kampf gehen, können Sie besonders von der Erkenntnis profitieren, dass Ihre Eltern einen kindlichen Tunnelblick hatten. Denn dann können Sie aufhören, gegen jemanden anzukämpfen, der Ihnen vermeintlich dauernd überlegen ist. Stattdessen können Sie erkennen, dass die Zeiten Ihrer dauernden Unterlegenheit spätestens seit dem Ende Ihrer Kindheit vorbei sind. Genauso wenig müssen Sie gegen jemanden ankämpfen, der in emotionaler Hinsicht das Denkniveau eines vielleicht fünfjährigen Kindes hatte und Ihnen darum mit radikalen und irrationalen Ansichten und Verhaltensweisen das

Leben schwer gemacht hat. Dieser Kampf würde Sie in Zukunft vermutlich nicht sehr viel weiterbringen als bisher. Denn tatsächlich gibt es hier eine schlechte Nachricht: Sie müssen wahrscheinlich darauf verzichten, von Ihren Eltern das zu bekommen, was Sie von ihnen eigentlich schon immer hätten bekommen sollen – ein offenes Ohr und die nährende Botschaft »Ich habe dich sehr lieb, so wie du bist!« Aber es gibt auch eine gute Nachricht: Sie können diese Seelennahrung bekommen, täglich! Und zwar, indem Sie den entscheidenden Schritt in Ihre emotionale Unabhängigkeit gehen und sich Ihres inneren Kindes annehmen.

Wechseln Sie also vom Ärger über Ihre Eltern lieber mit Ihrer Aufmerksamkeit hin zu sich, zu Ihren Interessen und Werten. Und, ganz wichtig: zu den Bedürfnissen Ihres inneren Kindes. Das kann nämlich von Ihrem Kampf gegen die Lieblosigkeit und Ungerechtigkeit Ihrer Eltern in der Vergangenheit nicht wirklich profitieren; im Gegenteil, es wird dadurch immer wieder an schmerzliche Situationen erinnert. Wenn Sie aber die mangelnde Fürsorge Ihrer Eltern durch die langsam wachsende Selbstfürsorge und Wertschätzung für Ihr inneres Kind ersetzen, wird es ihm garantiert besser gehen. Gehen Sie deshalb innerlich ein wenig auf Abstand zu Ihren Eltern und den Spielregeln, mit denen Sie (bisher) gelebt haben.

Um eine neue Haltung gegenüber Ihren Eltern einnehmen zu können, muss Ihr inneres Kind vielleicht noch einmal betrauern, was damals passierte – und wie viele schöne Dinge nicht passieren konnten. Nehmen Sie sich die nötige Zeit dafür und versuchen Sie, es dabei tröstend zu begleiten. Wahrscheinlich werden Sie dabei einige wichtige Szenen erinnern und vor allem Botschaften, deren Überprüfung sich lohnen wird.

Versuchen Sie es außerdem einmal mit der Frage, ob Sie mit dem Leben Ihrer Eltern (oder anderer Autoritäten) tauschen möchten. Sehen Sie den Preis, den Ihre Eltern für ihre tragische Unwissenheit und ihre kindlichen Konzepte gezahlt haben. Sehen Sie die Ängste und die emotionale Unbeweglichkeit oder Einsamkeit Ihrer Eltern. Und machen Sie es ein wenig besser. Kehren Sie dafür zurück zu Ihren Werten und den Spielregeln, mit denen Sie sich inzwischen ein Leben aufgebaut haben, in dem Sie nicht nur besser für sich sorgen können, sondern auch Beziehungen zu liebenswerten Menschen aufgebaut haben, von denen Sie mehr positive Aufmerksamkeit und Unterstützung bekommen als in Ihrer Kindheit. Geben Sie Ihrem inneren Kind immer wieder das, was Ihre Eltern ihm nicht oft genug geben konnten: Nehmen Sie es an mit seinem liebenswerten Wesen und seinem Wert, nehmen Sie Ihre kindlichen Bedürfnisse wahr und erfüllen Sie sie mit liebevollem Weitblick – so wie Sie es Ihrer virtuellen Freundin empfehlen würden.

Im folgenden Abschnitt geht es um ein weiteres Hindernis, das uns davon abhalten kann, unsere seelischen Probleme zu lösen. Es äußert sich in der Angst, in ein tiefes und gefährliches Loch zu stürzen, sobald man die schmerzlichen Gefühle seines inneren Kindes zulässt.

Vom schwarzen Loch zur Kuschelecke

Die tiefe Trauer, die Bedürftigkeit und die Selbstzweifel des inneren Kindes können mit einer Heftigkeit und Hartnäckigkeit auftreten, die kaum kontrollierbar scheinen – besonders dann, wenn man es mit Erinnerungen zu tun hat, die scheinbar beweisen, dass das Kind nicht gut genug ist. Denn in diesen Szenen sitzt der Stachel der Unwahrheit besonders tief in seiner Seele.

Wenn solche Zustände drohen, muss unser innerer Aufpasser laut Alarm schlagen; oft befürchtet er, dass wir in ein tiefes schwarzes Loch fallen. Was hat es auf sich mit diesem Furcht einflößenden Loch? Warum geht es uns so schlecht, wenn wir dort »hineinfallen«? Wenn wir die Botschaften erkennen, mit denen wir uns in diesem »Loch« herumschlagen, wird es klar: Wir denken extrem negativ über uns und unsere Welt. Dabei erinnern wir uns an Situationen oder haben Zukunftsängste, die scheinbar bestätigen, dass wir unwichtig, schuldig, ein hoffnungsloser Fall sind und die Welt nichts weiter als ein Ort der Ungerechtigkeit und Unmenschlichkeit ist. In einer Krise haben all diese Schreckensszenarien eine geradezu magnetische Anziehungskraft auf unseren Aufpasser, der panisch auf sie aufmerksam machen muss. Genauso logisch ist es, dass unser inneres Kind heftig darunter leidet. Auslöser einer solchen Krise können aufkommende Erinnerungen an leidvolle Zeiten sein oder schmerzliche Erfahrungen, die die quälenden Botschaften scheinbar bestätigen.

Ein entscheidender Faktor für solch eine Krise ist die Unsicherheit des Erwachsenen, ob die quälenden Botschaften zutreffend oder falsch sind. Je mehr wir als der innere Erwachsene der Meinung sind, dass diese Botschaften zutreffen, umso größer ist unser Problem: Das innere Kind muss auf die negativen Botschaften mit Trauer und Angst reagieren, und der innere Aufpasser bekommt zusätzlich große Angst vor den Gefühlen des Kindes: »Achtung, die Gefühle des Kindes machen uns kaputt, wenn das so weitergeht!« Natürlich wird das Leiden des Kindes durch diese Botschaften noch verstärkt, denn jetzt wird es wieder als falsch und unzumutbar hingestellt – ein Teufelskreis der unangenehmsten Sorte. Je mehr wir dabei an all die schmerzlichen Botschaften glauben, desto tiefer sinken wir in das schwarze Loch.

Umgekehrt gilt aber auch: Ohne solche Botschaften und ihre »Beweise« können wir nicht in dieses schwarze Loch fallen. Der Weg aus dem schwarzen Loch ist also wieder das Überprüfen der unrealistischen Botschaften und ihrer »Beweise«. Und der langsame Kontaktaufbau zum inneren Kind beziehungsweise Jugendlichen, denn meist geht es um unangenehme Erinnerungen unserer Kindheit und Jugend.

Wer – nach einigen Wochen oder Monaten – den Kontakt zu seinem inneren Kind und/oder Jugendlichen und die positiven, realistischen Botschaften so weit aufgebaut hat, dass sie im Alltag positiv spürbar sind, ist auf dem Weg zu etwas, das vorher kaum vorstellbar schien: Das alte schwarze Loch verschwindet mehr und mehr, sodass Krisen immer seltener, schwächer und kürzer auftreten. Was vollkommen logisch ist, denn durch die positiven Beziehungen zu den inneren Instanzen wird Licht in das Dunkel gebracht und die alten bedrohlichen Unwahrheiten werden Schritt für Schritt aufgelöst. Außerdem gibt der innere Erwachsene seinem inneren Kind und Jugendlichen auf diese Weise einen Halt, den die beiden vorher in Krisenzeiten nicht hatten.

Wer diese Schritte gegangen ist, hat etwas Großartiges geschafft: Er hat aus einer der größten Gefahren – dem Versinken im schrecklichen schwarzen Loch – eine der heilsamsten Erfahrungen gemacht: Das Trösten des inneren Kindes und des inneren Jugendlichen. Denn durch diesen Trost werden die früher so schmerzhaften Stacheln der alten Unwahrheiten immer weiter aufgelöst und das innere Kind und der innere Jugendliche werden mit liebevollen Gesten und realistischen Botschaften getröstet und beruhigt. Aus innerer Verwirrung und Angst wird dabei innere Stabilität und Nähe zu sich selbst. Bildlich gesehen haben Sie aus dem Furcht erregenden schwarzen Loch eine wohltuende Kuschelecke gemacht.

Es ist allerdings angemessen, Respekt vor diesem Weg zu haben und sich dafür genügend Zeit zu nehmen. Denn wer sich mit seinen »beweisenden Erinnerungen« beschäftigt, obwohl sie noch eine zu große Überzeugungskraft haben, kann sich auch in eine handfeste Krise manövrieren, in der der eigene Aufpasser unentwegt heftig Alarm schlägt. Darum: Lassen Sie sich bitte die Zeit, die Sie brauchen, und achten Sie auf Ihr Stresslevel, denn die eigene Seele mit der Brechstange bearbeiten zu wollen ist keine gute Idee.

Ein bis zwei Gänge zurückschalten

Wenn Sie den Ballast abbauen, der sich in Ihrem »Regal der Wahrheiten« angesammelt hat, tun Sie eine sehr sinnvolle, aber auch anspruchsvolle und anstrengende Arbeit. Darum ist es besonders wichtig, dass Sie sich nicht zu viel vornehmen.

Woran können Sie ein »Zuviel« erkennen? An dem Alarm Ihres kindlichen Aufpassers. Dass er unter Druck gerät, wenn Sie seine Ängste und Erinnerungen analysieren, ist nicht zu vermeiden. Wenn er aber auf Ihre mutigen Aufräumarbeiten mit tagelanger Panik reagiert, sollten Sie einen Gang zurückschalten. Denn es nützt nichts und niemandem, wenn Sie sich einem so heftigen Stress unnötig aussetzen.

Um an Stabilität zu gewinnen, können Sie sich im Alltag immer wieder mit den angenehmen Gefühlen Ihres inneren Kindes (und Jugendlichen) beschäftigen und seine Bedürfnisse nach Entspannung, Humor, Gemeinsamkeit … erfüllen.

Wenn Sie die Gefühle Ihres inneren Kindes generell als belastend erleben und mit Ihrer inneren Arbeit gewissermaßen zwei Gänge herunterschalten wollen, können Sie das innere Kind zunächst mit etwas Angenehmem (wie einem Kuscheltier oder einem freundlichen Wesen an seiner Seite) versorgen und sich dann für die nächsten Wochen oder Monate von ihm verabschieden.

Anschließend könnten Sie sich den kleinen Erfolgen in Ihrem aktuellen Leben zuwenden: »Normalerweise fällt es mir schwer, Nein zu sagen, aber in den letzten Monaten habe ich es manchmal doch geschafft, und es war tatsächlich okay« oder: »Meistens kann ich Positives schlecht annehmen, aber neulich hat mir die freundliche Art von … gutgetan«. Vielleicht finden Sie auch ein paar positive Botschaften aus Kapitel 3, die Sie erfolgreich **überprüft und verinnerlicht** haben, sodass Sie sie wieder zu ein paar Prozent mehr annehmen können als vor einigen Monaten.

Sie können sich auch ein paar wohltuende Botschaften aus Kapitel 3 aussuchen und immer wieder auf sich wirken lassen, um sich weiter zu stabilisieren. Je mehr Sie die dort aufgelisteten realistischen Botschaften annehmen können, umso kleiner wird das schwarze Loch in Ihnen werden. Denn sie sind Antworten auf die häufigsten »Schwarzes-Loch-Botschaften« unserer kindlichen Aufpasser.

Eine weitere Möglichkeit ist es, sich extreme und damit Stress erzeugende Gedanken (mit Verallgemeinerungen wie »immer«, »nie«, »alle« …) bewusst zu machen und durch realistischere Formulierungen zu ersetzen (vgl. dazu in Kapitel 2 »Unser Aufpasser liebt Extreme«). Auch eine realistische Einschätzung der Größe Ihrer Fehler kann schnell beruhigend wirken (vgl. dazu in Kapitel 3 »Du musst alles perfekt machen‹ – gut genug reicht auch«).

Mit diesen Aktivitäten sind Ihre inneren Instanzen in der nächsten Zeit ausreichend gefordert. Und sie sind das Beste, was Sie jetzt tun können, um Ihren seelischen Ballast abzubauen.

Das dritte und letzte Hindernis, das ich Ihnen beschreiben will, ist so groß, dass es zunächst aus einer sicheren Distanz heraus verkleinert werden sollte.

Was zu viel ist, ist zu viel – Zurück in die Kiste

Dieses Hindernis besteht in einer großen Angst des Erwachsenen vor den Gefühlen seines inneren Kindes. Und zwar in Bezug auf bestimmte, besonders belastende Erinnerungen, zum Beispiel an Gewalt und Demütigungen.

Wie kann es dazu kommen? Viele Menschen haben sich in ihrer Kindheit erstens sehr bedroht und einsam gefühlt und zweitens kaum die Erfahrung gemacht, dass ihre schmerzlichen Gefühle durch Trost zurückgingen. Kein Wunder, dass sie die emotionalen Reaktionen ihres inneren Kindes auf besonders belastende Erinnerungen als Bedrohung erleben: Plötzlich wirkt es extrem verletzlich und randvoll mit unerträglichen Gefühlen, die nur immer unerträglicher werden, je mehr man sich auf sie einlässt. Ihnen zugeordnet sind häufig Botschaften wie »Du bist nichts wert!«; »Du bist dauernd in großer Gefahr!«; »Du bist schuld an allem Elend!«. Solange der innere Erwachsene diese Botschaften nicht ausreichend entkräften und so das Kind beruhigen kann, besteht eine naheliegende und häufige Reaktion darin, das alles zu verdrängen, sobald entsprechende Erinnerungen aufkommen. Denn das ist in der Regel hilfreich: Durch Ablenkung, Betäubung oder auch aggressives Agieren können die Gefühle des inneren Kindes in den Hintergrund gedrängt werden – zumindest kurzfristig. Denn langfristig bleiben die quälenden Botschaften unverändert wie ein Stachel in der Seele des Kindes und werden bei jeder Gelegenheit schmerzlich berührt, bei der der Aufpasser auf sie aufmerksam macht. Die Angst und Verzweiflung des inneren Kindes können in extremen Fällen wie eine mächtige Bedrohung erlebt werden und das Kind als ein Feind, der einem jederzeit große Schmerzen zufügen und den man nicht loswerden kann.

Wie kann man aus diesem Dilemma entkommen? Zunächst ist es wichtig, sich vor Augen zu führen, dass die Gefühle des inneren Kindes umso unangenehmer sind, je mehr es an die negativen (und meist unrealistischen) Botschaften glaubt. Denn das heißt auch, dass es sich umso schneller beruhigen wird, je realistischer und wohlwollender sein Erwachsener über das Kind denkt.

Wenn Ihnen dieses Wissen Mut macht, Ihrem traurigen inneren Kind ein wenig näherzukommen, ist es gut möglich, dass es sich schnell ein wenig beruhigt. Falls es mit seinen unangenehmen Gefühlen sehr lange nicht gesehen und angenommen wurde, braucht es allerdings das Vertrauen, dass Sie sich auch in Zukunft um es kümmern werden. Sein Vertrauen wird sehr wahrscheinlich wachsen, wenn Sie mindestens zweimal pro Woche zu ihm Kontakt aufnehmen (was im Übrigen auch dazu führen wird, dass es mit seinen positiven Gefühlen spürbarer wird).

Solange extrem schmerzliche Erinnerungen für Sie und Ihr inneres Kind allerdings noch zu belastend sind, können Sie ihm nicht ausreichend Halt geben. Dann ist zunächst ein anderes Vorgehen notwendig. Legen Sie die schmerzhaften Erinnerungen vorerst in die imaginäre »Kiste der Erinnerungen« zurück, aus der sie kommen. Beschriften Sie die Kiste mit ein oder zwei typischen alten Botschaften, zum Beispiel in Bezug auf Ihre Bedürfnisse und Ihre Sicherheit (»Was du willst, ist unwichtig«; »Deine Gefühle sind gefährlich«; »Du lebst ständig in großer Gefahr«). In nächster Zeit wird es vollkommen genügen, wenn Sie sich mit der Realitätsüberprüfung dieser Botschaften beschäftigen, und zwar in Bezug auf Ihren heutigen Alltag: »Bin ich heute vielleicht fast so wichtig wie meine virtuelle Freundin?«; »Kann ich schon etwas besser mit meinen Gefühlen umgehen?«; »Bin ich heute möglicherweise in Sicherheit?« Die abgeschwächte Form mit einem »vielleicht« oder »möglicherweise« kann es Ihnen erleichtern, die realistischen Botschaften anzunehmen. Auch mit anderen positiven Botschaften aus dem dritten Kapitel können Sie und Ihr Aufpasser sich beschäftigen, um sich mehr und mehr zu stabilisieren. Besonders wichtig ist dabei meist das faire Neinsagen, denn damit können Sie Ihr Gefühl der Sicherheit sehr wahrscheinlich erhöhen.

Mit dieser Arbeit in der Gegenwart tun Sie viel für die Verarbeitung Ihrer Vergangenheit, denn je weiter Sie die realistischen Botschaften in der Gegenwart aufbauen, desto mehr verlieren die unrealistischen Botschaften der Vergangenheit ihre bedrohliche Wirkung. Und umso leichter wird es Ihnen eines Tages fallen, dieselben positiven Botschaften auch in Bezug auf die Vergangenheit zu realisieren.

Fragen Sie sich auch immer wieder, was Ihnen – insbesondere Ihrer kindlichen Seite – hier und heute guttut. Versuchen Sie, Ihre selbstfürsorglichen Entscheidungen ein wenig anzuerkennen. Dabei können Sie sich immer wieder an dem orientieren, was Sie Ihrer virtuellen Freundin empfehlen würden.

Wenn Ihr Aufpasser Sie auf extrem belastende Szenen hinweist, sollten Sie sie immer wieder in die Kiste zurücktun und den Deckel schließen. Machen Sie Ihrem Aufpasser dabei klar, dass auch Sie Ihre Vergangenheit verarbeiten und hinter sich lassen möchten – wenn die Zeit dafür gekommen ist. Das wird der Fall sein, wenn Sie sich eine für den Alltag ausreichende Klarheit mit den entsprechenden realistischen Botschaften erarbeitet und eine positive Beziehung zu Ihrem inneren Kind aufgebaut haben. Damit werden Sie dann auch Ihre Angst vor seinen Gefühlen abgebaut haben. Und dann werden Sie stabil genug sein, um die Kiste für einzelne Szenen zu öffnen und ihre bedrohlichen Botschaften durch weitere Realitätsüberprüfungen abzubauen. Solange das aber noch nicht der Fall ist, sind all diese Szenen in der »Kiste der Erinnerungen« am besten aufgehoben. Dass die Kiste gelegentlich wieder aufspringen wird, ist wahrscheinlich. Ihre Kiste wird sich aber viel zuverlässiger wieder schließen lassen, wenn Sie sich jederzeit darüber im Klaren sind, dass Sie sie (noch) nicht öffnen wollen. Wer dagegen immer wieder voller Entschlossenheit, aber zu früh mit dem Aufräumen beginnen will, wird den Inhalt der Kiste schlechter zurückhalten können und sich selbst überfordern.

Manchmal ist die Beschäftigung mit belastenden Erinnerungen nach einigen Monaten der Stabilisierung möglich, in manchen Fällen erst nach einer jahrelangen Therapie. Wenn eine stark belastende negative Botschaft sich trotz aller Bemühungen nicht auflösen lässt und sich immer wieder auf quälende Weise zurückmeldet, kann dies auf ein unverarbeitetes Trauma hindeuten. Suchen Sie sich darum bitte professionelle Hilfe, falls Sie spüren sollten, dass Ihnen eine innere Stabilisierung allein nicht ausreichend gelingt. Die Arbeit mit den verschiedenen inneren Instanzen beziehungsweise Zuständen findet unter anderem in der Ego-State-Therapie statt. Das DBT-Training nach Marsha Linehan und viele weitere therapeutische Ansätze können Ihnen im praktischen Umgang mit starken inneren Spannungen helfen.

In seelischen Krisen können auch Medikamente eine wichtige Hilfe sein, um harte Zeiten zu überstehen oder überhaupt an sich arbeiten zu können.

Im Lauf Ihrer Stabilisierung werden Sie den Kontakt zu Ihrem inneren Kind (wieder) aufnehmen können. Zunächst mit dem, was Ihrem inneren Kind – und damit auch Ihnen – guttut. Wenn Sie später auch lernen möchten, Ihrem Kind aus seiner Traurigkeit zu helfen, aber noch ein wenig Angst davor haben, könnte Ihnen die folgende Strategie helfen.

Vertrauen ist gut, Abstand ist erst mal besser

Solange ein Kontakt mit Ihrem inneren Kind möglich, aber für Sie noch unheimlich ist, rate ich Ihnen Folgendes: Nehmen Sie die Fluchtimpulse, die die Traurigkeit Ihres inneren Kindes bei Ihnen auslöst, ernst und laufen Sie weg! Zumindest ein paar Meter. Gehen Sie in Ihrer inneren Vorstellungswelt so weit auf Abstand, dass Sie sich sicher fühlen, Ihr trauriges inneres Kind aber noch im Auge behalten können. Ein vollständiges Weglaufen wäre wie ein konsequentes Verdrängen, und das nützt Ihnen wenig, weil Sie das innere Kind, ebenso wie Ihren inneren Aufpasser, nicht loswerden können. Gehen Sie also auf einen Abstand von vielleicht fünf oder zehn Metern zu Ihrem inneren Kind, auch zehn Kilometer können passend sein. Aus dieser sicheren Entfernung können Sie es beobachten und »erforschen«.

Bevor Sie damit beginnen, können Sie etwas für Ihr inneres Kind tun. Durch die Vergrößerung Ihres Abstandes wird es sich zu Recht zurückgewiesen fühlen. Damit es sich nicht verlassen fühlen muss, stellen Sie ihm in Ihrer gemeinsamen Welt der Imaginationen ein Kuschel- oder Fantasietier zur Seite oder ein anderes Wesen, das ihm ein wenig Halt und Geborgenheit geben kann. Fragen Sie es dabei, wie diese Dinge genau beschaffen sein sollen, damit es sich damit wohlfühlen kann.

Das ist einerseits eine faire Geste Ihrem inneren Kind gegenüber, andererseits können Sie bei dieser Gelegenheit überprüfen, ob sich Ihr inneres Kind trösten lässt. Sehr wahrscheinlich werden Sie allein mit Ihrer freundlichen Geste die Gefühle Ihres inneren Kindes verändern. Mit anderen Worten: Ein wenig freundliche Aufmerksamkeit und ein paar kleine Zuwendungen in der imaginativen Welt zeigen bereits eine spürbare Wirkung auf die Gefühle Ihres inneren Kindes. Wie geht es Ihnen, wenn Sie das realisieren? Gut? Dann fragen Sie sich als Nächstes, wo Sie die angenehmen Gefühle zu dieser Erkenntnis in Ihrem Körper spüren. Spüren Sie eine Erleichterung, Entspannung oder Beruhigung in der Brust oder im Bauch? Vielleicht sogar Freude oder Stolz über Ihren Erfolg im Dialog mit Ihrem inneren Kind? Dann genießen Sie all diese angenehmen Gefühle und die Tatsache, dass Sie Ihrem inneren Kind mit dieser freundlichen Geste ein wenig von seinem Schmerz nehmen konnten.

Aus Ihrem sicheren Abstand können Sie nun weiter überprüfen, ob die Gefühle Ihres inneren Kindes tatsächlich gefährlich sind oder nicht. Folgende Fragen können Ihnen dabei helfen:

- Was ist mit der Traurigkeit meines inneren Kindes passiert, als ich (und das heißt auch mein inneres Kind) von anderen Menschen ein wenig Verständnis und Zuneigung bekam? Brauchte mein inneres Kind eher viel oder wenig Zuspruch, um sich ein wenig zu beruhigen?
- Sind seine emotionalen Ansprüche eher maßlos oder bescheiden, ist es eher undankbar oder dankbar?
- Wann/warum fühlte es sich schlecht? (Wahrscheinlich werden Sie feststellen, dass es sich wegen einiger Botschaften Ihres inneren Aufpassers schlecht fühlte, auf die es gerne verzichtet hätte.)
- Kann ich die realistischen Botschaften ganz langsam mehr annehmen?

Auch die Fragen zum Wesen Ihres inneren Kindes, die im Abschnitt »Das innere Kind kennenlernen …« ab S. 173 aufgeführt sind, können Ihnen hier nützen: Welche positiven Eigenschaften hat es mit auf die Welt bekommen? Wenn Sie zunächst an negative Eigenschaften denken, machen Sie sich klar, ob sie zutage treten, wenn sich Ihr inneres Kind wohlfühlt, oder ob sie letztlich Stressreaktionen sind, die ich nicht in erster Linie als das Wesen Ihres inneren Kindes bezeichnen würde.

Die positiven Eigenschaften Ihres inneren Kindes haben Sie erlebt, als es Ihnen gut ging: mit Freunden, wenn Sie Spaß hatten oder etwas genossen haben. Das werden Situationen gewesen sein, die Sie auch schon in Ihrer Kindheit gerne erlebten. Auch persönliche Stärken oder Talente können Sie Ihrem inneren Kind zuordnen. Wenn Sie Probleme haben, Ihre eigenen Stärken zu formulieren, fragen Sie einen Freund oder eine Freundin danach.

Sehen Sie auch, wie sehr Sie sich als der Erwachsene trotz aller Spannungen immer wieder darum bemüht haben, Ihrer kindlichen Seite Gutes zu tun: in Ihrer Freizeit, Ihren privaten, aber auch beruflichen Kontakten. Erkennen Sie an, dass sich Ihr inneres Kind trotz allen Leidens immer wieder gerne darauf eingelassen hat.

Nehmen Sie sich bei allen positiven Erkenntnissen immer wieder ein wenig Zeit, Ihre angenehmen Gefühle im Körper zu spüren. Damit bekommt Ihre realistische Wahrnehmung mehr Gewicht. Wenn Sie mehr und mehr feststellen können, dass sich Ihr Kind trösten und beruhigen lässt und Sie seine Qualitäten und seine positive Bedeutung in Ihrem Leben erkennen, werden Sie sich vielleicht eine vorsichtige Verringerung des Abstandes wünschen oder auch feststellen können, dass Sie ihm unwillkürlich nähergekommen sind. Hier gilt wieder: Nehmen Sie sich die Zeit, die Sie brauchen. Machen Sie umso kleinere Schritte, je mehr Bedenken Sie haben. Und vergrößern Sie den Abstand wieder, wenn Sie sich damit sicherer fühlen.

Wenn sowohl Sie als auch Ihr inneres Kind ein Nähebedürfnis spüren, sich aber noch unsicher sind, können Sie Ihre Nähe kontrollieren: Nehmen Sie Ihr inneres Kind zunächst nur für wenige Sekunden an die Hand oder auf Ihren Schoß. Überprüfen Sie anschließend, ob Sie dadurch in Gefahr waren und ob das Kind in irgendeiner Weise gefährlich war oder zum Beispiel bereitwillig wieder auf Abstand gegangen ist. Mit anderen Worten: Sehen Sie nach, ob Sie die Kontrolle über Ihre scheinbar sehr gefährliche Traurigkeit behalten haben. Wenn Sie bemerken, dass Sie von Ihrer Traurigkeit nicht überflutet und fertiggemacht wurden, können Sie einen Erfolg verbuchen … und Ihre Näheexperimente fortsetzen.

Zum Abschluss noch einige weitverbreitete negative Botschaften über die Gefühle des inneren Kindes mit den dazu passenden realistischen Botschaften an Ihr inneres Kind und an Sie als den inneren Erwachsenen:

- »Die Gefühle meines inneren Kindes sind verrückt!« – »Deine Gefühle beziehen sich immer auf das, was du früher erlebt hast, und auf das, was du jetzt gerade erlebst. Wer das weiß, kann auch erkennen, dass deine Gefühle immer verständlich sind, auch wenn sie auf Irrtümern beruhen.«
- »Mein inneres Kind hat doch selbst schuld!« – »Kein Kind sucht sich die negativen Lebensumstände und Botschaften aus, mit

denen es lebt. Auch du nicht; du hättest bestimmt gerne bessere gehabt. Und damals hast du auch nicht die Macht gehabt, sie zu verändern. Sonst hättest du es getan.«

- »Ich muss mein inneres Kind ablenken oder ignorieren, wenn es schlechte Gefühle hat!« – »Ablenkung kann vorübergehend sinnvoll sein, wenn es wichtig ist, dass ›dein‹ Erwachsener in seinem Leben ›funktioniert‹. Gleichzeitig ist es wichtig, dass du getröstet wirst, sobald dein Erwachsener dazu in der Lage ist – manchmal hilft dafür schon ein Kuscheltier in der imaginären Welt.«

- »Verdrängen funktioniert doch!« – »Kurzfristig kannst du deine schmerzlichen Gefühle kontrollieren und zurückdrängen, langfristig sind Verständnis und Trost viel besser. Das Trösten kostet ›deinen‹ Erwachsenen zwar kurzfristig Kraft, langfristig spart es ihm aber noch viel mehr Kraft. Außerdem setzt es deine wundervolle Lebensfreude frei.«

- »Schmerzliche Gefühle sind gefährlich!« – »Deine Gefühle können sehr anstrengend sein, sie sind aber nie gefährlich. Gefährlich können Versuche sein, vor deinen Gefühlen wegzulaufen. Für Fluchtversuche wie Süchte oder Aggressionen gegen sich und andere bist du aber niemals verantwortlich. Wenn du getröstet wirst, können deine schmerzlichen Gefühle sehr schnell zurückgehen.«

- »Die Gefühle meines inneren Kindes sind für andere unzumutbar!« – »Viele Menschen haben nicht gelernt, mit starken kindlichen Gefühlen gut umzugehen. Menschen, die andere verlässlich respektieren, können das meistens ganz gut.«

- »Wenn ich mich auf die schlechten Gefühle einlasse, werden sie immer schlimmer!« – »Wenn das Hingucken dazu führt, dass die quälenden Unwahrheiten nur wiederholt oder sogar bestätigt werden, ist es tatsächlich besser wegzugucken. Dann geht es erst einmal darum, dass dein Erwachsener sich eine Stabilisierung im aktuellen Leben erarbeitet. Zu deinen Stärken gehört, dass du eine große Geduld hast.«

- »Die Bedürftigkeit meines inneren Kindes ist maßlos, damit wird es mich fertigmachen!« – »Wenn dich ein freundlicher Mensch ein wenig annimmt, kannst du dich beruhigen und sicherer fühlen. Wenn du von deinem Erwachsenen einen ›guten Trost‹ bekommst, wird dein seelischer Schmerz noch mehr zurückgehen.«

- »Mein inneres Kind kann niemals getröstet werden!« – »Deine Traurigkeit wird weniger, wenn ein Erwachsener dich versteht und dir zeigt, dass du genauso wichtig und wertvoll bist wie jedes andere Kind. Wenn du das noch nicht ganz glauben kannst, ist es gut, wenn dein Erwachsener es dir immer wieder sagt und zeigt, indem er dich ernst nimmt und fürsorglich mit dir ist. Nicht nur du, sondern auch dein Erwachsener wird dafür noch ein wenig Zeit brauchen. Bleibt dran, es lohnt sich!«

Unabhängig davon, ob es Ihnen gelingt, Ihr inneres Kind zu trösten oder ob Sie noch etwas Abstand zu seiner Traurigkeit benötigen, können Sie eine Menge für es tun: Gehen Sie mit ihm in Ihrem Alltag immer wieder auf freundliche Weise in Kontakt, fragen Sie, wie es ihm gerade geht und was es sich wünscht.

Seine emotionalen Bedürfnisse können Sie oft mit wenig Aufwand erfüllen: Sie brauchen nur sein positives kindliches Wesen anzuerkennen und ein wenig Sympathie für es zu empfinden, und schon spürt es Ihren Halt. Als der innere Erwachsene können Sie seine kindliche Freude genießen, wenn Sie ihm immer wieder kleine materielle Wünsche erfüllen oder sich mit angenehmen Menschen treffen (vgl. auch den Abschnitt »Das innere Kind kennenlernen und seinen Wert erkennen« ab S. 173). Außerdem bestätigen Sie damit jedes Mal Ihre Fürsorge für Ihr inneres Kind und zeigen ihm so, dass seine Welt heute besser aussieht als früher. Denn jetzt geben Sie ihm die Aufmerksamkeit, die es damals nicht in ausreichendem Maß bekommen konnte. Auf diese Weise können seine schmerzlichen Gefühle einer großen Erleichterung Platz machen, in der die positiven und heilsamen Wahrheiten über Ihr inneres Kind und die Erfüllung seiner Bedürfnisse nach emotionalem Halt immer sicherer und selbstverständlicher werden.

Je weiter Sie die alten Stacheln in der Seele Ihres inneren Kindes auflösen können, desto mehr wird es aus seinen Selbstzweifeln und seinen traurigen Stimmungen herauskommen. Und umso mehr wird es – genau wie ein »echtes« Kind – seine Lebensfreude wieder spüren und mit Ihnen teilen.

Was passiert, wenn es Ihnen gelingt, Ihren kindlichen Aufpasser zu beruhigen und die Stacheln in der Seele Ihres inneren Kindes aufzulösen? Im Abschlusskapitel können Sie es lesen.

Kapitel 5

Das Beste, was Ihnen passieren konnte, sind Sie

Aus dem Quälgeist ist ein treuer Helfer geworden

Ihr Selbstwertgefühl ist jederzeit top. Darum sind Sie dauerhaft zufrieden und selbstbewusst. Und unabhängig, denn für ein gutes Selbstwertgefühl brauchen Sie weder die Anerkennung anderer noch Erfolgserlebnisse oder die Erfahrung, recht zu haben. Ihre Gedanken sind positiv und realistisch, Sie erkennen den absoluten Wert jedes Menschen, immer und überall. Sie können das Hier und Jetzt genießen – in Ihnen selbst und in den großen und kleinen Dingen um Sie herum.

Was für eine schöne Vorstellung, wirklich paradiesisch! Aber leider unrealistisch. Denn Ihr innerer Aufpasser wird sich trotz aller neu gewonnenen Klarheit immer mal wieder in Ihnen zu Wort melden. Er wird dann beispielsweise einen Ihrer Fehler härter beurteilen, als Sie es bei einem Freund tun würden, und bei besonders harter Kritik werden Sie wahrscheinlich auch gelegentlich eine Delle in Ihrem Selbstwertgefühl erleben. Auch Ihre Wertschätzung für andere wird in stressigen Situationen wahrscheinlich vorübergehend absinken.

Trotzdem können Sie unserer paradiesischen Fantasie näherkommen, wenn es Ihnen gelingt, die Spielregeln im Umgang mit Ihrem kindlichen Aufpasser anzuwenden.

Warum verbessert sich unsere Lebensqualität so eindeutig, wenn unser kindlicher Aufpasser ruhiger wird? Weil er nur für die negative, bedrohliche Seite der Dinge zuständig ist und weil er durch seinen kindlichen Tunnelblick die Dinge oft übertrieben negativ einschätzt. Wer es schafft, seinen kindlichen Aufpasser mit realistischen Gedanken zu beruhigen, muss also positivere Gedanken und darum auch angenehmere Gefühle haben. Er wird weniger »gefühlte Bedrohungen« erleben und damit auch weniger inneren Ballast mit sich herumtragen. Das Leben wird sich dementsprechend leichter anfühlen.

Je mehr es uns gelingt, das sinnlose und selbstquälerische Denken abzubauen, umso mehr innere Sicherheit gewinnen wir, die uns freier macht und mehr im Hier und Jetzt sein lässt. Durch unsere positiveren und realistischeren Gedanken fühlen wir uns entspannter, lebensfroher und freier. Wir sind gelassener und mehr bei uns selbst. Vor allem durch eine realistische Einschätzung unseres Selbstwertes werden wir an Selbstsicherheit gewinnen.

Unsere Gedanken sind nicht nur realistischer, sondern auch effektiver, wenn wir die unproduktiven Grübeleien, die letztlich nichts anderes als festgefahrene Realitätsüberprüfungen sind, beenden. Wir fühlen uns weniger ohnmächtig, weil wir nicht immer wieder an den übermäßigen Ansprüchen unseres inneren Aufpassers scheitern und unsere Erfolge besser anerkennen können. Je mehr wir die endlosen und unproduktiven Denkschleifen, Selbstzweifel und übermäßigen Ängste vor Kritik und Fehlern abbauen, umso besser können wir uns konzentrieren. Dadurch steigt unsere Leistungsfähigkeit – auch am Arbeitsplatz.

Unsere frühen Vorfahren mussten schon beim bloßen Verdacht auf eine Bedrohung kampf- oder aber fluchtbereit sein. Die dazugehörigen Mechanismen im Gehirn sind uns geblieben, und darum führt ein ängstlicher Gedanke auch heute noch dazu, dass sich unser Blick verengt und auf die vermeintliche Gefahr konzentriert. Unsere Muskelspannung erhöht sich, unsere Herz- und Atemfrequenz wird gesteigert. All das fordert einen erhöhten Energieumsatz des gesamten Körpers. Nimmt in uns dagegen ein Gefühl der Sicherheit und Gelassenheit zu, steht diese Energie für anderes zur Verfügung. Wir werden erleben, dass körperliche Beschwerden wie Schlafstörungen, spannungsbedingte Schmerzen und eine schnelle Erschöpfbarkeit nachlassen und vielleicht sogar ganz abklingen.

Natürlich wird sich das »Regal der Wahrheiten« unseres inneren Aufpassers nicht von heute auf morgen leeren. Solange er dort noch bedrohliche Botschaften findet, wird er Alarm schlagen und damit die Kettenreaktion der stressbedingten Beschwerden von Neuem anstoßen. Insgesamt wird dies jedoch immer seltener vorkommen, je weiter es Ihnen gelingt, Ihr »Regal der Wahrheiten« aufzuräumen.

Nicht nur das Gefühl des Lebendigseins, das Erleben und Genießen des eigenen Selbstwertes und der guten Dinge um Sie herum nehmen zu, wenn Sie Ihr Regal mit positiven und realistischen Botschaften füllen. Sie werden außerdem mehr Verständnis für Menschen entwickeln, die sich selbst oder andere fertigmachen. Aber dazu später mehr.

Das Loch ist weg! Wirklich?

Sie haben es über eine erfreulich lange Zeit geschafft, Ihren kindlichen Aufpasser zu beruhigen, die letzte Episode von Wut, Selbstzweifeln, quälendem Perfektionismus oder tiefer Niedergeschlagenheit ist lange her. Glückwunsch! Aber plötzlich taucht eine neue Angst auf: die Angst vor einem Rückfall in die harten Zeiten, in denen Ihr Aufpasser den Stachel der negativen Botschaften so schmerzhaft in Ihre Seele drückte, dass Sie innerlich wie gelähmt waren.

Eine neue Angst erfordert eine neue Realitätsüberprüfung: Was ist ein Rückfall? Es ist ein Zustand, in dem Ihr kindlicher Aufpasser wieder so heftig Alarm schlägt wie früher. Das war aber nur möglich, solange Sie an seine schrecklichen Botschaften glaubten. Wenn Sie aber die alten Unwahrheiten durch positive und realistische Wahrheiten ersetzt haben, warum sollten Sie wieder glauben, dass Sie grundsätzlich nicht gut genug sind und die Welt Ihnen feindlich gegenübersteht? Je klarer Sie Ihren Wert erkennen, umso unwahrscheinlicher sind erneute Phasen mit Minderwertigkeitsgefühlen und übermäßigen Selbstzweifeln. Wenn Sie Ihre Fehler realistisch einschätzen und erkennen, dass Ihr Wert unabhängig von Ihren Leistungen ist, werden Sie nicht wieder in einen zwanghaften Perfektionismus verfallen. Je realistischer Sie eine Situation einschätzen können, die früher eine Krise ausgelöst hätte, und je klarer und fairer Sie dafür sorgen können, dass Ihre Grenzen gewahrt bleiben, desto geringer wird die Wahrscheinlichkeit, dass Sie in eine Krise geraten. Je weiter Sie Ihre Angst vor der Traurigkeit Ihres inneren Kindes abgebaut und gelernt haben, die alten Stacheln der Minderwertigkeit durch Ihren Trost aus seiner Seele zu ziehen, umso geringer wird Ihr Bedürfnis sein, sich mit dauernder Aktivität, Suchtverhalten oder Ersatzbefriedigungen abzulenken.

Natürlich ist die Schattenseite des Lebens damit nicht komplett verschwunden. Verluste, schmerzliche Enttäuschungen und das (unnötige) Leiden anderer werden wir weiterhin erleben müssen. Auch die deprimierende Tatsache, dass unter den Menschen so viel Ignoranz und Trostlosigkeit existieren, werden wir nur geringfügig verändern können. Aber unsere eigene Welt, auf die wir direkten Einfluss nehmen können, und ein wenig von der Welt um uns herum können wir effektiv verbessern, wenn wir realistischer denken und die in den bisherigen Kapiteln beschriebenen Regeln des inneren Dialogs beachten. Die grundsätzlichen Selbstzweifel und Unwahrheiten, die uns früher so verletzlich und unsere Krisen so quälend machten, können dabei tatsächlich immer weiter zurückgehen. Mit anderen Worten: Das früher so gefürchtete schwarze Loch der tiefen Verzweiflung löst sich nach und nach in Wohlgefallen auf, Krisen von einer solchen Intensität und Dauer sind dann nicht mehr möglich.

»Ein paar Wochen lang ging es mir richtig gut, jetzt geht es mir schon wieder schlecht, obwohl eigentlich gar nichts Schlimmes passiert ist!« Zugegeben: Das sagen mir Klienten immer mal wieder. Solche Rückschläge treten meist auf, weil man den ungewohnten inneren Dialog nach den oben beschriebenen Regeln aus den Augen verloren hat, frei nach dem Motto: »Jetzt muss es doch auch mal gut sein!« Das ist verständlich, hat aber zur Folge, dass sich der kindliche Aufpasser mit den Resten seiner alten Muster von Neuem bemerkbar macht. Was wiederum dazu führt, dass das innere Kind mehr und mehr leidet.

Atmen Sie in diesem Fall also ein paarmal tief durch und nehmen Sie wieder Kontakt mit Ihren kindlichen Instanzen auf – unter besseren Bedingungen als vorher, denn Sie haben jetzt schon Übung und einige positive Erfahrungen mit Ihrem neuen inneren Dialog.

Ein anderer Grund für einen »Rückfall« kann das unermüdliche Engagement Ihres inneren Aufpassers sein. Durch Ihren erfolgreichen inneren Dialog ist er ruhiger geworden. In dieser Ruhe kann er nun bedrohliche Botschaften und »beweisende Szenen« ausgraben, die er bislang verdrängt oder in seiner Aufregung nicht wahrgenommen hatte. Verzweifeln Sie nicht, wenn er auf diese Weise noch einige »Altlasten« aus den Tiefen seines Regals hervorkramt. Schließlich muss er so lange Alarm schlagen, bis er keine wesentlichen Bedrohungen mehr zu melden hat. Natürlich führt das zu einer Verschlechterung Ihrer Stimmung, und das ist schlecht. Es ist aber nicht nur schlecht. Denn gerade wenn es Ihnen gelingt, auch diese Altlasten abzubauen, werden Sie davon auf lange Sicht sehr profitieren. Hier gibt es noch eine gute Nachricht: Es können zwar eine Menge »beweisender Szenen« hochkommen, letztlich dreht es sich aber um eine begrenzte Zahl von Botschaften. Sie werden sie wahrscheinlich alle in den Kapiteln 3 und 4 finden. Wenn Sie also diese Botschaften für sich geklärt haben, wird es im nächsten Schritt nur noch darum gehen, Ihr inneres Kind und/oder Ihren inneren Jugendlichen aus den »beweisenden Szenen« abzuholen.

Ich weiß: Es macht keinen Spaß, geduldig zu sein und fleißig seine Realitätsüberprüfungen zu machen, wenn es einem immer wieder schlecht geht und der innere Aufpasser scheinbar gnadenlos unangenehme Dinge aus den Tiefen seines »Regals der Wahrheiten« hervorholt. Erinnern Sie sich in diesen Zeiten noch einmal daran, dass er es eigentlich gut mit Ihnen meint und sich dauernd für Ihre Sicherheit engagiert. Sobald Sie den guten Willen Ihres Aufpassers erkennen und aus dieser positiven Haltung heraus den Dialog mit ihm wieder aufnehmen, machen Sie aus Ihrem ehemaligen Quälgeist einen zuverlässigen Helfer, der tatkräftig mit anpackt, wenn es darum geht, Ihr »Regal der Wahrheiten« aufzuräumen. Und das lohnt sich, denn der Inhalt dieses »Regals« ist so machtvoll, dass er unser ganzes Leben steuert: Unser Denken und Fühlen, unsere Überzeugungen und Gewohnheiten, alles, was uns bewegt, wird entscheidend davon geprägt.

Das eigene »Regal der Wahrheiten« aufzuräumen und zu einem Selbstbild zu gelangen, das dem positiven Bild Ihrer virtuellen Freundin oder Ihres virtuellen Freundes entspricht, ist ein tief greifender und manchmal anstrengender Lernprozess, der regelmäßiges Üben erfordert. Aber auch hier gibt es eine gute Nachricht: Der Neurowissenschaftler Tobias Esch hat den Veränderungsprozess erforscht, den unser Gehirn dabei durchmacht. Er hat den Mandelkern untersucht – das ist der Teil unseres Gehirns, der für den Alarm in unserem Bewusstsein zuständig ist. Man könnte ihn als die Schaltzentrale unseres inneren Aufpassers bezeichnen. Professor Esch fand heraus, dass wir unseren Mandelkern messbar verkleinern können, wobei seine übermäßigen Aktivitäten generell abnehmen. Und zwar durch mentales Training und das Spüren des eigenen Körpers. Was sehr gut zu dem »Wohlfühlpaket« (vgl. S. 77 ff.) passt, das aus einer positiven realistischen Botschaft und den entsprechenden angenehmen Gefühlen im Körper besteht. Durch ein tägliches Training konnten die Probanden von Professor Esch eine Verkleinerung ihres Mandelkerns innerhalb von acht Wochen erreichen.

Damit hat Ihre Beschäftigung mit Ihren ganz persönlichen Wohlfühlpaketen sogar eine neurowissenschaftliche Grundlage. Beim Einüben des neuen inneren Dialogs mit Ihren kindlichen inneren Instanzen verändern Sie gewissermaßen die neuronalen »Autobahnen« in Ihrem Gehirn. Ihr Denken läuft dann irgendwann nicht mehr in den gewohnten negativen Bahnen ab, sondern auf den Straßen, die Sie mithilfe der realistischen positiven Botschaften neu angelegt haben.

Sie werden sehen: Je öfter Sie üben, umso leichter wird Ihnen der neue innere Dialog fallen. Irgendwann können Sie Ihre Realitätsüberprüfungen sogar genießen, weil von ihnen nur noch die Wohlfühlpakete übrig bleiben: die positiven realistischen Botschaften mit den angenehmen Gefühlen, die sie auslösen. So holen Sie sich die Energie, die Sie früher in Ihre Grübeleien und Selbstzweifel investiert haben, hundertfach wieder zurück. Ganz zu schweigen von den Sorgen, die Sie sich ersparen, weil Sie eine alte schmerzliche Unwahrheit aufgelöst haben.

»Warum liegt in meinem Regal so viel Dreck herum?!« Ja, fluchen Sie, ich kann Sie verstehen. Natürlich haben Sie sich diesen »Dreck« nicht freiwillig ausgesucht und ihn in Ihr Regal gestopft. Mein Tipp: Schauen Sie sich einmal um, wie viele Menschen mehr oder weniger offensichtlich solchen Kram mit sich herumschleppen. Irren ist eben menschlich. Und darum auch das Leiden unter unrealistischen Botschaften. Gönnen Sie sich also eine kleine Pause und suchen Sie Trost in Ihren Erfolgen. Was hat sich in der letzten Zeit schon verbessert? Mit welchen Situationen können Sie entspannter umgehen? Vielleicht möchten Sie mit Freunden darüber sprechen und/oder eine Liste Ihrer Erfolge anlegen. Die können Sie immer dann zur Hand nehmen, wenn es nicht so glatt läuft und Sie eine Rückversicherung brauchen, dass Sie auf dem richtigen Weg sind. Loben Sie auch Ihren kindlichen Aufpasser, denn auch er hat einen guten Job gemacht. So können Sie vielleicht morgen schon ein paar passende Botschaften einüben und Ihren positiven inneren Dialog fortsetzen.

Das Böse in Ihnen … gibt es nicht

Was manche Menschen sich selbst und anderen Wesen antun, kann unglaublich grausam und böse sein. Uns selbst gegenüber verhalten wir uns grausam, wenn wir bestimmten Selbst-»Abwertungen« oder radikalen Handlungsanweisungen unseres Aufpassers folgen – das ist sicherlich klar geworden. Was kann uns aber dazu bringen, anderen großes Leid zuzufügen? Was ist das Böse im Menschen?

Was uns zu bösem Handeln drängt, sind ebenfalls die Not und die radikalen Anweisungen unseres kindlichen Aufpassers. Er drängt uns zu aggressivem Verhalten, um zum Beispiel eine gefühlte »Abwertung« durch eine Beleidigung abzuwehren. Das gierige Habenwollen hat oft das Ziel, ein mangelndes Selbstwertgefühl durch materiellen Besitz auszugleichen; die unfaire oder sogar sadistische Machtausübung soll die eigenen Gefühle der Bedeutungslosigkeit und Ohnmacht verringern. Nach Auffassung des Polizeipsychologen Professor Adolf Gallwitz sind Verletzungen des Selbstwertgefühls das häufigste Mordmotiv.[5] Die Ursache des bösen Handelns sind also immer wieder Irrtümer, allen voran der Irrtum, dass ein Mensch minderwertig sein kann, denn er lässt uns die Achtung gegenüber uns selbst und anderen verlieren.

Wenn es überhaupt einen »schlechten Menschen« gibt, dann ist es demnach einer, der an schlechte Botschaften glaubt. Schlecht sind also die Inhalte unseres Denkens, wir selbst sind nicht schlecht. Niemand ist schlecht. Der südafrikanische Friedensnobelpreisträger Nelson Mandela hat das mit den Worten ausgedrückt »Niemand wird geboren, um zu hassen, Menschen müssen lernen zu hassen. Und wenn sie lernen können zu hassen, können sie auch lernen zu lieben, denn Liebe empfindet das menschliche Herz viel natürlicher als ihr Gegenteil.«[6]

Böse Dinge tun wir nur, solange wir dem Druck der radikalen Botschaften unseres Aufpassers nachgeben. Selbstverständlich will ich aus dieser Erklärung kein Tolerieren böser Handlungen ableiten. Vielmehr ist dies ein Ansatz, »das Böse« zu verstehen und abzubauen. Denn wer die dahinterstehenden Botschaften hinter sich lassen kann und den unveränderlichen Wert seiner selbst und seiner Umwelt erkennt, wird sich emotional weniger verletzlich fühlen und we-

---

5 Vgl. »Der Mörder in uns«, Focus online, 02.03.2008.
6 Nelson Mandela: Der lange Weg zur Freiheit, Frankfurt a. M., 22. Aufl. 1997.

niger Stress empfinden, wenn ihn jemand »abwerten« will. Denn wer sich der Unabhängigkeit seines Wertes bewusst ist, weiß, dass das gar nicht möglich ist und der Versuch letztlich nur ein Beweis dafür, dass der andere gerade die eingeschränkte Perspektive eines Kindes hat. Mit diesem Wissen baut er die Triebfeder seines eigenen »bösen« Denkens und Reagierens ab.

Meine Erfahrung mit Patienten, ›die sich oft aggressiv verhielten, zeigt, dass sie sich auf diese Weise nicht nur viel weniger bedroht fühlen, sondern auch das Gefühl haben, mehr und mehr zu sich selbst zu finden. Und zu erkennen, dass das, was sie selbst sind, niemals böse war.

Wenn solche Patienten zusätzlich Strategien für eine faire Kommunikation lernen, fühlen sie sich noch sicherer und ausgeglichener. Ich habe noch nicht erlebt, dass ein Patient nach einer solchen Entwicklung in die Zeiten zurückwollte, in denen sein kindlicher Aufpasser ihn so häufig mit vermeintlichen Abwertungen durch andere und Angriffskommandos unter Druck setzte.

Das befreite Kind: Unterwegs zu einem positiven Selbstbild

Wenn wir unseren kindlichen Aufpasser beruhigen, befreien wir nicht nur ihn von seinen Ängsten, sondern auch unser inneres Kind von der Last seiner negativen Botschaften, sodass es sich leichter und lebendiger fühlen kann. Unsere Spontaneität, hingebungsvolle Ausdauer in Dingen, die uns faszinieren, Humor bis zur Albernheit, aber auch die Fähigkeit, sich jemandem in die Arme fallen zu lassen – all das gehört zu den wunderbaren Eigenschaften unseres inneren Kindes, von denen wir dann mehr profitieren können.

Auch die Wünsche unseres inneren Jugendlichen nach besonderen Begegnungen und Herausforderungen können unsere Lebensqualität sehr steigern. Darum gilt das, was ich hier über das innere Kind schreibe, ganz ähnlich auch für den inneren Jugendlichen.

Ein liebevoller Kontakt zu Ihrem inneren Kind entsteht, wenn Sie einerseits seine liebenswerte Natur erkennen und andererseits immer wieder auf seine Wünsche eingehen, denn dadurch wird es sich verstanden und geborgen fühlen. Dadurch werden Sie sich selbst mehr annehmen und sich sicherer und freier fühlen. Je mehr Zuneigung und Trost Sie ihm geben, umso mehr werden Sie ihm die Stacheln der alten Selbstzweifel aus seiner – und das heißt auch aus Ihrer – Seele ziehen. Mit anderen Worten: Je mehr Sie Ihrem inneren Kind geben, desto mehr bekommen auch Sie.

Ein guter Kontakt zum inneren Kind hat aber noch mehr positive Auswirkungen: Wer das liebenswerte Wesen und den Wert seines inneren Kindes erkennt, hat meiner Erfahrung nach die beste Basis für ein gutes Selbstwertgefühl.

Den Begriff *Selbstbewusstsein* kann man auch als ein Sich-bewusst-Sein des eigenen Wesens und der eigenen Bedürfnisse verstehen. So gesehen haben Sie mit einer fürsorglichen Haltung gegenüber Ihrem inneren Kind und Ihrem inneren Jugendlichen auch ein besonders großes Selbstbewusstsein.

Wenn Sie die Bedürfnisse der beiden auf eine angemessene Weise erfüllen, werden Sie Ihrem inneren Kind und Jugendlichen helfen, ihr lebensbejahendes Wesen auf ihre ganz eigene Weise zu entfalten. Sie können sie aber auch dann liebevoll begleiten, wenn Sie in einer Situation sind, in der Ihr inneres Kind oder Ihr innerer Jugendlicher auf die Erfüllung einiger Bedürfnisse verzichten muss. Dadurch erreichen Sie eine besondere innere Unabhängigkeit und emotionale Sicherheit.

Auch in Ihren Beziehungen werden Sie sich mit einem guten Kontakt zu Ihrem inneren Kind wohler fühlen. Denn wenn sich unser inneres Kind frei und sicher fühlt, können wir andere mit unserer Umgänglichkeit und lebensbejahenden Haltung anstecken. Die Menschen, mit denen wir zu tun haben, spüren es, wenn wir ein Bewusstsein für unseren eigenen Wert und den Wert anderer haben. Mit unserem Verständnis für die Bedürfnisse unseres inneren Kindes (und unseres inneren Aufpassers) wird auch unser Verständnis für andere Menschen wachsen, die ja ebenfalls diese beiden kindlichen

Instanzen in sich tragen. Je besser wir die Bedürfnisse unseres inneren Kindes (und die unseres kindlichen Aufpassers) verstehen, umso besser werden wir anderen erklären können, was uns bewegt, und gleichzeitig werden wir andere besser verstehen. Denn letztlich haben alle Menschen sehr ähnliche – eben menschliche – Ängste und Bedürfnisse. Wenn uns dies bewusst wird, werden wir mehr Verbundenheit mit anderen und weniger Einsamkeit erleben.

Unser verbessertes Selbstwertgefühl wird sich auch in Konflikten bemerkbar machen, weil wir weniger kränkbar sind. Dadurch fällt es uns leichter, Konflikte auf faire Weise zu lösen. Darüber hinaus verhalten wir uns weniger egoistisch, weil wir unseren Wert niemandem mehr beweisen müssen und von anderen weniger Bestätigung brauchen, um unser inneres Kind zufriedenzustellen. Und wir können Zuneigung besser annehmen, weil wir uns selbst weniger infrage stellen.

**Auf mich wirkt es immer wieder wie ein Wunder:
Wenn wir realistisch über uns denken und die Spielregeln
des inneren Dialogs beherzigen, können wir uns im Kontakt
mit unserem inneren Kind immer wieder selbst trösten
und tatsächlich unseres Glückes Schmied sein.**

Natürlich wird sich mit einem positiven, realistischen inneren Dialog nicht *alles* in Ihrem Leben zum Leichteren verändern. Denn einerseits werden sich viele Menschen darüber freuen, dass Sie positiver denken und ein besseres Selbstwertgefühl haben. Diesen Menschen werden Sie sich mehr als bisher verbunden fühlen, und manch einen werden Sie mit Ihrer veränderten Haltung sogar anstecken und mitziehen. Andererseits können durch Ihr positiveres Denken Probleme entstehen mit Menschen, die Ihre Veränderung nicht tolerieren können, weil sie möchten, dass Sie genauso denken und sich verhalten wie früher. Wenn das Weltbild des einen dann zunehmend anders aussieht als das Weltbild des anderen, entsteht oft eine innere Distanz. So tragisch das ist, kann ich sagen: Diese Distanz oder sogar der

Verlust von Beziehungen, die vorwiegend durch ein negatives Selbst- und Weltbild zusammengehalten haben, wird meist relativ gut verkraftet. Und sehr wahrscheinlich werden Sie bald neue Menschen kennenlernen, die ähnlich denken wie Sie, ihre eigenen Gedanken und Gefühle verstehen wollen und sich gerne mit Ihnen des Lebens freuen.

Eine gute Beziehung zum eigenen inneren Kind ist auch eine ausgezeichnete Grundlage, um suchthaftes Verhalten zu überwinden. Immer wieder erlebe ich Patienten, die wegen ihrer Ängste vor den schmerzlichen Gefühlen und Selbstzweifeln ihres inneren Kindes in Suchtverhalten fliehen. Sobald sie aber erleben, dass sie ihr inneres Kind trösten und beruhigen und damit ihre quälenden Gefühle abbauen können, verlieren auch alle Ablenkungsmanöver und Süchte an Bedeutung, die die Traurigkeit des inneren Kindes überspielen oder es sogar betäuben sollten.

Aus all diesen Gründen gehört die liebevolle Nähe zu unserem inneren Kind zu den wichtigsten und heilsamsten Erfahrungen, die wir meiner Meinung nach machen können. Tatsächlich gibt es dafür noch einen weiteren Grund. Denn der realistische und zugewandte Blick auf unser inneres Kind kann etwas sehr Machtvolles in unserem Leben zum Positiven verändern: unser Selbstbild.

Wir haben alle ein mehr oder weniger klares Bild von uns selbst: Ich bin liebenswert oder nicht, ich bin gut genug oder nicht, ich sehe gut aus oder nicht … Letztlich tragen alle unsere Eigenschaften zu unserem Selbstbild bei. Oder, genauer gesagt, unsere Bewertung dieser Eigenschaften. Und weil sich unsere Selbstbewertungen ständig ändern, ist auch unser Selbstbild nicht konstant: Mal haben wir das Gefühl, gut genug zu sein, dann wieder ziehen wir das in Zweifel. Besonders durch Anerkennung oder Kritik lässt sich unser Selbstbild positiv oder negativ beeinflussen.

Andererseits beeinflusst unser Selbstbild, ob wir uns von der Kritik anderer bedroht fühlen und ob uns ihre Anerkennung guttut, denn wir können nichts Negatives oder Positives annehmen, das zu weit von unserem Selbstbild abweicht. Damit prägt es unser Denken,

Fühlen und Handeln so machtvoll, dass es wesentlich darüber entscheidet, ob es uns gut oder schlecht geht. Und sogar, ob wir psychisch krank oder gesund sind.

Was an unserem Selbstbild kann uns psychisch krank machen? Es sind die alten Vorstellungen der Minderwertigkeit und übermäßigen Selbstzweifel, all die negativen Botschaften über uns selbst. Unser Selbstbild zu korrigieren wäre also die Lösung des Problems.

Viele Menschen hoffen darauf, dass Freunde, ein Partner oder ihre Eltern ihnen die Stacheln aus der Seele ziehen. Und tatsächlich wirkt deren Zuneigung auch heilsam. Aber eben nur so weit, wie unser Selbstbild es zulässt. Ein »Du siehst gut aus!« oder »Du bist wirklich ein geduldiger Mensch« kann uns jedenfalls kaum erreichen, wenn wir vom Gegenteil überzeugt sind. Andere können uns zwar dabei helfen, unser Selbstbild zu verändern, letztlich müssen wir diese Veränderung aber selbst in die Hand nehmen.

Wie können wir unser Selbstbild korrigieren? Bei der Korrektur unseres Selbstbildes kann es nicht darum gehen, ein »korrektes« Selbstbild zu bekommen, denn wer oder was wir wirklich sind, lässt sich nicht mit unserem Wesen und einer Menge von Eigenschaften beschreiben. Darüber hinaus ist es gar nicht nötig, ein allzu konkretes Selbstbild zu haben. Im Gegenteil: Wenn wir unser Selbstbild nicht zu sehr festlegen, lassen wir starre Denk- und Verhaltensmuster hinter uns und schaffen uns Freiräume.

Bei der Korrektur unseres Selbstbildes geht es vor allem darum, die übertrieben negativen und unrealistischen Zuschreibungen daraus zu entfernen, die uns als Stacheln in unserer Seele das Leben unnötig schwer gemacht haben. Darum tun wir schon einen großen Schritt in Richtung eines realistischen Selbstbildes, wenn wir »nur« erkennen, dass einige negative Botschaften aus unserem »Regal der Wahrheiten« schon immer falsch waren und dass wir tatsächlich wertvoll und liebenswert sind, so wie wir sind.

Je mehr negative »Wahrheiten« Sie über sich als Person und Mensch schon in Frage gestellt und je mehr positive und realistische

Botschaften Sie sich angeeignet haben, umso weiter haben Sie Ihr Selbstbild schon jetzt korrigiert.

Bitte nehmen Sie sich Papier und Stift und notieren Sie sich einige positive und negative Eigenschaften, mit denen Sie sich beschreiben würden, wie Aussehen, Charaktereigenschaften wie Hilfsbereitschaft, Wertschätzung, Ausdauer, Humor … Schätzen Sie auf einer Skala von 0 bis 10 ein, wie ausgeprägt die jeweilige Eigenschaft bei Ihnen ist, und notieren Sie auch dies. Geben Sie dann auch die Ausprägungen von 0 bis 10 an, die Sie Ihrer virtuellen Freundin hinsichtlich dieser Eigenschaften zuschreiben würden.

Sie werden höchstwahrscheinlich feststellen, dass Sie Ihrer virtuellen Freundin – die genau die gleichen Eigenschaften hat wie Sie – eine höhere Ausprägung der positiven Eigenschaften zuschreiben. Lassen Sie die positivere und realistischere Einschätzung Ihrer virtuellen Freundin auf sich wirken. Auf diese Weise werden Sie Ihr Selbstbild allmählich korrigieren. Darüber hinaus können Sie einige »beweisende Erinnerungen« für negative Anteile Ihres Selbstbildes auflisten und gemeinsam mit Ihrer virtuellen oder einer realen Freundin überprüfen.

Besonders klar und tief kann eine realistischere Selbsterkenntnis in der Beziehung zu unserem inneren Kind entstehen. Indem wir sein Wesen und seinen Wert erkennen und einen liebevollen Kontakt zu ihm aufbauen, legen wir nicht nur die wesentliche Grundlage für unser Selbstbild, sondern praktizieren auch gleich das Annehmen dieses positiven Selbstbildes, indem wir es unser inneres Kind spüren lassen.

Je besser wir unser inneres Kind kennenlernen, umso klarer wird uns werden, dass die negativen Botschaften des inneren Aufpassers nie ein Teil seines Wesens, sondern immer nur Fremdkörper waren. Niemals entsprachen diese Botschaften und Erinnerungen seiner Natur. Im Gegenteil, sie haben verhindert, dass es seine Natur entfalten konnte.

Dementsprechend wird sich der Effekt eines negativen Selbstbildes umkehren und unsere übermäßige Selbstkritik wird abgelöst durch ein tiefes Ja zu uns selbst, wenn wir unserem inneren Kind immer wieder liebevoll begegnen.

Die Korrektur unseres Selbstbildes ist sehr machtvoll. Wenn wir in unserem Selbstbild beispielsweise einen hohen und unabhängigen Wert haben, müssen wir uns nicht mehr vor »Abwertungen« schützen oder anderen unseren Wert beweisen. Wir werden freier von früher selbstverständlichen Rollenzuschreibungen wie »der Liebe« oder »die Erfolgreiche«, »die Ängstliche« oder »der Unabhängige«. Denn mit einem offeneren Selbstbild können wir immer noch lieb, erfolgreich, ängstlich oder unabhängig sein, wir müssen es aber nicht mehr.

Dementsprechend verändern sich auch unsere Gewohnheiten. Je weiter wir unsere alten Gewohnheiten abbauen, desto klarer wird, dass wir nie unsere Gewohnheiten *waren*. Denn wir können unsere Gewohnheiten verändern und sind immer noch wir selbst – und dabei noch freier als vorher, als wir in immer wieder denselben Gedanken und Verhaltensmustern gefangen waren. Meiner Erfahrung nach führt die Befreiung von unseren belastenden Unwahrheiten und Gewohnheiten mehr und mehr zu dem Gefühl, wir selbst zu sein. Und zu einem tiefen Ja, das wir in uns spüren.

Damit stellt sich einmal mehr die Frage, wer oder was wir eigentlich sind. Darauf möchte ich eine zugegebenermaßen ungenaue Antwort geben, die Ihnen schon bei der Frage nach unserem Selbstwert begegnet ist: Jeder von uns ist eine Quelle der Lebendigkeit.

Wo ist diese Quelle zu finden? Vielleicht können Sie die Quelle Ihrer Lebendigkeit in Ihrem Körper spüren. Vielleicht nehmen Sie dort eine Bewegung, eine Farbe, ein Strömen oder eine Energie wahr. Unsere Gedanken kommen und gehen, wir lernen und vergessen, aber dieses Lebendigsein ist immer in uns, es war schon immer da und wird immer da sein. Wenn es Ihnen gelingt, sich in diese Quelle der Lebendigkeit hineinfallen zu lassen (keine Sorge, Sie kommen ganz von allein wieder heraus!), werden Sie einen tiefen Frieden erleben können. Vielleicht werden Sie dann sogar feststellen, dass Sie gar kein festes Selbstbild mehr haben. Denn in diesem Moment haben Sie ein spirituelles Bewusstsein.

Wenn wir mit diesem spirituellen Bewusstsein im Hintergrund all das Lebendige und Wertvolle in uns und um uns herum erkennen und genießen, können wir einen inneren und äußeren Reichtum spüren, der unabhängig von persönlichen Erfolgen oder unseren materiellen Möglichkeiten existiert.

Befreit von den alten Irrtümern – Ihren eigenen Weg gehen

Was bleibt, wenn wir die unrealistischen und abwertenden Botschaften, all die übertriebenen Ängste und Warnungen aus unserem »Regal der Wahrheiten« geräumt haben? Es bleiben die Wahrheiten, die unserer eigenen Realitätsüberprüfung standhalten, die uns wirklich überzeugen und unseren Werten entsprechen. Das, was wir einer guten Freundin empfehlen würden. Genau das also, was wir brauchen, um die Entscheidungen und Kompromisse zu finden, die unseren Überzeugungen und Möglichkeiten entsprechen. Mit anderen Worten: das, was wir brauchen, um unseren eigenen Weg zu gehen.

Das Gefühl, den eigenen Weg zu gehen, bekommen wir nicht, wenn wir der lauten Stimme unseres kindlichen Aufpassers folgen oder die Meinung anderer Menschen regelmäßig über unsere eigene stellen. Natürlich können wir viel von anderen lernen. Das Gespür für unseren eigenen Weg bekommen wir aber nur, indem wir uns die Mühe machen, unsere bisherigen Überzeugungen und die anderer Menschen selbst zu überprüfen und so die Spreu vom Weizen zu trennen. Das kann zwar mühsam sein, aber der Aufwand lohnt sich, denn welchen Weg wollen Sie gehen, wenn nicht Ihren? Meiner Überzeugung nach gibt es jedenfalls keinen besseren Weg für Sie. Denn er passt am besten zu Ihrem Wesen, zu den Fähigkeiten, die Sie auf diese Welt mitgebracht haben, und zu den Dingen, für die Ihr Herz schlägt.

Ich wünsche Ihnen alles Gute auf Ihrem eigenen Weg und würde mich sehr freuen, wenn ich Ihnen mit meinem Buch helfen kann, den Ballast Ihrer alten Unwahrheiten hinter sich zu lassen und Ihren Weg immer wieder zu finden und zu gehen. Ich wünsche Ihnen tröstliche und beglückende Erfahrungen mit Ihrem inneren Kind und Jugendlichen. Vor allem aber wünsche ich Ihnen immer mehr Klarheit, Freiheit und einen tiefen Frieden in sich selbst.

Anhang

Mit welchem Zeitaufwand müssen Sie rechnen?

Zu Beginn einer Therapie fragen mich meine Klienten häufig, wie lange es dauert, eine spürbare Verbesserung ihrer Gefühlslage zu erreichen. Diese Frage lässt sich leider nicht präzise beantworten. An welchem Punkt jeder Einzelne von uns in diesem Prozess der inneren Klärung und Befreiung steht, lässt sich nicht ohne Weiteres bestimmen. Denn das hängt stark davon ab, wie viele alte Unwahrheiten wir mit uns herumtragen und welche Überzeugungskraft sie besitzen. Mit anderen Worten: von der Menge dessen, was wir verbeziehungsweise erlernen müssen, um aufzuhören, uns übermäßig zu kritisieren, einen guten Kontakt zu unserem inneren Kind und Jugendlichen aufzubauen und zu einem realistischen Selbstbild zu kommen. Nicht zuletzt spielen unsere (mehr oder weniger unterstützenden) persönlichen Lebensumstände eine wichtige Rolle, deren Veränderung oft einen langen Atem benötigt. Darum muss die Antwort auf die Frage nach dem Zeitaufwand mit »Einige Monate bis Jahre« sehr vage bleiben. Von einem guten Dialog mit unseren inneren Instanzen können wir allerdings ein Leben lang profitieren.

Wahrscheinlich werden Sie schon durch das bloße Einüben angenehmer Botschaften aus den Kapiteln 3 und 4 eine zügige Entlastung erreichen. Wie schnell Sie dabei vorankommen, hängt – wie bei jedem Lernprozess – auch von Ihrer Ausdauer ab und davon, wie intensiv Sie sich darin üben, neue, positive Botschaften zu verinnerlichen. Das Tempo Ihres Fortschrittes können Sie recht gut abschätzen, wenn Sie halbwegs regelmäßig Ihre passenden Botschaften üben oder sogar die Regeln des inneren Dialogs anwenden und alle zwei bis sechs Monate notieren, wo Sie gerade stehen, das heißt auch, wo Sie bereits Fortschritte gemacht haben.

Um entsprechende Fortschritte im Dialog mit Ihrem kindlichen Aufpasser zu erreichen, können Sie den systematischen Leitfaden nutzen, den Sie weiter hinten in diesem Anhang finden.

Ihr Werkzeugkasten zur Realitätsüberprüfung

Dieses Buch ist voll von Spielregeln und Werkzeugen für den Umgang mit unseren inneren Instanzen und für einen positiven inneren Dialog. »Regeln« und »Werkzeuge« – das klingt nicht nur technisch und unromantisch, es ist auch technisch und unromantisch.

Darum würde ich mich nicht wundern, wenn Sie sagen: »Ich will doch nicht mit irgendwelchen Werkzeugen an mir herumbasteln, ich will einfach nur, dass es mir gut geht!«

Wenn wir allerdings unser Denken und Fühlen nicht selbst in die Hand nehmen, setzt sich in der Regel diejenige Instanz in uns durch, die sich am lautesten meldet. Und das ist oft unser innerer Aufpasser mit seinen kindlichen Ängsten und Kommandos. Seinen Spielregeln zu folgen kann ihm (und damit uns) zwar kurzfristige Entlastungen bringen, langfristig ist aber ein übertriebener Stress garantiert.

Um unseres Glückes Schmied zu sein, müssen wir also unser Denken und Fühlen tatsächlich selbst gestalten. Aber keine Sorge, trotz aller Regeln und Werkzeuge sollen der kindliche Spaß und das Kuschelige dabei nicht zu kurz kommen. Im Gegenteil, ein wesentlicher Sinn dieser Arbeit ist es, das innere Kind und den inneren Jugendlichen von belastenden Selbstzweifeln zu befreien, sodass sie ihre lebensbejahende Natur entfalten können. Der Schriftsteller Erich Kästner drückte das mit den Worten aus: »Nur wer erwachsen wird und Kind bleibt, ist ein Mensch!«[7]

---

7 Erich Kästner: Ansprache zum Schulbeginn, in: Erich Kästner: Die kleine Freiheit. Chansons und Prosa 1949–1952, München 1952.

Um Sie bei einem guten Umgang mit Ihren inneren Instanzen zu unterstützen, beginne ich hier mit der Kurzfassung der Werkzeuge, mit deren Hilfe Sie zu einem neuen und sehr effektiven Umgang mit Ihrem inneren Aufpasser gelangen. Dreh- und Angelpunkt ist dabei die Realitätsüberprüfung der Botschaften Ihres inneren Aufpassers.

Der Werkzeugkasten enthält insgesamt sechs wichtige Werkzeuge:

1. Die virtuelle Freundin/der virtuelle Freund

Ihr virtueller Freund hat genau das Gleiche erlebt wie Sie, er hat die gleiche Lebensgeschichte, die gleichen Stärken und Schwächen, er hat die gleichen Erfolge und Misserfolge gehabt wie Sie. Er ist sozusagen Ihr Fantasiedouble und steckt in derselben Situation wie Sie, denn sein Aufpasser plagt ihn mit denselben Botschaften, die Ihnen Ihr kindlicher Aufpasser vor die Nase hält. Darum möchte er Ihren Rat haben und wissen, wie Sie über die Situation denken. Weil er ein vertrauensvoller Freund ist, können Sie ihm wohlwollend und offen sagen, was Sie meinen – und dabei werden Sie merken, dass die meisten Botschaften Ihres Aufpassers einer Überprüfung auf ihren Wahrheitsgehalt nicht standhalten.

2. Der wahre Freund/die wahre Freundin

Sie können Freunde und andere Vertraute nicht nur fragen, was sie in einer bestimmten Situation für realistisch oder fair halten. Sie können sie auch direkt fragen, wie sie mit einer ähnlichen Situation umgehen würden. Außerdem können Sie beobachten, was andere Menschen in solch einer Situation tun, um ein realistisches Bild Ihrer Möglichkeiten zu gewinnen.

3. Die Skalen von 0 bis 10 und von 0 bis 100 Prozent

Um den ängstlichen Alarm Ihres Aufpassers besser zu verstehen, können Sie ihn auf einer Skala von 0 bis 10 die Schwere eines Fehlers oder auf einer Skala von 0 bis 100 Prozent die Wahrscheinlichkeit eines Unglücks einschätzen lassen. Stellen Sie dem Ihre realistische erwachsene Einschätzung gegenüber – die meist wesentlich darunter liegt.

4. Experimente

Stellen Sie Ihre Gewohnheiten in kleinen Schritten um, damit Sie und Ihr Aufpasser genug Zeit haben, um zu überprüfen, dass Ihr Experiment tatsächlich ungefährlich ist. Und damit Sie kleine Pannen rechtzeitig erkennen und aus ihnen lernen können.

5. Zurück für die Zukunft

Der Blick in die Vergangenheit kann uns zeigen, was uns bereits gelungen ist. Warum soll uns das nicht auch in Zukunft gelingen? Auch über die (Un-)Wahrscheinlichkeit von Unglücken können wir viel aus der Vergangenheit lernen.

6. Die Frage nach der Sicherheit

Ein einfacher Weg, den inneren Erwachsenen zu aktivieren, ist die Frage »Was ist realistisch und was nicht?« Die Frage »Bin ich in Sicherheit?« fragt nicht nach der Angst, sondern nach dem, was sich der ängstliche Aufpasser am meisten wünscht: Sicherheit. Und sie kann meistens mit einem beruhigenden Ja beantwortet werden.

Leitfaden für den Dialog mit Ihrem kindlichen Aufpasser

Wenn Sie merken, dass Sie innerlich stark unter Druck stehen, können Sie Kontakt mit Ihrem aufgebrachten kindlichen Aufpasser aufnehmen und versuchen herauszubekommen, wovor er Angst hat.

Ihre jeweils aktuellen Wahrnehmungen, Gedanken und Gefühle können Sie sich anhand der im Folgenden genannten sechs Punkte notieren. Hilfreich kann es auch sein, immer wieder eine ganze Liste seiner Ängste aufzuschreiben, damit Ihr innerer Aufpasser alles loswerden und sich ernst genommen fühlen kann. Anhand der Liste können Sie die ängstigenden Botschaften Ihres Aufpassers nach und nach überprüfen.

Vorab zur Unterscheidung des kindlichen Aufpassers vom Erwachsenen:

- Der kindliche Aufpasser ist zu erkennen an seinem kindlichen Tunnelblick und daran, dass er sich große Sorgen macht.
- Der »wache« innere Erwachsene ist an seinem realistischen Überblick zu erkennen. Die Standardfrage zum Erkennen seiner tieferen Überzeugung: »Was würde ich einem Freund in so einer Situation empfehlen?«

1. Die Kontaktaufnahme mit dem kindlichen Aufpasser:
Wie hoch ist der Stresslevel meines kindlichen Aufpassers bei seinem aktuellen Thema? (auf einer Skala von 0 bis 10)

2. Was befürchtet er?
Mein kindlicher Aufpasser teilt folgende Botschaft mit:

Hilfestellungen:
Diese Fragen können Sie variieren, um die Angst Ihres kindlichen Aufpassers zu verstehen. Die Standardfrage an den Aufpasser lautet: »Was könnte in deiner kindlichen Fantasie schlimmstenfalls passieren?«

Eine Abwandlung: »Was würde es *bedeuten*, wenn ... passieren würde?« Zum Beispiel: »Wenn ich diesen Fehler mache, dann denken alle Kollegen, dass ich ...« Und eine gezielte Frage: »Wie groß wäre dein Selbstwertgefühl, wenn das passieren würde?« (Auf einer Skala von 0 bis 10.)

Wenn Ihr innerer Aufpasser Sie herumkommandieren möchte (»Du musst ...«, »Du darfst nicht ...«), können Sie fragen: »Was könnte passieren, wenn wir nicht tun, was du sagst?« Und: »Wie schlimm wäre das tatsächlich?«

Bei einer übermäßigen Angst vor Unglücken fragen Sie: »Mit welcher Wahrscheinlichkeit wird das Unglück deiner Meinung nach innerhalb der nächsten Stunden/Wochen/Jahre eintreten?« (auf einer Skala von 0 bis 100 Prozent)

Wenn es Ihrem kindlichen Aufpasser schwerfällt, eine konkrete Befürchtung zu äußern, können Sie ihn möglicherweise durch folgende Fragen besser verstehen:

- Wann hat er besonders laut Alarm geschlagen?
- Welche Situation oder Person war besonders schwierig?
- Welche Gedanken haben besonders heftigen Stress ausgelöst?
- Welche schmerzliche Situation soll sich nicht wiederholen?

Falls Sie an sich selbst übermäßige moralische Ansprüche stellen, können Sie Ihren Aufpasser fragen: »Hast du Angst, dass wir uns schuldig machen?«

Die Grundangst des kindlichen Aufpassers ist meist die Angst vor Abwertung und Zurückweisung.

Dem entsprechen folgende weitverbreitete Botschaften:

- »Wenn du das falsch machst, bist du weniger wert!«
- »Keiner mag dich, keiner respektiert dich, wenn du das (nicht) tust!«
- »Wenn die anderen so über dich denken, bist du weniger wert!«
- »Du bist schuld, auch wenn du keine Verantwortung dafür trägst!«
- »Es wird ein schreckliches Unglück passieren, weil …!«

Ihr Verständnis für Ihren kindlichen Aufpasser kann gestärkt werden, wenn Sie sich an Situationen erinnern (beispielsweise aus Ihrer Kindheit oder Jugend), ›in denen seine aktuelle Botschaft in Ihr »Regal der Wahrheiten« gelangte. Versöhnlich für Ihren Aufpasser ist es, wenn Sie als der Erwachsene dann Verständnis zeigen und sagen können: »Wenn du das tatsächlich befürchtest, kann ich verstehen, dass du Alarm schlägst! Danke für deine Fürsorge!« Ihr kindlicher Aufpasser kann sich jetzt verstanden und anerkannt fühlen. Und Sie wissen, dass er wahrscheinlich übertreibt.

3. Die Realitätsüberprüfung: Was ist hinsichtlich der Angstfantasie Ihres kindlichen Aufpassers wirklich realistisch?

Hilfestellungen:
Folgende Fragen können helfen herauszufinden, was realistisch ist:
»Was würde ich einem guten Freund sagen, der in meiner Situation steckt?«

»Stimmt es, dass …
- … ich tatsächlich all das tun darf, was andere tun dürfen?«
- … ich genauso wertvoll bin wie jeder andere Mensch, nicht mehr und nicht weniger?«
- … ein Fehler von mir tatsächlich genauso groß/klein ist wie ein Fehler meines Freundes?« (auf einer Skala von 0 bis 10)
- … ein Fehler von mir an meinem Wert tatsächlich genauso wenig ändert, wie solch ein Fehler eines Freundes an seinem Wert ändern würde?«
- … mindestens 80 Prozent der Menschen mich akzeptieren oder mögen, so wie sie mich wahrnehmen?«
- … dieses Urteil über mich zutrifft?« (Eventuell vorher klären: Was ist eigentlich ein Versager, Egoist …)
- … nur jemand schuldig sein kann, der tatsächlich Verantwortung trägt und auch wirklich anders hätte handeln können?«
- … die realistische Wahrscheinlichkeit für ein Unglück bei etwa 0,000001 Prozent und meine Lebenserwartung mit alldem bei 83 Jahren liegt?«
- … so viele Menschen das schon so oft gemacht haben, ohne dass ein Unglück passierte?«
- … wir bei genauem Hinsehen feststellen können, dass wir in Sicherheit sind, so wie alle anderen auch?«
- … ich vieles gar nicht tun *muss*, aber *kann*, wenn ich will?«

4. Aus dieser Überprüfung kann sich eine positive, realistische Botschaft ergeben:
Hilfestellungen:
Folgende Botschaften würden zu den oben genannten Fragen passen:

- »Ich darf tatsächlich all das tun, was andere tun dürfen.«
- »Ich bin genauso wertvoll wie jeder andere Mensch.«
- »Ich bin wertvoll, wenn ich keinen Fehler mache, und ich bin genauso wertvoll, wenn ich einen Fehler mache.«
- »Verurteilungen eines Menschen sind schon deswegen unzutreffend, weil sie einseitig sind.«
- »Meine Schuld kann nicht größer sein als meine Verantwortung.«
- »Mindestens 80 Prozent der Menschen mögen mich so, wie sie mich erleben!«
- »Zu 99,999 Prozent bin ich in Sicherheit – so wie alle anderen auch.«

5. Vom Gedanken zum Gefühl und zur Überzeugung:
Wenn Sie die positive Botschaft mit einem positiven Gefühl verbinden können, kann in Ihnen eine echte Überzeugung wachsen. Versuchen Sie in Ihrem Körper die Gefühle zu spüren, die durch die positive Botschaft ausgelöst werden.

Häufige Gefühle sind Erleichterung, Befreiung, Ruhe, Wärme, Freude, Zuversicht, Motivation, Kraft, Lebendigkeit …

und körperlich: Entspannung, freieres Atmen, körperliche Aufrichtung …

6. Genießen Sie Ihr »Wohlfühlpaket«:
Ihr »Wohlfühlpaket« besteht aus der neuen positiven Botschaft und den dazugehörigen Gefühlen. Zum Beispiel »Ich bin tatsächlich genauso wertvoll wie jeder andere Mensch. Was fühle ich jetzt? Erleichterung, Freude und Entspannung in meinem Bauch.« Wenn Sie sich die Botschaft und Ihre Gefühle notieren und sie sich zwei Wochen

lang zweimal am Tag bewusst machen und genießen, wird die alte Botschaft verblassen und Sie werden die positive und realistische Überzeugung aufbauen.

Tipps für den Dialog mit Ihrem inneren Kind

Weil die Gefühle und Bedürfnisse Ihres inneren Kindes vielfältiger sind als die Ihres kindlichen Aufpassers, habe ich für Sie hier keinen Leitfaden, sondern eine Reihe von Tipps – je nachdem, was im Kontakt mit Ihrem inneren Kind gerade ansteht.

Wenn in Ihnen Gefühle von Trauer, Bedürftigkeit, Einsamkeit oder auch Freude oder Verspieltheit ganz deutlich erkennbar sind, spüren Sie die Stimmung Ihres inneren Kindes. Wie Sie es näher kennenlernen, erfahren Sie zu Beginn von Kapitel 4 im Abschnitt »Das innere Kind kennenlernen und seinen Wert erkennen.« Mit folgenden Schritten können Sie immer wieder einen unterstützenden Kontakt zu ihm aufbauen:

Wie geht es ihm, und was braucht es von Ihnen als dem Erwachsenen?
Schätzen Sie zunächst ein, wie alt Ihr inneres Kind ist (Sie können darauf vertrauen, dass sein momentanes Alter zu seinem/Ihrem aktuellen Thema passt). Ist seine Körperhaltung Ihnen zu- oder abgewandt? Mit seiner Körperhaltung gibt es Ihnen eine wichtige Rückmeldung: Wenn Sie Ihrem inneren Kind gegenüber offen sind, ist es zugewandt, wenn Sie misstrauisch sind, ist es eher abgewandt. Wenn Sie gegenüber Ihrem inneren Kind ängstlich oder misstrauisch sind, ist das nicht schlimm, aber es ist wichtig zu verstehen, warum, damit Sie diese Hindernisse abbauen können (s. S. 252). Anfangs ist es hilfreich zu notieren: »Mein inneres Kind ist ca. … Jahre alt. Seine Körperhaltung ist …«

Wie Sie es näher kennenlernen erfahren Sie zu Beginn von Kapitel 4 im Abschnitt »Das innere Kind kennenlernen und seinen Wert erkennen.«

»Es fühlt sich …« (zum Beispiel: entspannt, unternehmungslustig, geborgen, traurig, ängstlich, misstrauisch, abwesend).

Können Sie verstehen, warum Ihr inneres Kind sich so fühlt? Wie geht es ihm, wenn es mit Wohlwollen gesehen wird? Wünscht sich Ihr inneres Kind etwas von Ihnen, damit es ihm (noch) besser gehen kann?

So kann ein Dialog mit Ihrem inneren Kind aussehen:
Wenn einige Gefühle und Bedürfnisse des inneren Kindes formuliert sind, können Sie schauen, was das mit Ihnen macht: »Ich als der Erwachsene reagiere mit … und …, weil …«

Dann können Sie schauen, wie das Kind auf Ihre Reaktion reagiert (Gefühle, Körperhaltung, Wünsche des Kindes usw.).

Diese und die folgenden Fragen können immer wieder gestellt werden, um den Dialog in Gang zu halten:

»Mit welchen Gefühlen reagieren die beiden aufeinander?«; »Was wünscht sich das Kind vom Erwachsenen und wie geht es dem Erwachsenen damit?«; »Wie viel Nähe oder Abstand wäre jetzt gut?«

Wenn zum Beispiel das Kind Trost haben oder der Erwachsene Trost geben möchte, ist es gut zu fragen, ob der andere einverstanden ist. Wenn eine Befürchtung oder ein Bedürfnis mitschwingt, ist es gut, das zu formulieren.

Wünsche erfüllen
Sie können Ihrem inneren Kind Halt geben, indem Sie es in Ihrem Alltag immer wieder an die Hand oder in den Arm nehmen und seine kindlichen Bedürfnisse nach Kontakten, Freizeitaktivitäten, Lieblingsessen, Büchern, Filmen, Ruhe, Kuscheln usw. erfüllen. Vielleicht wünscht es sich auch Verständnis für seine Gefühle oder Nähe oder Schutz vor »gefährlichen« Situationen. Um ihm Geborgenheit oder Schutz zu geben, können Sie ihm in der gemeinsamen Welt der Imaginationen ein besonderes Kuscheltier schenken, ein Zimmer nach

seinen Wünschen einrichten oder ein freundliches Fantasiewesen zur Seite stellen, das ihm Halt und Geborgenheit geben kann. »Gefährliche« Situationen wie Konflikte können Sie dann als der Erwachsene angehen, während sich das Kind in »seinem Raum« geborgen fühlt (das funktioniert besonders gut, wenn Sie sich bewusst machen, dass es bei Konflikten dort nicht »abgewertet« oder »beschuldigt« werden kann).

Nehmen Sie sich immer wieder ein wenig Zeit, nach ihm zu schauen und seine Wünsche zu erfüllen. Und stellen Sie dabei keine zu hohen Ansprüche an sich selbst: Sie werden sehen, dass Ihr inneres Kind auch sehr geduldig warten kann.

Die beste Übung: Die drei Fragen am Abend

Die drei Fragen am Abend sind meiner Erfahrung nach der beste Zugang, um mit dem inneren Kind in Kontakt zu kommen und zu bleiben: Fragen Sie als der Erwachsene am Ende des Tages Ihr inneres Kind:

- »Was war heute für dich besonders schön?«
- »Was fandest du besonders blöd?«
- »Was wünschst du dir für den nächsten Tag?«

Das innere Kind kann auf diese konkreten Fragen oft besser antworten als auf die unbestimmte Frage, wie es ihm gerade geht. Ausführlicher habe ich diese und andere Übungen in Kapitel 4 beschrieben.

Wenn das innere Kind sich nicht zeigen will:

Wenn Sie Ihr inneres Kind nicht erkennen können oder keine Rückmeldung von ihm bekommen, bleiben Sie bitte hartnäckig und geben Sie nicht auf. Führen Sie sich trotzdem immer wieder die positiven Seiten seines besonderen Wesens vor Augen und machen Sie sich klar, wie wichtig es für Sie ist. Stellen Sie ihm konkrete Fragen, dann kann es auch konkreter reagieren (»Findest du das gut?«) Sprechen Sie es alle ein bis zwei Tage in Gedanken einfach immer wieder an und denken Sie an es auch dann, wenn Sie sich über irgendetwas freuen. Irgendwann wird es »auftauen« und sich bemerkbar machen.

Typische Ängste des Erwachsenen in Bezug auf das innere Kind

Ich kann dem Kind nicht geben, was es braucht.

Allein das Wissen, dass das innere Kind für die kindliche Freude sorgt, die wir manchmal empfinden, und sich freut, wenn wir uns Gutes tun, kann einen positiven Kontakt zu ihm herstellen. Wenn wir sogar seine Gefühle verstehen oder seinen Wert erkennen, geben wir ihm einen wichtigen Halt. Darauf wird es mit Erleichterung reagieren und sich wünschen, dass es mehr davon bekommt. Wir müssen uns aber nicht andauernd um unser inneres Kind kümmern, das möchte kein Kind. Wichtig ist allerdings, dass wir uns *immer wieder* um es kümmern, denn wenn wir es zu lange allein lassen, bemerken wir erst spät, wenn es ihm immer schlechter geht. Außerdem verpassen wir viele Gelegenheiten, seine Lebensfreude zu genießen.

Wenn mir das Kind zu nah kommt, bekomme ich Angst vor seinen schmerzlichen Gefühlen.

Bei der Begegnung des Erwachsenen mit dem inneren Kind ist bei beiden das Gefühl der Zuneigung oder auch der Wunsch nach räumlicher Distanz besonders wichtig. Wenn beide einverstanden sind, dass der Erwachsene das Kind an die Hand oder in den Arm nimmt, werden es beide genießen. Oder ist das Bedürfnis nach Distanz stärker? Dann soll derjenige, der die größere Distanz möchte (zwei Meter, fünf oder 20 Meter oder ein Kilometer), die Distanz bestimmen. Beide sollen sich in erster Linie sicher fühlen.

Vielleicht ist auch die Frage zu klären, ob das innere Kind mit seinen Bedürfnissen unersättlich oder auf eine andere Weise für den Erwachsenen »gefährlich« ist. Wahrscheinlich können Sie erkennen, dass das innere Kind zwar sehr starke unangenehme Gefühle haben kann, dass sie aber bald zurückgehen, wenn mit ihm gut umgegangen wird.

Das weise Kind

Innere Kinder können manchmal überraschend klug sein und realistische Botschaften viel klarer vertreten als der Erwachsene. Von solchen Momenten können beide sehr profitieren. Es sollte aber klar bleiben, dass das Kind grundsätzlich auf »seinen« (möglichst unterstützenden) inneren Erwachsenen angewiesen ist, denn letztlich hängt seine emotionale Stabilität davon ab, ob es von seinem Erwachsenen gesehen und wertgeschätzt wird – zum Beispiel für seine Klugheit.

Gutes Trösten

Gutes Trösten fängt an mit einem geduldigen Zuhören und Verstehen. Dabei kann es sowohl um aktuelle als auch um viele Jahre vergangene Situationen gehen. Auch das Betrauern einer wenig herzlichen Atmosphäre in der eigenen Familie kann dazugehören. Wenn das innere Kind seine kindlichen und schmerzlichen Gedanken und Gefühle mitgeteilt hat, ist es gut, wenn es von dem Erwachsenen hören kann: »Jetzt kann ich verstehen, dass du dich so fühlst.« Wichtig ist, dass der Erwachsene dabei auch die Unschuld und den Wert des Kindes sehen und ihm das vermitteln kann. Vielleicht kann er es dann auch tröstend in den Arm nehmen. Wenn das noch nicht möglich ist, kann es dem Kind sehr helfen, etwas zum Ankuscheln von seinem Erwachsenen zu bekommen: beispielsweise ein Kuschel- oder Fantasietier, das es mag. Dann erst sollte »besprochen« werden, was an den sorgenvollen Gedanken des Kindes realistisch ist und was nicht. Im Abschnitt »Trauer, Trost und gute Tränen ab S. 186« ist das »gute Trösten« ausführlich beschrieben.

Besonders heilsam

Das Selbstbild Ihres inneren Kindes spielt für sein – und das heißt auch für Ihr – Wohlbefinden eine entscheidende Rolle: Je mehr es selbst erkennen kann, dass es immer sehr liebenswert und wertvoll war, ist und sein wird, umso mehr breitet sich ein tiefer Frieden in Ihnen »beiden« aus.

Für alle Kämpfer

Kämpfen und sich zusammenreißen zu können ist viel wert; man kann damit eine Menge erreichen, was sonst nicht möglich gewesen wäre. Leider ist es aber unmöglich, jemand anderen oder sich selbst durch Kämpfen oder Zusammenreißen zu trösten. Im Gegenteil, Anspannung, Selbstzweifel und Einsamkeit werden dadurch eher größer als kleiner. Bewahren Sie sich also Ihre Fähigkeit zu kämpfen und lernen Sie zu trösten, wo es Sie und andere weiterbringt. Last, but not least: Durch guten Trost wird man nicht schwächer, sondern stärker.

22 Tipps für Ihren inneren Dialog

1. Die Strategie für den Alltag

Wählen Sie zwei oder drei realistische Botschaften aus, die besonders angenehme Gefühle in Ihnen hervorrufen. Schreiben Sie sie zum Beispiel auf eine Karte und genießen Sie die Wohlfühlpakete aus positiven Botschaften und den angenehmen Gefühlen, die sie in Ihnen auslösen. Zweimal zwei Minuten am Tag genügen, um eine positive realistische Wahrheit in Ihnen aufzubauen – zum Beispiel morgens und abends vor dem Zähneputzen (wenn Sie öfter und länger üben, werden Sie noch schneller vorankommen). Üben Sie mit diesen Botschaften so lange, bis Sie sie ein wenig verinnerlicht haben und ihre angenehme Wirkung nachlässt. Dann werden andere Botschaften eine größere Erleichterung oder Freude in Ihnen hervorrufen. Investieren Sie in den ersten Wochen außerdem mindestens eine halbe Stunde pro Woche in den Dialog mit Ihrem kindlichen Aufpasser. Richtig gut sind Sie, wenn Sie die Realitätsüberprüfungen der Meldungen Ihres Aufpassers so weit verinnerlicht haben, dass sie »automatisch« ablaufen.

2. Nicht den zweiten Schritt vor dem ersten tun

»Mein Aufpasser sagt mir nicht, was er befürchtet, der sagt mir, was ich tun soll!« Oft meldet sich ein Aufpasser nicht mit einer Angst, sondern mit einem Kommando wie: »Lass dir nichts gefallen, starte einen Gegenangriff!« oder: »Du sagst jetzt gar nichts, du wartest einfach nur ab, bis alles vorbei ist!«. Damit wissen Sie allerdings noch nicht, was er konkret befürchtet. Er macht mit seinen Handlungsanweisungen sozusagen den zweiten Schritt vor dem ersten. Denn zunächst ist es wichtig zu verstehen, warum Sie beispielsweise angreifen oder stillhalten sollten. Wenn Sie nun fragen: »Was kann schlimmstenfalls passieren, wenn wir nicht angreifen (oder stillhalten)?«, gibt Ihr innerer Aufpasser Ihnen wahrscheinlich eine ängstliche, gleichzeitig aber klärende Antwort wie: »Dann werden wir von den anderen fertiggemacht!« oder: »Wir werden dann ganz furchtbar verletzt!«. Jetzt wissen Sie, wovor Ihr innerer Aufpasser Angst hat. Damit haben Sie seine zuvor noch verborgene Botschaft verstanden.

3. Zu Beginn nicht verzweifeln

Verzweifeln Sie bitte nicht, wenn Sie sich an Ihren neuen inneren Dialog erst noch gewöhnen müssen. Diese Herangehensweise ist für Sie wahrscheinlich neu und erfordert ganz einfach Übung. Ganz sicher sind Sie nicht »zu blöd« dazu, denn unsere Intelligenz hat wenig Einfluss darauf, ob wir Zugang zu unseren inneren Instanzen bekommen. Hartnäckiges Üben ist allerdings Erfolg versprechend. Nehmen Sie sich also immer wieder ein wenig Zeit, denn durch den inneren Dialog können Sie einen sehr lebendigen und kreativen Zugang zu Ihren Gefühlen und Bedürfnissen bekommen.

4. Nicht im »Ich-Brei« versinken

»Ich weiß nicht, warum *ich* mich für den kleinsten Fehler fertigmache!«; »*Ich fühle mich so verlassen, dass ich* nur noch heulend in der Ecke liegen könnte!«. Der »Ich-Brei« ist eines der häufigsten Hindernisse im inneren Dialog und meint eine Situation, in der Sie Ihre inneren Instanzen nicht unterscheiden, sondern diejenige Stimme als Ihr »Ich« bezeichnen, die sich gerade am lautesten meldet. Solange Sie aber versuchen, Ihre inneren Widersprüche mit einem einfachen *Ich* zu verstehen, können Sie viele Ihrer scheinbar unlogischen Gedanken und Gefühle nur schwer erklären. Viel leichter wird Ihnen das fallen, wenn es Ihnen gelingt, die verschiedenen Stimmen Ihrer drei inneren Instanzen richtig zuzuordnen. Außerdem werden Sie als der realistisch denkende Erwachsene gerade in stressigen Situationen gestärkt, wenn Sie erkennen, dass die lauten Stimmen in Ihnen kindlich und wahrscheinlich unrealistisch sind.

5. Grummeln im Hintergrund nicht verdrängen

Wenn Sie eine unterschwellige Nervosität, Traurigkeit oder Befürchtung spüren, können Sie Ihren kindlichen Aufpasser bremsen, indem Sie ihm sagen: »Ist doch alles gut, es gibt keinen Grund für Stress!« Wenn das ihn (und damit Sie) nachhaltig beruhigt, war es eine gute Strategie. Geht das Grummeln aber weiter, atmen Sie tief durch, denn es gibt einen Grund dafür: eine unterschwellige Angstfantasie Ihres Aufpassers. Oder auch mehrere. Nehmen Sie sich also Ihren Leitfaden und versuchen Sie herauszufinden, was ihn beunruhigt: Gehen Sie dabei so gründlich vor, dass Sie möglichst viele seiner Befürchtungen verstehen und untersuchen, denn vorher kann er sich nicht beruhigen. Ja, ich weiß, das ist anstrengend, aber es nicht zu tun, ist auf die Dauer noch anstrengender …

6. Hilfreich: Notizen und Listen

Das Aufschreiben ist eine wichtige Hilfe im Dialog mit Ihrem kindlichen Aufpasser, besonders wenn er mit wechselnden Bedenken und Ängsten Verwirrung stiftet. Wenn Sie all seine Befürchtungen auflisten, bekommen Sie nicht nur einen Überblick über seine aktuellen Ängste, Sie können auch feststellen, dass Ihre Realität besser aussieht als seine kindlich-ängstliche Fantasiewelt. Zunächst unklare Botschaften können Sie so besser verstehen und darum auch genauer überprüfen. Auch Extreme sind leichter zu erkennen, wenn sie aufgeschrieben sind. Und Ihr Aufpasser fühlt sich auf diese Weise mit seinen Befürchtungen nicht mehr übergangen, sondern ernst genommen. Für das Aufschreiben des Dialogs mit Ihren inneren Instanzen können Sie den Leitfaden beziehungsweise die Tipps verwenden, die Sie in diesem Anhang finden.

7. Mitten im Stress ist der innere Dialog besonders schwer

Der innere Dialog ist am effektivsten, wenn er in aller Ruhe nach einer stressigen Situation stattfindet. Oder vor der nächsten Wiederholung. Denn nach dem Spiel ist vor dem Spiel. Wenn Sie ein wenig Übung im inneren Dialog haben, wird er Ihnen immer leichter fallen – und nach einiger Zeit sogar gelingen, während Ihr Aufpasser Alarm schlägt. Bis dahin können Sie sich in stressigen Situationen mit einem treuen Freund beraten, der Ihnen in jeder Lebenslage zur Seite stehen kann: Ihrem virtuellen Freund.

8. Das Problemkarussell vermeiden

Ihr kindlicher Aufpasser ist sehr engagiert. Deswegen warnt er Sie schon vor der Gefahr B, während Sie sich noch mit seiner Befürchtung A beschäftigen. Irgendwann sind Sie von dem Durcheinander der Ängste, Sorgen und halb fertigen Lösungsansätze einigermaßen überfordert. Lassen Sie sich darum nicht in ein Problemkarussell hineinziehen. Machen Sie stattdessen eine Liste der Botschaften, mit denen Ihr kindlicher Aufpasser Sie in Unruhe versetzt. Dann kann er sich schon einmal gehört und ein wenig verstanden fühlen. Überprüfen Sie anschließend jede dieser Befürchtungen (zum Beispiel mithilfe des obigen Leitfadens). Wichtig: Ihre Realitätsüberprüfung wirkt erst dann optimal, wenn Sie am Ende die angenehmen Gefühle spüren, die von der positiven, realistischen Botschaft ausgelöst werden.

9. Stopfen Sie Ihren inneren Aufpasser nicht mit der Wahrheit zu

Wenn Sie Ihren Aufpasser nicht beruhigt bekommen, kann das daran liegen, dass Sie ihn zu schnell »mit der Wahrheit zustopfen«. Ähnlich wie beim Trösten ist es wichtig, die Sorgen eines kindlichen Gemütes erst einmal gut zu verstehen. Wenn Sie aber schon beim Bewusstwerden seiner ersten Befürchtung mit einem (verständlicherweise) leicht genervten »Ja, ja, das hatten wir doch schon oft genug: Das ist kein Problem!« reagieren, sprechen Sie zwar die Wahrheit aus, aber wahrscheinlich reden Sie an Ihrem inneren Aufpasser vorbei, weil seine Angst auch noch andere Wurzeln hat. Versuchen Sie also zunächst, ihn ein wenig besser zu verstehen (siehe Leitfaden).

10. Wenn der innere Aufpasser nichts sagt

Manchmal scheint unser Aufpasser nicht preisgeben zu wollen, warum sein Stresslevel so hoch ist. Um herauszubekommen, welche bedrohliche Botschaft Ihren Aufpasser unter Druck setzt, können Sie versuchen herauszufinden, seit welchem Erlebnis er Alarm schlägt oder welche Person ihm in Gedanken Angst macht. Wenn Sie wissen, welche Erinnerung ihn besonders unter Druck setzt, können Sie den Dialog mit den Standardfragen (siehe Leitfaden) fortsetzen. Wenn es Ihnen weiterhin nicht gelingt, die Angst Ihres Aufpassers als Botschaft zu formulieren, können Sie sich jederzeit darauf beschränken, zwei oder drei positive Botschaften aus Kapitel 3 und 4 auszusuchen, die Sie gerade besonders ansprechen. Diese Botschaften können Sie sich durch Überprüfungen (»Stimmt das wirklich?«) und das Genießen der dadurch ausgelösten angenehmen Gefühle zu eigen machen. Sehr wahrscheinlich sind Sie damit auf dem richtigen Weg.

11. Wenn Ihr Aufpasser hin- und hergerissen ist

»Du musst es ihr unbedingt sagen, so geht es nicht weiter! – Nein, halt bloß den Mund, das kann nur in einer Katastrophe enden!« »Streng dich an, das schaffst du auch noch! – Lass es bleiben, das kriegst du niemals hin!« Auch wenn Ihr kindlicher Aufpasser widersprüchliche Botschaften von sich gibt: Versuchen Sie alle seine Ängste als Botschaften aufzuschreiben und nach und nach zu überprüfen, was an ihnen realistisch ist und was nicht.

12. Wenn Sie feststecken

Wenn Sie das unangenehme Gefühl haben, festzustecken und keine Veränderung umsetzen zu können, fragen Sie Ihren kindlichen Aufpasser, was gegen eine solche Veränderung spricht. Besonders häufig ist seine Sorge, dass Sie dann aus Ihrer gewohnten und scheinbar sichersten Rolle fallen würden und wichtige Leute Sie dann blöd finden und nicht mehr mit Ihnen klarkommen könnten. Wie könnte eine entsprechende Realitätsüberprüfung aussehen? Sie könnten beispielsweise Freunde fragen, was sie von einer entsprechenden Veränderung halten würden. Und Sie könnten kleine »Veränderungsexperimente« machen und dabei überprüfen, wie emotional wichtige Leute darauf reagieren.

13. Verrat!

Ein großes Hindernis, kindliche Muster zu überwinden, kann die Angst sein, schlecht über die eigenen Eltern zu denken. Mit den »drei Fingern« (S. 109) können Sie einen fairen Standpunkt beziehen: Neben Ihrer Kritik an dem Verhalten Ihrer Eltern bleiben damit Ihre Wertschätzung und alles Positive im Verhalten Ihrer Eltern erhalten. Weil damit eine Verurteilung verhindert wird, ist es so viel leichter, kritisch zu denken (und vielleicht auch miteinander zu reden).

14. Wenn Sie eine positive Botschaft nicht annehmen können

Wenn nicht nur Ihr kindlicher Aufpasser, sondern auch Sie als der Erwachsene Schwierigkeiten haben, eine positive und realistische Botschaft anzunehmen, können Sie zunächst einmal festhalten, zu wie viel Prozent Sie als Erwachsener die Botschaft annehmen können und zu wie viel Prozent Ihr Aufpasser. Weitere Realitätsüberprüfungen werden diese Zahlen langsam ansteigen lassen. Oder sie werden weitere unrealistische Ängste Ihres Aufpassers zutage fördern, die ihn noch daran hindern, die positive Realität anzunehmen. Diese Ängste können Sie dann in gewohnter Weise überprüfen.

Zweitens können Sie die neue Botschaft ein wenig abschwächen, um sie annehmbarer zu machen: »Vielleicht sind es tatsächlich mehr als 50 Prozent der Menschen, die mich akzeptieren oder sogar mögen« oder: »Wenn Mama wieder schmollt, obwohl ich sie fair behandelt habe, bin ich möglicherweise doch nicht schuldig«.

Drittens können Sie Ihrem Aufpasser etwas Grundsätzliches mitteilen: »Früher war die alte Angst unsere Realität, da hast du recht. Heute leben wir in einer viel größeren Sicherheit als damals. Erstaunlicherweise ist sogar einiges, das früher wahr zu sein schien, schon immer falsch gewesen – zum Beispiel dass wir nicht wertvoll sind. Außerdem ist einiges, das schlecht war, heute gut – zum Beispiel dass du und ich sagen können, was wir möchten und was nicht. Damit wir uns beide immer sicherer fühlen können, will ich auch weiterhin deinen Alarm verstehen und Schritt für Schritt überprüfen, ob deine alten Botschaften realistisch sind.«

15. Teilen Sie Ihre Erfahrungen und Fragen mit Freunden und Bekannten

Wenn Sie gemeinsam über die Angstfantasien Ihres Aufpassers sprechen und entsprechende Realitätsüberprüfungen vornehmen, können Sie nicht nur von dem wohlwollenden und realistischen Blick eines Freundes profitieren, Sie vertiefen außerdem Ihr gegenseitiges Verständnis und Vertrauen. Außerdem können Sie sich dadurch motivieren lassen, Ihren inneren Dialog immer wieder aufzunehmen.

16. Schreiben Sie Ihre Erfahrungen auf

Ihre Notizen in diesem Buch, ein Tagebuch, ein Brief an Ihr inneres Kind oder Ihren inneren Jugendlichen, ein Kalender, in dem Sie positive Erlebnisse notieren … es gibt viele Möglichkeiten, Ihre Gedanken und Erfahrungen festzuhalten und so jederzeit wieder zugänglich zu machen. Das Schreiben hilft Ihnen nicht nur, in Ihren Gedanken den roten Faden zu behalten und aus Ihren Erfahrungen immer wieder zu lernen, sondern auch, Ihre Fortschritte zu erkennen und so Ihre Motivation zu stärken. Schreiben Sie also eine Liste Ihrer Erfolge oder notieren Sie sie in Ihren Kalender: Wann haben Sie es geschafft, auf eine faire Weise Nein zu sagen, auf eine gute Art und Weise im Mittelpunkt zu stehen, sich der richtigen Person anzuvertrauen …? Welche Bedrohungen schätzen Sie im Alltag mittlerweile realistischer ein? Usw. Nehmen Sie sich dafür immer wieder mal eine ruhige Stunde.

17. Wenn Ihr innerer Aufpasser Ihren inneren Erwachsenen angreift

Manche Aufpasser treten gegenüber »ihrem Erwachsenen« diktatorisch oder sogar beleidigend auf, zum Beispiel mit einem »Was du möchtest, ist völlig egal; du machst, was ich sage!« oder »Warum bist du nur so ein elender Versager?!«. Wenn Sie so einen Aufpasser fragen, warum er das tut, wird er mit Unwahrheiten argumentieren wie: »Weil nur ich weiß, was du tun musst!« oder: »Weil du es nicht anders verdient hast!« Was ist der eigentliche Grund für seinen extremen Stress? Sehr wahrscheinlich folgender Teufelskreis: Er ist so laut, dass Sie verständlicherweise versuchen, ihn zu bekämpfen, weil er unglaublich nervt. Je mehr Sie ihn bekämpfen, umso mehr muss er sich aber wehren und noch lauter Alarm schlagen. Woraufhin Sie weiter gegen ihn ankämpfen … Und natürlich muss er immer dieselben Argumente und Botschaften wiederholen, weil er nicht weiß, dass es bessere Lösungen für Ihre Probleme gibt. Auch wenn es für Sie noch etwas utopisch klingen sollte: Sie können Ihrem inneren Aufpasser helfen. Und zwar, indem Sie ihm mitteilen, dass er definitiv nicht abgeschafft werden kann. Überlegen Sie auch, wie chaotisch Ihr Leben ganz ohne seine Warnungen verlaufen würde, und sagen Sie ihm, dass Sie sich wünschen, dass er weiterhin seine wichtige Aufgabe erfüllt, aufzupassen und seine Warnungen abzugeben. Geben Sie ihm die Rolle Ihres persönlichen – zurzeit noch etwas überengagierten – Wachhundes. Und erklären Sie ihm, dass Sie als der innere Erwachsene lernen möchten, ihn zu verstehen und mit realistischen Botschaften zu beruhigen, anstatt ihn zu bekämpfen.

18. Wenn Monster und Dämonen auftauchen

In Träumen, aber auch tagsüber im Rahmen von Imaginationen können gruselige Bilder von Monstern oder entstellten Personen vorkommen. Sie sind in der Regel Zeichen einer Angst Ihres kindlichen Aufpassers und damit ein (etwas unbeholfener) Versuch, Sie als »seinen« inneren Erwachsenen auf diese Angst hinzuweisen. Wenn Sie seine Angst verstehen, können Sie mit entsprechenden Realitätsüberprüfungen oder auch Veränderungen Ihres Verhaltens reagieren. Oft hilft Ihrem inneren Aufpasser eine Kombination aus einer verbesserten Selbstwertschätzung und konsequenteren Abgrenzungen mit einem fairen Nein. Solche Bilder verschwinden, wenn er sich verstanden fühlt und sie nicht mehr als Signal braucht. Außerdem ist es hilfreich, sich klarzumachen, dass kein »Monster« auch nur dazu in der Lage ist, jemandem ein Haar zu krümmen. Meist ist es auch nützlich, die Spielregeln zu verändern: Fragen Sie Ihr »Monster«, ob es unter Stress steht und ob Sie ihm helfen können. Vielleicht möchten Sie es für eine warme Dusche in die Schwimmhalle schicken und ihm Schminktipps gegen Hautunreinheiten anbieten…

19. Wenn Ihr innerer Aufpasser zu laut ist

Wenn sich Ihr Aufpasser übermäßig laut meldet, können Sie ihm mitteilen, dass Sie ihn auch dann hören, wenn er sich leiser meldet. Damit er Ihnen trauen kann, muss er die Erfahrung machen, dass das auch stimmt. Wenn Sie Ihr Versprechen nicht halten, wird er mit Sicherheit wieder lauter schreien. Hören Sie ihm dagegen »freiwillig« zu und schreiben Sie vielleicht sogar regelmäßig eine Liste seiner Ängste, wird er sehr wahrscheinlich mit weniger Drama einverstanden sein.

20. Erfolg beruhigt

Wenn Sie Ihre Erfolge erkennen, profitieren davon alle Instanzen: Sie als der Erwachsene merken, dass Sie auf dem richtigen Weg sind; Ihr Aufpasser sieht, dass die Welt doch nicht so gefährlich ist, und Ihr inneres Kind leidet weniger unter dem Alarm des Aufpassers, sodass es seine Lebensfreude besser entfalten kann. Um Ihren Fortschritt zu erkennen und zu festigen, können Sie alle zwei bis sechs Monate Ihren Stand der Dinge aufschreiben:

- Besonders schwierige Situationen mit dem Stresslevel Ihres Aufpassers: »Beim Gedanken an ein Gespräch mit meinem Chef hat mein Aufpasser über eine halbe Stunde einen Stresslevel von 7 bis 8.«

- Ihre stressbedingten körperlichen Beschwerden: »Stressbedingte Magenschmerzen habe ich viermal in der Woche in einer Stärke von ...«
- Die Höhe Ihres Selbstwertgefühls: »Mein Selbstwertgefühl liegt bei 3 bis 5.«
- Die Häufigkeit der Muster, die Sie ablegen wollen: Gereiztheit, Vermeidung, Dauerbeschäftigung ...
- Was Sie sich nur selten trauen: neue Leute kennenlernen, tiefe Gefühle zeigen ...
- Die wichtigsten positiven Botschaften und wie stark sie in Ihnen sind: »Mein Wert bleibt, auch wenn ich irgendwelche Erwartungen nicht erfülle. Das kann ich zu 60 Prozent annehmen.«

Wenn Sie Ihre vorhergegangenen Berichte lesen, können Sie erkennen, wie weit Sie sich schon von einigen Unwahrheiten befreit haben und wie sehr sich Ihr innerer Dialog gelohnt hat.

21. Kompetenz beruhigt noch mehr

Die Vorstellung, mit einem inkompetenten und risikofreudigen Erwachsenen unterwegs zu sein, der in jeden Fettnapf tritt und in jedes offene Messer läuft, muss einen engagierten Aufpasser unter Druck setzen, weil er seinen Erwachsenen dauernd warnen muss. Umso beruhigender wirkt es auf Ihren Aufpasser, wenn er erkennen kann, dass Sie in dieser Welt Stück für Stück besser klarkommen und ernsthaft daran interessiert sind, unnötige Risiken zu vermeiden. Mithilfe Ihrer Erfolgsliste können Sie beide Ihre Kompetenz als Erwachsener einschätzen: Wie viel Prozent Alltagskompetenz schreibt Ihnen Ihr kindlicher Aufpasser zu, und wie viel schreiben Sie sich selbst zu (wahrscheinlich realistischer und darum ein wenig mehr)? Was müssten Sie nach Meinung Ihres Aufpassers noch konkret lernen und verbessern? Wie geht es Ihrem Aufpasser damit, einen (relativ) kompetenten und an Sicherheit ernsthaft interessierten Erwachsenen zu haben, an den er einige Verantwortung abgeben kann? Vielleicht kann er erkennen, dass Sie beide an einem Strang ziehen und er nicht mehr so oft und nicht mehr so laut Alarm schlagen muss wie bisher. Spüren Sie, wie sich Ihr kindlicher Aufpasser ein wenig entspannt. Und loben Sie ihn für jeden Fortschritt und jede entspannende Einsicht, denn auch er hat einen guten Job gemacht.

22. Machen Sie Ihre Realitätsüberprüfungen noch effektiver

EMDR (Eye Movement Desensitization and Reprocessing) heißt eine relativ neue Methode zur Behandlung psychischer Spannungen. Sie kann sehr effektiv zur Realitätsüberprüfung negativer und positiver Botschaften angewendet werden. Kein Mensch weiß, was bei einer EMDR-Behandlung in unserem Gehirn passiert, aber offensichtlich wird unsere Fähigkeit, unrealistische Botschaften abzubauen und realistische Botschaften anzunehmen, dabei drastisch gesteigert. Das Wirkprinzip des EMDR: die Konzentration auf ein besonders negatives oder positives Erlebnis, eine dazu passende Botschaft und das entsprechende Körpergefühl. Gleichzeitig findet eine »bilaterale Stimulation des Gehirns« statt, was nichts anderes heißt, als abwechselnd die linke und die rechte Körperhälfte zu aktivieren, zum Beispiel mit Augenbewegungen. Oder auch durch einen Spaziergang. Die offiziellen EMDR-Institute sind von der zunehmenden unprofessionellen Verbreitung dieses Prinzips nicht begeistert, unter anderem weil man für die Behandlung stark belasteter Personen eine professionelle Einschätzung ihrer Belastbarkeit braucht. Eine ohnehin hohe psychische Anspannung kann nämlich durch eine bilaterale Stimulation nicht nur ab-, sondern auch erheblich zunehmen, was dann einen Stopp und geeignete Interventionen nötig macht, um wieder ins Hier und Jetzt zurückzugelangen.

Die Selbstbehandlung zur reinen Verstärkung positiver Botschaften (und bei geringen Anspannungen) erscheint mir allerdings so effektiv und unbedenklich, dass ich sie Ihnen empfehle. Eine Anwendung der »bilateralen Stimulation« bei einem besonders hohen Stresslevel ist zwar machbar, gehört aber in professionelle Hände.

Und so geht es: Denken Sie an Ihre positive, realistische Botschaft (zum Beispiel »Ich bin liebenswert, so wie ich bin«) und an eine besonders schöne Erinnerung, die dazu passt (zum Beispiel eine Runde mit netten Menschen). Machen Sie sich dann Ihre angenehmen Gefühle in Ihrem Körper bewusst (zum Beispiel eine tiefe Ruhe oder ein freudiges Kribbeln in Brust und Bauch) und klopfen Sie abwechselnd mit den flachen Händen leicht auf Ihren rechten und dann auf den linken Oberschenkel und/oder Oberarm. Damit wird Ihr Gehirn »bilateral«, das heißt zweiseitig, stimuliert, was seine Fähigkeit zur Realitätsüberprüfung stark verbessert. Das Tempo für positive Botschaften sollte relativ gemächlich sein, ca. ein Klaps pro Sekunde. Finden Sie Ihr eigenes Tempo und beobachten Sie, wie sich Ihr Körpergefühl und die Botschaft langsam verbessern. Nach jeweils einer halben Minute können Sie eine kleine Pause machen und nachspüren, wie es Ihnen jetzt geht und wie sich die Botschaft langsam in Ihnen verändert. Auch bei leichten bis mittleren unangenehmen Erinnerungen können Sie die Methode anwenden – dann mit schnellerem Rhythmus. Bei zu unangenehmen Empfindungen können Sie jederzeit abbrechen oder jeweils nur wenige Sekunden klopfen. Mit Ihrer Selbstbehandlung können Sie so lange weitermachen, bis keine Veränderung mehr zu beobachten ist.

»Was ist denn das für ein Hokuspokus?!«, denken Sie vielleicht. Ja, es ist ein Hokuspokus, aber er funktioniert – probieren Sie es aus!

Literatur- und Quellenverzeichnis

Eric Berne und Wolfram Wagmuth, 2002, Spiele der Erwachsenen: Psychologie der menschlichen Beziehungen, Reinbek, Rowohlt

Erika J. Chopich und Margaret Paul, 2009, Aussöhnung mit dem inneren Kind, Berlin, Ullstein, Neuausgabe

Tobias Esch, 2018, Der Selbstheilungscode: Die Neurobiologie von Gesundheit und Zufriedenheit, Weinheim, Beltz, 5. Auflage

Adolf Gallwitz, zitiert nach: Der Mörder in uns, Focus online, 02.03.2008

Thomas Gordon, 2012, Familienkonferenz in der Praxis: Wie Konflikte mit Kindern gelöst werden, München, Heyne Verlag

Thomas A. Harris und Irmela Brender, 1976, Ich bin o.k. – Du bist o.k.: Wie wir uns selbst besser verstehen und unsere Einstellung zu anderen verändern können – eine Einführung in die Transaktionsanalyse, Reinbek, Rowohlt, 51. Auflage.

Martin Hautzinger und Aaron T. Beck, 2001, Kognitive Therapie der Depression, Weinheim, Beltz PVU, 4. Auflage

Heidi L. Heard und Michaela A. Swales, 2017, Verhaltensänderung in der Dialektisch-Behavioralen Therapie: DBT-Techniken und Problemlösungsstrategien erfolgreich anwenden, Stuttgart, Schattauer

Gerald Hüther, 2016, Mit Freude lernen – ein Leben lang: Weshalb wir ein neues Verständnis vom Lernen brauchen, Göttingen, Vandenhoeck & Ruprecht

Erich Kästner, Ansprache zum Schulbeginn, in: Erich Kästner, 1952, Die kleine Freiheit. Chansons und Prosa 1949–1952, München, dtv

Nelson Mandela, 1997, Der lange Weg zur Freiheit: Autobiographie, Frankfurt am Main, Fischer Taschenbuch, 22. Auflage

Jochen Peichl, 2017, Innere Kinder, Täter, Helfer & Co:
Ego-State-Therapie des traumatisierten Selbst, Stuttgart,
Klett-Cotta, 6. Auflage

Luise Reddemann, 2017, Imagination als heilsame Kraft, Stuttgart,
Klett-Cotta, 20. Auflage

Luise Reddemann, 2017, Dem inneren Kind begegnen: Hör-CD mit
ressourcenorientierten Übungen, Stuttgart, Klett-Cotta

Virginia Satir, 2007, Selbstwert und Kommunikation. Familientherapie für Berater und zur Selbsthilfe, Stuttgart, Klett-Cotta,
18. Auflage

Friedemann Schulz von Thun und Wibke Stegemann, 2004, Das
innere Team in Aktion, Reinbek, Rowohlt, 9. Auflage

Stefanie Stahl, 2015, Das Kind in dir muss Heimat finden: Der
Schlüssel zur Lösung (fast) aller Probleme, München, Kailash

Harald Ullmann und Eberhard Wilke, 2012, Handbuch Kata-
thym-imaginative Psychotherapie, Bern, Huber

Jeffrey E. Young und Janet S. Klosko, 2005, Schematherapie:
Ein praxisorientiertes Handbuch, Paderborn, Junfermann

Register